ECONOMIC THINKING

与领导干部谈经济学思维

王东京◎著

CTS | 湖南人民出版社 · 长沙

前言

20多年前我写“与官员谈”系列丛书，先后一共出了8本，本打算再写一本“谈经济学思维”，中国青年出版社责任编辑建议放一放，邀我先写“中国经济观察”系列。不承想，这一放就是20多年，当时的中青年读者今天大多退休或临近退休，岁月如烟，不胜感慨，于是我想起了那个搁置已久的写作计划。

在中央党校为高中级干部主讲经济学，理论要结合实际。而这些年我在各地调研，时常听人们议论：某领导懂经济，某领导不懂经济。对领导懂不懂经济，老百姓当然是看实惠。若你为官一任不能造福一方，大家肯定认为你不懂经济。而经济学者，则是看你能否用经济学思维破解现实难题，按经济规律办事。

2021年底召开的中央经济工作会议强调，领导干部要加强经济学知识学习。是的，领导干部作为特殊群体和关键少数，或直接参与制定政策，或贯彻落实政策，都需要懂得经济学基本原理。我现在写这本书，就是想为读者建立经济学思维助一臂之力。

研究经济学数十年，在我看来，经济学思维虽然有些复杂，但最基本的只有12条准则，也可以说是经济学者看世界的理论坐标。它们分别是：

——人的行为选择规律，是在约束条件下争取收益最大化。而依照此规律，建立规章制度（或制定政策）应从“经济人假设”出发，先小人、后君子，这样规章制度（或政策）才能有效抑制人们“损人利己”的行为。

——成本是选择的代价。有选择必有成本，故争取收益最大化必须权衡成本。成本一定时，收益越大越好；而收益一定时，成本越低越好。任何“不计成本”的行为，皆不符合经济规律。

——推断行为转变应从边际看。当边际收益等于边际成本时，人们不会改变选择；若边际收益大于或小于边际成本，则会调整原来的选择。其政策含义是，应充分尊重企业或个人的自主选择权。

——要看见“看不见的代价”。在经济活动中，人们往往相信看得见的结果，忽视“看不见的代价”。比如某些“政绩工程”看上去似乎很不错，可“看不见的代价”却非常高。算大账，得不偿失。

——供求决定价格。价格由成本和利润构成，但成本并不能决定价格。恰恰相反，当价格由供求决定后，价格可约束成本。若成本低于价格，企业有盈利；若成本高于价格，则出现亏损。前些年国内房价居高不下，很多人以为是地价推高了房价。其实这种看法是错的，是房价拉高了地价。

——等价交换是自由交换。商品是天生的平等派，必须等价交换。只要交换双方不强买强卖，政府也不限买限卖，自由交换便是等价交换。换句话说，所有限制自由交换的行为，都是对“等价交换”的背离。

——繁荣来自竞争。发展市场经济需鼓励竞争，而完全竞争只是理论假设。事实上，垄断和竞争可以并行不悖，反垄断不能简单“反大”或反技术垄断，应重点打击各种“不正当竞争”行为。

——产权决定竞争规则。从产权约束看，人们花自己的钱办自己的事，既讲节约又讲效果；花自己的钱办别人的事，只讲节约不讲效果；花别人的钱办自己的事，不讲节约只讲效果；花别人的钱办别人的事，既不讲节约又不讲效果。

——结构失衡造成总量失衡。经济稳增长要求供求总量和结构同时平衡。总量平衡并不代表结构平衡，而结构失衡，必导致总量失衡。所以，扩大内需应坚持以供给侧结构性改革为主线。

——通胀始终是货币现象。成本不可能推动通胀，结构性因素也不可能推动通胀，通胀的真正原因，是货币供给超过货币需求。控制通胀的关键，是实施稳健货币政策，守住货币供应闸门。

——国际分工可以共赢。一个国家按比较优势参与国际分工，通过贸易互通有无，可以提升人类整体福利。无论发达国家还是落后国家，发展对外贸易都是赢家，但前提是贸易自由。没有贸易自由，不可能形成国际分工。

——用事实验证理论。迄今为止，西方经济学中许多理论尚未经过实践检验。因此，对西方经济学某些理论能否借鉴，既要看该理论是否适应中国国情，也要看是否符合“以人民为中心”的立场。

对上面12条准则，不知读者怎么看，要是你认同这些准则，表明你已具备经济学思维；倘若你不认同或不完全认同，那么你不妨读读我这本书。我不能保证最后能说服你，但一定会引发你对许多经济现象的重新思考。读过之后，你也许会有意外的收获。

凯恩斯说过：困难不在于接受新观点，而在于摆脱旧观点。的确，我们每个人都应不断对自己的思维观念作清理。所以我建议读者阅读本书时，最好不要先入为主，即便不同意我的某些观点，你也要用事实去证伪，并用经济学逻辑说服你自己。

最后要说明的是，本书不是教材，当然未按教材体例撰写。全书共12章，另有3个附录。每一章的结构，是先讲授理论原理，然后再依托案例作解释。来来回回琢磨了好些日子，我认为这样处理既能避免从概念到概念的空谈，也有助于读者提高驾驭市场经济的能力。

王东京

2023年6月15日

于北京大有庄

目录

第一章

争取收益最大化

行为选择规律

◎ 研究行为的“人性假设”

◎ “让利销售”并非让利

◎ 金融资本“脱实向虚”

◎ 高校教师的最大化

◎ 产学研何以脱节

◎ 创新动力为何不足

第一章
争取收益最大化
行为选择规律

经济学推断人的行为选择的基本工具，是需求定律。需求定律是指价格与需求的关系：价格升高，需求减少；价格下降，需求增加。在这里，价格是约束选择的条件，需求是选择的结果。若将需求定律推广：人的行为选择规律，是在约束条件下争取收益最大化。

研究人的行为选择，首先需要对“人性”作假设。本章先介绍经济学的“人性假设”，然后再结合案例，对争取收益最大化的行为作分析。

第 1 节 ｜ 研究行为的“人性假设”

经济学鼻祖亚当·斯密在 1776 年出版的《国富论》中有一句名言：“我们每天所需的食物与饮料，不是出自屠户、酿酒家或烙面师的恩惠，而是出于他们自利的打算。”后来约翰·穆勒根据斯密的这一思想，提出了“经济人”概念。其含义有二：人是自私的，也是理性的。

“经济人”是个假设

“经济人”作为经济学的第一大假设，200多年来一直无人可以撼动。不承想，近年来我们国内有学者却对此多有异议。概括起来，反对的意见主要有三：第一，经济学并不能证明人为何自私；第二，现实生活里仅少数人自私，多数人不自私；第三，经济学假定人自私，实质是宣扬腐朽人生观。

学术可以争鸣，但学术争鸣应恪守学术规则。事实上，“经济人”只是个假设，与倡导什么样的人生观扯不上关系；而且恰恰相反，作此假设是为了研究如何抑制或避免“损人利己”的行为。

也有学者说，“经济人假设”是西方经济学的逻辑起点，中国经济学者研究人们的行为选择规律不应从这个假设出发。看来，有必要对“经济人假设”作进一步的解释。

质疑者说，经济学并不能证明人为何自私。是的，经济学发展数百年，迄今还没有经济学家对人为何自私给出证明。之所以如此，并不是经济学家不想证明，而是经济学家对此无能为力。

严格地讲，人为何自私是心理学或生物学领域的课题，应该由心理学家或者生物学家去证明。不过即便如此，仍不妨碍经济学假定“人自私”，就如同数学家至今并未证明为何“1+1=2”，可数学运算却一律要遵从这个假设。

这样说吧，经济学家虽不能证明人为何自私，也不论现实生活中某个人或某群人是否自私，但若要研究人的经济行为，就需要将人假设为“经济人”。学习经济学的读者一定要清楚，“经济人假设”是推断人的行为规律的逻辑起点，若不从这个起点出发，经济分析将无所适从，当然不可能推导出人的行为规律。

基因自私与理性自私

1976 年，英国著名生物学家道金斯出版了《自私的基因》，他研究发现，生物自私是源于基因自私。道金斯做过大量的观察与验证，用基因自私解释生物自私应该不会错。

然而人却不同于其他生物，人有思想和情感，不能简单地用基因自私解释人为何自私。换句话说，人有“自私”和“理性”双重属性。自私是其自然属性，理性是其社会属性。人与生物“自私”的区别在于，人是“理性自私”。

人是否具有理性？若仅从自然属性看，人无疑缺乏理性。但从社会属性看，人则具有理性。对此，弗洛伊德曾作过精辟分析。

弗洛伊德把人性分为本我、自我和超我。所谓“本我”，是指人的自然属性，即以追求自身快乐为唯一原则，毫不自律（理性）；“自我”，是指在追求自己快乐的同时能够自律，即自私和理性并存，也是多数人遵循的原则；“超我”，则是以追求社会道德为首要原则，能够高度自律，是人类理性和情感进化的结果。

回头再说亚当·斯密。很多人知道亚当·斯密是著名的经济学家，却不知道他也是著名的伦理学家。早在《国富论》出版之前，斯密于1759年就出版了《道德情操论》。该书从“同情心”这一人类与生俱来的情感特质出发，提出人类应该“克己”（自律）。

美国经济学家弗里德曼曾经感慨地说：不读《国富论》，我们不知道何为利己；而读了《道德情操论》，才知道利他方能问心无愧。

人类为何要克己，亚当·斯密的论证是：因为人存在自私心，所以需要克己。不然任由自己的私欲膨胀，长此以往必会触犯众怒，令自己陷入孤家寡人的境地。

而且斯密还分析指出：人处在一定的社会环境里，谁也离不开他人的支持，若失去了他人的支持，便无法生存。于是他得出结论说：一个人为了获得他人支持，必须自律，要使利己心下降到他人能够接受的程度。

人的奋斗皆同利益有关

有质疑者说，在现实生活中，自私的人只是少数而不是多数。那么接下来我们要讨论的是，人类到底是否具有“自私”的属性？或者说在芸芸众生之中，有私心的人到底是少数还是多数？

如果有私心的人只是少数，那么“经济人假设”就没有现实基础，而由此推导的“规律”当然不会具有普遍性。如此，经济学的解释力会大大下降，而这一假设也就没有多大的现实价值。

不必怀疑，一个社会肯定有无私心的人，但无私心的人总是少数，不会是多数。读者不妨扪心自问：你希望增加工资吗？你希望住大房子吗？你希望子女受到良好的教育吗？

你不必回答，因为世上没人喜欢穷困潦倒，没人愿意一辈子身居陋室，也没有人愿意孩子目不识丁。请读者再想想：政府为何要号召人们向道德模范学习？说到底，因为无私心的人是少数，而多数人有私心。

不要说我们凡夫俗子，就连出了家的和尚也难免有私心。自古道：一个和尚挑水吃，两个和尚抬水吃，三个和尚没水吃。为何三个和尚没水吃？因为他们都希望能坐享其成。

经济学的任务，就是要通过某种制度安排（比如规定轮流挑水），保证三个和尚有水吃。而这个制度设计，必须有一个前提，即假定和尚是有私心的，否则就不存在设计这种制度的理由。

马克思早就说过：“人们奋斗所争取的一切，都同他们的利益有关。”古今中外概莫如此。20 世纪末，政府高层曾为银行储蓄过多而颇感头痛。当时居民储蓄近 10 万亿元，可是银行惜贷，不敢把钱放出去，结果银行收不抵支，每天赔利息。为了逼出存款，政府在提高国债利率的同时，连续调低了银行存款利率。

政策出台后，果然不出政府所料，不少储户把存款提出来去买国债。为什么政府的调控政策会灵验？答案是多数储户追求私利。若储户都大公无私，国债利率再高人们不稀罕，银行利率再低也不怕吃亏，银行存款怎可能逼得出来呢？

假定“自私”是为了抑制自私

前面讲，让三个和尚有水吃要有相应的制度安排，问题是制度设计应从何处着手？历史经验说：若从好人（无私）假定出发，会设计出“坏”制度；从坏人（自私）假定出发，会设计出“好”制度。

计划经济时期分配搞“大锅饭”，就是因为假定人们无私，不计较个人得失。可结果呢？由于干多干少一个样，大家都不肯多干。农村联产承包责任制能够大获成功，原因是默认农民的个人利益，破除了“大锅饭”：缴足国家的，留足集体的，剩下是农民自己的。

监督机制设计是另一方面的例子。在过去较长一个时期，我们假定官员都是好人，所以监督是自上而下：由上级监督下级，正职监督副职，干部监督群众。其实，群众无职无权，是不可能腐败的。

相反，那些握有公权力的官员，官位越高，监督却越少。近年来中央坚持“老虎”“苍蝇”一起打，查处了不少腐败高官。中央出台《党内监督条例》，指明要监督高官，说明高官中也有人为了私利贪赃枉法。

经济学假定人自私，绝非倡导人们自私。它是提醒人们：要惩恶扬善，制度设计必须注意人性自私。民间有句俗语：先小人，后君子。意思是说为了事后不伤和气，事前不妨把人从坏处看。

比如朋友之间合作做买卖，明知彼此都是君子，可签合同时还得把“违约责任”写清楚。“经济人假设”也是如此。对事不对人，不管张三李四是否自私，要作经济分析，就得先假定人自私。

我再说一遍，经济学假定人“理性自私”，是为了研究人的行为规律，并据此设计出相应的制度安排，防止或抑制出现损人利己的行为。“经济人假设”无半点贬义，读者切不可误读。

思考题

研究人的行为规律为何要从“经济人假设”出发？请结合现实案例作解释。

第2节｜“让利销售”并非让利

下面让我们转入关于“收益最大化”规律的案例讨论。近些年，国内商家推出了各种花样的“让利销售”，似乎他们为了照顾消费者而自己不追求收益最大化。事实上，世上并没有“让利销售”这回事。所谓“让利销售”，不过是商家的促销手段而已。卖家总比买家精。卖家怎可能将自己能赚到的利润拱手让人呢？

价格打折不是让利

早期促销的例子，是商品价格打折。标价 1000 元的衬衣，折价 700 元卖给你，于是商家就说给你让利了 300 元。骤然听似乎是让利，但其实不是。

商品市场价格的高低，并不是卖家说了算，而是买卖双方共同定。比如卖方标价 1000 元，若买方不接受，只肯出 500 元，那么 1000 元就不是市场价，经讨价还价，最后双方约定按 700 元成交。这 700 元才是市场价。商家按市场价售出商品，怎能说是给消费者让利呢？

把想赚而赚不着的钱说成让的利，是卖方的障眼法。高位标价，低价售出，既可招徕顾客，自己又可毫厘不损，这恰恰是商家的精明之处。

说打折不是让利，对下面的情形要重点解释。

第一种：一物二价。同一牌子的衬衣，在燕莎卖 1000 元，而在奥特莱斯卖 500 元，后者算不算让利？当然不算。因为从卖方角度看，利润乃销售收入扣除成本的剩余。也就是说，商品只有卖出去赚了钱才是利润。

在奥特莱斯，一件衬衣不卖 1000 元，肯定有不卖的原因。或是款式过时，或是商品只有一件，消费者不能挑选，1000 元卖不出。试问，商品卖不出，何来利润可让？

第二种：清仓甩卖。表面上看，“甩卖价”确实低于市场价，很容易让人觉得是商家让利。实际上，甩卖也不是让利，清仓甩卖的目的是清仓。

从机会成本看，卖家选择清仓，一定是不清仓的成本更高。举个例子：假若某商铺不清仓，继续经营可收益 1 万元 / 月，这 1 万元便是清仓的成本；反之，若选择清仓，而用清仓回笼的资金转作他用，每月的收入可达 2 万元，这 2 万元便是不清仓的成本。显然，清仓甩卖不是让利，而是商家为了追求更多收益。

第三种：预订打折。典型例子是机票。预订机票打折，好像也是航空公司让利，但若去问公司经理，预订为何打折？答案是提高上客率。这里有个问题要说明一下，航空公司给机票定价是不必考虑飞机折旧成本的。

比如花 3 亿元买客机，由于客机只能用于载客，而且航班固定，无论票卖多少张都得飞，这 3 亿元便是沉没成本。经济学说，沉没成本不是成本（在第二章我会详细解释）。机票折价只要不低于经营成本（机组人员工资与燃油、食品饮料等费用）就能盈利，否则票卖不出，才是真正的损失。这样看，机票打折也不是让利。

返券销售的秘密

与价格打折不同，商家还有一种促销方式，价格不打折而奉送礼品。早些年，政府不允许机票打折，于是航空公司别出心裁，搞出了送礼的新花样。你买一张千元以上的机票，就送你一件 300 元的 T 恤。后来其他商家也仿而效之，或买十送一，或买若干送若干。

商家这样做似乎是让消费者得了便宜，其实，送礼与打折是一回事。不过后者是明折，前者是暗折。前面说过，打折不是让利，送礼品当然也不是让利。

相比于暗折，返券销售更有迷惑性。所谓返券销售，说白了是送礼的衍生形式。过去你买复印机，商家则另送一台收音机。而返券销售，商家不再送收音机，而是返给你相当金额的购物券。

别小看了这个改变，不仅方便了顾客，而且对卖家也有利。比如你想买复印机，却不需要收音机，那么你不会到送收音机的那家店里购买。而改为返购物券后，消费者不必挑选商家，商家也不会失掉顾客。

的确，购物券作为内部流通的“货币”，其流通性要优于礼品。但若仅作这样的解释，说返券销售只是为了买卖两便，恐怕还缺乏说服力。明显的疑点是，既然返券比送礼更方便顾客，价格打折不是更便捷吗？

商家为何不直接打折呢？也许有人说，那是商家为了捆绑销售，不排除有这种可能。但应追问的是，为何有些消费者也不去选择打折而更乐意返券呢？

前些年我曾做过调研。原来，某些消费者乐意返券，奥妙在返券销售不折价。还是举买复印机的例子。假如有两家商店，一家标价每台 3000 元，可以折价 2000 元出售；而另一家也标价 3000 元，不折价但可返 1000 元购物券，你认为消费者会做何种选择？

我留心观察过，选择打折的基本是自购，而选择返券的大多是团购。此为何故？因为团购花的是公款，只要按原价开发票，可拿回去让公家报销，而购物券归自己，经办人当然选择返券。

透过现象看本质

在日常生活中，某些现象看上去不符合当事人的“收益最大化”，但透过现象看本质，则仍是在追求收益最大化。我们上面讨论的各种“让利销售”，无论明折还是暗折都不是让利。而返券销售，也是在价格不明折的情况下，卖方给予消费者的暗折。

说得更明确些，返券不仅不是商家让利，相反，是商家为追求最大化销售利润的行为。而且商家返给消费者的购物券，最终都得由消费者付账。所不同的是，自购由个人掏钱，团购则由公家买单，这也是政府现在为何不允许商家搞返券销售的原因。

思考题

为何说商品价格打折销售不是为了照顾消费者，而是商家自己争取收益最大化的行为？商品折价销售与返券销售的区别何在？

第 3 节 | 金融资本“脱实向虚”

近年来人们对银行多有批评，认为银行对实体经济支持不力。冷静地想，金融资本这种“脱实向虚”现象并非国内银行独有，西方国家早就出现了。20 世纪 90 年代日本的房地产泡沫，2008 年美国发生次贷危机，都是金融资本“脱实向虚”惹的祸。

从资本本质说起

我这里不去分析金融资本“脱实向虚”有何后果，后果读者可想而知。我们要讨论的是，前些年国内银行为何不支持实体经济，而对虚拟经济情有独钟？

普遍出现的问题，应从规律上找原因。既然金融资本“脱实向虚”是工业化国家的普遍难题，那么可以肯定，背后一定存在规律性原因。

让我从资本本质说起。

何为资本？马克思在《资本论》中曾将资本划分为产业资本、商业资本、货币资本等三种形态。马克思说，资本虽有不同形态，但它们的本质却相同，都是不断增值的价值。换个通俗的说法，马克思认为追求利润是所有资本的天性。金融资本是资本，当然也不例外。

金融资本要追求利润。从这个角度看，我们就不难理解金融资本为何“脱实向虚”了。比如我们将国民经济分为实体经济与虚拟经济两个部门，若信贷资金源源不断投向虚拟经济而不投向实体经济，合理的推断是：投向虚拟经济部门的收益必高于投向实体经济。

假若你是银行行长

用不着复杂的论证。换位思考，假若你是银行行长，可以决定信贷资金的投向。现在有甲、乙两家企业需从银行贷款：甲企业财源滚滚、投资收益高；乙企业惨淡经营、投资收益低。而且相对而言，乙企业比甲企业更希望得到贷款，请问你会怎么做？

你不用回答。从信贷资金安全与银行自身收益考虑，你也会优先贷款给甲企业。

有数据说，目前国内实体经济平均利润率在 6% 左右；而虚拟经济的利润率则在 20% 以上，有的企业甚至更高。问题就在这里，投资利润率如此悬殊，而资本要追求利润，金融资本自然会“脱实向虚”。

不过往深处想仍有个问题：在竞争约束下，不同部门的利润会趋向平均化，可为何虚拟经济的利润会长期高于实体经济？

马克思当年在分析“利润平均化”时，指出有两个前提：一是部门内竞争引起部门间的竞争；二是资本在部门间自由流动。这是说，只要允许竞争与资本自由流动，利润必然会平均化——等量资本得到等量利润。反过来说：若利润不能平均化，则必定竞争不充分或资本不能自由流动。

以金融部门为例，国内对银行与非银行金融机构的设立，政府一直实行牌照管制。对牌照管制是否合理存而不论，但无疑限制了资本向金融部门流动。时下金融部门利润率高于产业部门利润率，显然与这种准入限制有关。

信贷杠杆推波助澜

读者也许会问：虚拟经济并非所有行业都限制准入，为何那些没有限制准入的行业利润率也高过实体经济？我的观点，这是金融杠杆推动的结果。

以房地产为例。习近平总书记多次讲：房子是用来住的，不是用来炒的。可前些年人们却对炒房乐此不疲，何故？说来其实简单，因为投资炒房的收益高于投资实体产业的收益。20年前，北京房价每平方米不过5000元，而2019年每平方米却涨至10万元。

国内房价到底发生了什么事？房产既是消费品，同时也是投资品。房产作为投资品的价格怎么定？理论上，马克思为我们提供过方法。

在分析土地价格时，马克思指出：土地价格＝土地年租金/银行利率。比如某一块土地，年租金10万元，而同期银行利率为5%，则该土地的价格就是200万元。这是说，你有200万元，存入银行可得10万元利息，而购入土地也可得到10万元的租金。

用房产替换土地，道理也一样，即房产价格等于年租金除以银行利率。可我们观察到的事实是，人们用200万元投资炒房，收益却往往比银行存款利息高得多。何以如此？原因在于金融杠杆。

假若银行提供信贷杠杆，你购房只需首付 20% 房款，余下 80% 可从银行借，这样你用 200 万元便能购买 1000 万元的房产，杠杆率为 5 倍。假定该房产一年升值到 1100 万元，按利率 5% 支付银行利息 40 万元后，你可净赚 60 万元。

借助信贷杠杆，房产升值 10%，你用 200 万元便可赚 60 万元，投资利润率为 30%。如此大的诱惑，别的投资者怎会无动于衷？更麻烦的是，炒房有“羊群效应”，只要有人追涨，大家就会一起追涨，这样势必推高人们对未来房价的预期，而房价预期上涨，现实中的房价就真的会涨。

当然，信贷杠杆只是资产炒作的必要条件。在经济学看来，一项资产能否被炒作还另有两个前提：一是相对稀缺；二是资产证券化。供应充足的资产没人会炒，而资产未证券化也无法炒。

前些年投资者之所以炒“纸黄金”，一方面是黄金相对稀缺；另一方面，“纸黄金”已将黄金证券化。再有，城里的房产有人炒，农民的房产却没人炒，原因是农民的房产至今未证券化。

最后的结论是：既然投资虚拟经济的收益高于投资实体经济的收益，那么金融资本“脱实向虚”是银行追求利润最大化的必然选择。

要改变这一局面，我提三点建议：一是打破虚拟经济部门的行政垄断，鼓励竞争；二是控制金融杠杆率；三是防止资产证券化过于泛滥。

思考题

你认为金融资本“脱实向虚”的原因是什么？如果说是虚拟经济部门的利润率高于实体经济部门的利润率，那么原因为何？

第 4 节 | 高校教师的最大化

第 2 节和第 3 节讨论的是工商企业与金融资本，现在我们再换个角度，看看高校教师的行为选择是否也符合“收益最大化规律”。教师当然不会追求利润最大化，但会追求最大化的职称或学术头衔。

博导不是职称

我之前对博导在国内为何会成为学术头衔未深想过。当年家父在世时，听说我是博导，曾问我博导是多大的官，我回答博导不是官，就是普通教授。家父又问，所有教授都是博导吗？我答他不是。见父亲一脸茫然，我只好改口，告诉他博导是大学里的最高职称。

家父目不识丁，但对断文识字的事看得重。1991 年我从中国人民大学毕业后选择当教师，父亲连声说好，大加赞许。后来我做了教授，有邻居告诉他教授是大学里识字最多的人，父亲颇感欣慰，高兴得夜里睡不着。再后来我评了博导，父亲却不知博导为何物，问过不少亲友皆不知所以，没人能给他说明白。

博导究竟是咋回事？曾扪心自问：博导是职务吗？不应当是。既无级别也无下属，博导不管怎样看都不是官。那么博导是职称吗？似乎也不是。西方大学里的副教授甚至讲师就可带博士生，把博导视为比教授更高的职称未免牵强，说不通。其实，博导就是一项差事，说白了，是指某个教师承担了指导博士生的工作。

有趣的是，博导既非职务，也非职称，可为何国内要给教授评博导呢？

思之再三，我想到的答案，评博导是对教授的一种激励。人的行为选择规律，是争取收益最大化。企业家追求利润的最大化，政府官员追求职位的最大化，而大学教师追求的则是职称或学术头衔的最大化。我认识在大学教书的师友无数，可从未听说他们有谁只愿做副教授，不肯当教授。

教师也需要激励

当教师不同于从政。从政台阶多，副科正科，副处正处，副局正局……一路熬，最大化不易，从政的官员为了职位最大化要终生勤勉。而当教师不同，只有讲师、副教授、教授三个台阶，人人都可最大化，而且一旦评上教授，也就可以高枕无忧了。

按现在国内的职称制度，博士毕业先做讲师，两年后可评副高，5 年后可升正高。这样 30 岁的博士去大学任教，若论文够数，40 岁前可升教授，论文少的 50 岁也能评上教授。于是问题就来了，评上了教授，船靠码头车到站，校方怎么激励教授呢？

当然，教授自己要有敬业精神。现在大学里确有不少教师评上教授后仍专于学术，但不否认也有人会消极懈怠。早年一位在高校经济学院做院长的朋友告诉我，学院给教师们派课，年轻的讲师、副教授皆一呼百应。但一旦评了教授就判若两人，哪怕上月刚评的教授，接受任务就推三阻四。我对高校今天的状况所知不多，但相信这样的事不少，不然教育部就用不着发话要求教授给本科生上课。

由此看，要激励教授就得设计出新的台阶，30 多年前，国人别出心裁，开始为教授评博导，你是教授若不是博导，还算不上最高级别的教授，没有达到最大化。教授们为了评博导又得点灯熬油，再辛苦三五年，这三五年内不仅要多发论文，而且要听领导调遣。

从管理学的角度看，用目标激励代替督促，无疑降低了管理难度，也节约了管理成本，是“收益最大化”的一种制度设计。

说评博导是为激励教授设计的台阶，不会错。但要追问的是，欧美国家为何不给教授评博导？难道是他们的教授无须激励吗？

我曾访问过西方的大学，他们搞的是聘任制，除个别教授能签到终身合约，多数人都有任期，长则三年、短则一年，合约期满校方不续聘就得走人。而且，你在某大学是教授，换到别的学校未必还是教授，教授非终身，故为保饭碗人人自危，谁也不敢掉以轻心。

是的，聘任制也是激励，与国内评博导异曲同工。不过往深处想，两者却有差异：聘任制是打破终身制，评博导则是维持铁饭碗，两者孰优孰劣不好简单判断。

不过有一点可以肯定，聘任制是持续、重复的激励，而评博导是一次性激励，一次性激励虽可取近功，却难收长效。请问，在职称终身制下，教授评上博导后如何去激励？难道我们还要在博导之上再设什么台阶？

评岗优于评博导

照以往评博导的做法，一年评一批，博导多了见多不奇，激励作用无疑会递减。而根据经济学的“收益最大化”原理，如果不再创设新的台阶，一个教授当了博导就功成名就，难免会缺乏进取心。

大概也是因为这个原因，前几年人社部推出新规，将教师岗位分为七级（即一级岗、二级岗、三级岗等），实行评聘分开，一个教师从七级岗到一级岗，理论上至少需要 21 年。

分级聘岗的安排，显然也是依据最大化原理设计的，其精妙处在于：一个教师从入职起算，至少需 21 年才可能到达一级岗。如此一来，一个教师要想达到最大化，至少 21 年他都得不断进取。而且由于岗位是动态的，三年一聘，就算你今年聘到了一级岗位，待三年后又要重新洗牌，到时花落谁家却不得而知。因为有竞争，谁也不敢懈怠。

由此看，对激励教师来说，评博导确实不如分级聘岗。博导一评定终身，评上博导就意味着达到了最大化；而分级聘岗却如逆水行舟，不进则退。所以我认为分级聘岗比评博导更可取，不仅符合中国国情，而且有长久激励之效。两全其美，岂不善哉！

思考题

高校教师的收益最大化如何体现？激励教师的有效方法有哪些？为什么？

第 5 节 | 产学研何以脱节

习近平总书记多次强调，要打通科技成果转化的“最后一公里”，疏通应用技术研究与产业化连接的快车道，把科技成果充分应用到现代化事业中去。的确，若科技成果不能从实验室的样品转化为可以量产的产品，创新也就起不到驱动经济发展的作用。

两种流行解释

我看到的数据：目前我国每年新申请技术专利的成果已有100多万项，其中每年获得专利授权的技术成果约17万项—19万项，同时我国已有专利成果存量也已超过100万项。

若以成果数量论，两个100万，当然算得上是科技大国。可我们科技成果数量虽多，却多而不强，不仅关键核心技术领域存在短板，专利成果产业化率也很低，仅7%左右。

当前我国科技成果转化的“梗阻”究竟在哪里呢？就这个问题我曾赴几个省市进行调研，访问过不少科研院所，综合专家的意见，主要有两方面原因。

一是成果评价不合理。在过去很长一段时间里，国内对科技成果评价存在片面“重论文”的现象，而且对科技项目也是“重纵向”而“轻横向”。比如科研人员评职称，凡是在专业核心期刊发表的论文，或者国家部委下达课题的成果皆管用，而接受企业“横向委托”的技术研发成果，经济效益再好也不作数。

二是收益分配不合理。2007年之前，国家政策规定政府投资研发的科技成果，其转让收益应悉数上缴，研发机构和成果发明人不能参与收益分配。有这样的规定，研发机构当然没有推动成果转化的动力。久而久之，也就形成了现在这种产学研脱节的局面。

对上面的分析，起初我是赞成的。后来回到北京，又约请了科技部门有关负责人一起讨论，而那次座谈会后，我的看法有了改变。当然不是说前面专家学者的意见不对，而是除了以上两方面之外，我意识到目前科技成果转化难还另有更深层的原因。

不错，评职称“以论文论英雄”，导向上确实不鼓励成果转化。可问题在于，若不以论文论英雄，科技成果是否就能转化？恐怕照样不能。往深处想，那种重纵向而轻横向课题影响评职称、从而影响成果转化的说法其实并不成立。据我所知，过去 20 年国家级课题主持人大多有正高职称，他们不存在评职称问题。可见，重纵向课题与成果转化难并无因果关系。

“拜杜法案”在中国失灵

20 世纪 70 年代前，美国科技成果转化率也不高，直到 1980 年，美国国会通过了“拜杜法案”，将联邦政府资助的科技专利权及其转化收益下放给了研发机构，从此他们的转化率一路飙升，现已在 50% 以上。

借鉴美国的经验，2007 年我国修订了科技进步法，将国家财政资助的科技专利权下放给了研发机构；2015 年，又修订了促进科技成果转化法，明确规定研发机构和科技人员可以参与分享成果转化收益，而且项目主创人员的分享比例可以达到 50%。

照理说，我国科技成果转化率应该大幅提高才对。可实际情况是，近年来成果转化率并无明显提升。美国的成功经验在中国为何会失灵？

我想到的原因，是科技成果转化平台缺位。众所周知，一项新技术从“样品”转化为“产品”（规模化生产）是惊险的一跳，通常需要“中试”。这样就带来了一个难题：由谁来投资建中试车间？若中试能成功，投资可摊入成本，谁投资都一样。可万一不成功怎么办？大家都想规避风险，技术转让方和受让方往往都不愿意投资。

专利银行一石二鸟

这的确是科技成果转化的“梗阻”所在。在 2008 年我曾撰文建议：针对不同产业，由政府投资兴建一批“共享中试平台”。当时我的考虑是，无论由研发机构还是技术受让企业建中试车间，使用效率都太低（一般只用一次），而由政府投资建“中试平台”供各研发机构循环利用，便可一箭双雕：既能减少重复投资造成的资源浪费，又能有力促进成果转化。

当年那篇文章发表后，曾受到某省主要领导的重视，并先后委派分管科技的副省长和科技厅厅长来京与我研讨，据说后来省里还做出了具体方案。可不久那位主要领导调离，此事也就搁置了。今天看来，建“共享中试平台”没有错，而且仍有必要。不过我现在认为“中试平台”不仅可由政府建，也应鼓励民间科技中介机构投资。

为何要鼓励科技中介机构投资？说实话，这一想法是受了“投资银行”的启发。投资银行其实不是银行，而是资本中介机构，其职能是在资本供求间架桥铺路，助其精准对接。设想一下，假若让科技中介机构承担“专利银行”职能，政府用激励政策支持他们投资“中试平台”，对推动科技成果转化岂非如虎添翼！

思考题

“拜杜法案”在美国行之有效而为何在中国失灵？你对推动科技成果转化有何政策建议？

第6节 | 创新动力为何不足

前面我们分别讨论了不同行为主体追求最大化的行为。事实上，追求最大化有两层含义：一是最大化逐利；二是最大化避害（即损失最小化）。以科技创新为例，中央高度重视创新，可国内企业创新动力却不足。原因有多方面，但归根结底是企业无法最大化规避损失。

风险与不确定性

企业开展技术创新，难免有失败的风险，若失败所造成的损失全由企业自己承担，当然会抑制企业家的创新动力。从这个角度讲，鼓励创新需要有为企业家分担创新风险的机制。问题是除了企业家，还能让谁分担创新风险呢？

美国著名经济学家奈特在1921年出版的《风险、不确定性与利润》一书中，专门研究过这个问题，他有以下三个重要观点：

（一）关于企业与企业家。根据人们对风险的态度，奈特将人分为三类：风险偏好型、风险中立型、风险厌恶型。他说，大量的事实表明，厌恶风险的人通常会将钱存入银行；风险中立的人可能会用少量的钱买股票；而只有那些偏好风险的人才会投资创业，成为企业家。于是他的结论是，企业（家）是应“风险”而生。

（二）关于风险与不确定性。在奈特看来，风险源自不确定性。同时他将不确定性分为两类：一类是可以量度的不确定性，另一类是不能量度的不确定性。前者是指风险发生概率可根据经验数据估算，如汽车交通事故的概率是万分之三，飞机失事的概率是三百万分之一。

奈特说，可量度的不确定性是风险，不可量度的不确定性才是真正的“不确定性”。并指出，利润不是来自风险，而是来自“不确定性”。

（三）关于风险的处理方法。奈特的观点，应对风险有两种方法：一是通过“合并”（购买商业保险）规避风险；二是用“分散”（损失分担）的方法处理。为何要采用“分散”方法？奈特解释说：与其让一个人损失一万元，不如让 100 人每人损失 100 元。

对奈特的上述观点，学界一直有争议。比如他说企业（家）是因“风险”而生，科斯就不同意。科斯认为，企业是计划与市场的边界，企业内部是计划，外部是市场，是因为信息不对称导致市场交易费用过高人们才组建企业。想深一层，科斯的解释与奈特其实并不矛盾。信息不对称意味着什么？当然是风险，要降低风险就会产生交易费用。可见两人只是说法不同，道理却相通。

为何不为“创新”保险

风险与“不确定性”是否有区别？有学者认为，无论风险可否量度，都属于“不确定性”。

其实，奈特说风险不同于“不确定性”，是指风险不会给当事人造成意外损失。因为风险可以量度，表明事故发生的概率可以预知。既然可以预知，当事人就会购买保险规避损失。在这个意义上，“可量度的风险”与“不确定性”的确不是一回事。

除了以上两点，还有一点需要补充。奈特说处理风险有“合并”与“分散”两种方式：“合并”是指由专业化机构（保险公司）进行风险对冲；而“分散”是指将风险损失分摊，让更多的人承担。

问题是在何种情况下选择“合并”，在何种情况下选择“分散”呢？奈特没有明确说。而我要补充的是：可量度的风险，可通过“合并”处理，而不可量度的不确定性，则应“分散”处理。

这里有个问题想问读者：今天商业保险已十分发达，生老病死、天灾人祸都有保险公司提供保险，却为何不见有哪家保险机构为“创新”保险呢？

我的解释是：保险公司提供某类保险，是因为该类保险的出险概率可以量度。反过来说：迄今没有任何一家商业保险公司愿意为“创新”提供保险，一定是创新失败的概率在量度上有困难。

我这里说“有困难”，并不是指失败概率不能计算，根据历史数据，失败的概率完全可以算得出。我的意思是，如此算出的概率，创新者未必会接受。

举个例子。假若计算出某地区以往创新项目失败的概率为90%，保险公司按90%的概率收取保费，你认为创新者会购买保险吗？我认为不会。创新是“不确定性”事件，而历史的失败概率并不等于未来的失败概率，此其一。

其二，创新者的成功预期通常要高于失败预期。这是说，对失败的预期概率不会超过50%，否则企业不会投资创新。倘如此，创新者怎会花高保费投保呢？可是从保险公司看，若按50%的概率收保费，现实出险概率一旦超过50%，它必将破产。

科创板应运而生

创新具有不确定性，也就决定了失败的损失不能通过“合并”规避。不能“合并”处理，就只能“分散”处理。

怎样“分散”处理呢？人们容易想到的是“有限责任公司制度”。是的，公司的作用不单是集中资本，更重要的是让投资者只需承担有限责任。巴特勒说，公司是近代最伟大的发明。工业革命以来，全球共有160多项重大创新，而80%都是由公司完成的。

再往深处想，有了“有限责任公司制度”，同时还得有创新融资平台。在这方面，美国的“纳斯达克”是成功的范例。美国科技创新领先全球，“纳斯达克”厥功至伟。

2021 年，我国的“科创板”融资市场——北京证券交易所鸣锣开市，标志着我们国内“创新风险分摊平台”已经建立。众人拾柴火焰高，愿广大股票投资者能为支持企业科技创新出一份力。

思考题

风险与不确定性有何不同？商业保险公司为何不为“技术创新”提供保险？你对进一步完善我国“科创板”融资市场有何建议？

第二章
成本约束行为选择
有选择必有成本

◎ 成本是选择的代价

◎ 沉没成本不是成本

◎ 从不同角度看成本

◎ 成本约束银行贷款

◎ 内化社会成本与社会收益

◎ 成本约束改革路径

第二章

成本约束行为选择

有选择必有成本

需求定律指出，人的行为选择规律，是在约束条件下争取收益最大化。而约束人们选择的条件，其实就是成本。当成本一定时，收益越大越好；当收益一定时，成本越低越好。本章将分析在收益不变的前提下，成本是怎样约束人们的行为选择的。

第 1 节 | 成本是选择的代价

经济学所说的成本，是指机会成本，即做一种选择而放弃其他选择的最高代价。比如张先生既能种地，又能织布，还能养鱼。假定用相同的投入，种地的收益为 100 元，养鱼的收益为 120 元，织布的收益为 150 元，如此他肯定选择织布。因为织布的收益为 150 元，而放弃其他选择的最高收益（养鱼）是 120 元，这 120 元便是他选择织布的机会成本。

财务成本与机会成本

财务成本是指在生产或销售过程中的价值耗费，包括工资、原材料、固定资产折旧费等。从机会成本角度看，价值耗费都是成本吗？不能一概而论。企业在工资、原材料耗费方面存在选择，是成本，而折旧费不存在选择，不应作成本看。

对企业来说，工资是由劳资双方协商决定的，企业怎会有选择呢？不错，单个劳动者的工资水平是要由劳资双方协商，但企业在作投资选择时，所依据的并非单个劳动者的工资，而是总工资支出。

以汽车组装为例，汽车组装既可雇用人工组装，也可用机器组装，雇用人工得付工资，用机器要购置设备。假如企业选择雇工，机会成本就是采用机器带来的收入。

由于企业是否雇工存在选择，故雇工有机会成本。还是借助上面的例子：假定企业投入不变，用人工组装汽车的收益是1000万元，使用机器组装的收益是900万元，企业若选择雇工，则雇工的机会成本为900万元。

换句话说，这900万元就是企业选择雇工可接受的总工资。若总工资高于900万元，企业会减少雇工；若总工资高于1000万元，企业雇工将无利可图。

原材料耗费与工资支出类似，只要市场上原材料有替代品，企业可以有选择，使用任何一种原材料皆存在机会成本。比如市场上有煤与石油两种燃料可供选择，企业若选择使用煤，机会成本是放弃使用石油的收益；若选择使用石油，机会成本是放弃使用煤的收益。

两大趋势

以上解释了用于工资与原材料的支出为何是企业成本，若从机会成本角度推断，未来企业财务成本的变化将出现两大趋势：

——企业雇工成本会越来越高。企业雇工的机会成本是放弃使用机器的收益。机器的收益越高，雇工的机会成本就越高。现实是，从最初的半自动机器到后来的全自动机器，再到今天的智能机器，生产效率越来越高，使得雇工的机会成本不断升高。很多人以为，机器替代人工是因为人工成本高，恰恰相反，是机器的收益提高，推高了使用人工的机会成本。

——使用传统能源的成本上升不可逆转。选择一种能源的机会成本，是放弃使用其他能源的收益。伴随科技进步，各种新能源逐步出现，如传统能源是煤，后来慢慢有了电、油、气，而今天又开发出了各种生物能源。新能源不仅比传统能源更环保，而且收益也更高，如此一来，使用传统能源的机会成本会越来越高。

思考题

你认为机器替代人工的原因是什么？为何说使用传统能源的成本不断上升是不可逆转的趋势？

第 2 节 | 沉没成本不是成本

工资与原材料耗费是成本，为何前面说固定资产折旧不是成本呢？回答此问题要分两点说：第一，企业建厂之初购置固定资产时有选择，固定资产投资是成本；第二，企业一旦投产经营，固定资产投资便无法撤回（已经沉没），企业不再有选择，折旧费用不是成本。

历史投资覆水难收

读者也许会问：折旧费不是成本是什么？英国经济学家马歇尔在 1890 年出版的《经济学原理》中提出了一个概念：沉没成本。所谓沉没成本，是指那种已经发生而又难以撤回的投资。

比如某人上大学 4 年，共花去学费 10 万元，无论他从学校学到了什么，也无论他最后是否能拿到毕业文凭，学校都不会把学费退回给他。由于学费无法撤回，对他来讲这 10 万元已经沉没，覆水难收，即是他的沉没成本。

沉没成本有两个特点：一是历史上的投资；二是难以撤回的投资。基于这两点，虽然沉没成本带有“成本”二字，但并不是真正的成本。

斯蒂格利茨曾作过这样的分析：假如你花 7 美元去买电影票，而你事先并不知道这场电影是否物有所值，结果看到一半你发现影片很糟糕，这时候你要不要离开？斯蒂格利茨建议你离开。因为那 7 美元已经沉没，如果不离开，你还会赔上更多的时间（投资）。

既然沉没成本不是成本，企业就不应摊入成本。读者要注意，这正是沉没成本的重点所在。

4 年前，一位南方的民营企业家告诉我，他的企业已连续两年亏损。我问什么原因？他说由于产品价格下跌。我问为何不降成本？他说高管和员工的工资都降了，可由于前期固定资产投资太大，折旧费太高降不下来。我问如果折旧费不进成本企业可否盈利？他说可以盈利。于是我给他建议，折旧费可以不进成本。

举个例子：某企业生产打印机，假定打印机的市场售价为 2000 元，而生产一台打印机的变动成本（料、工、费）是 1800 元，固定资产折旧费为 250 元。假若将折旧费算进成本，打印机的单位成本就是 2050 元。这样企业每销售一台打印机，就得亏损 50 元。但若折旧费不进成本，每台打印机便可盈利 200 元。

从利润中回收

折旧不进成本，可给企业留出降成本的空间。不过同时也会带来两个难题：一是如何保证固定资产如期更新；二是在所得税税率不变的情况下，成本降低后企业要多缴所得税，背着抱着一样沉，折旧不进成本对企业似乎并无实际意义。

其实，第一个难题并不是难题：若不将折旧摊入成本，企业利润会相应扩大，企业可以用利润（积累）来进行固定资产更新。

相对于折旧，用利润更新固定资产，反而有利于企业根据市场需求调整生产结构。按现行的折旧办法，假若固定资产的更新周期为 10 年，每年按 10% 计提折旧摊入成本，如果 10 年内市场需求未发生大的改变，企业可以用折旧基金更新固定资产。

可若情况不是如此，比如到第 3 年，市场需求急剧萎缩，产品大量压库，请问：企业难道要等 10 年后才更新固定资产吗？

更严重的后果是，市场需求萎缩，产品供过于求会导致价格下降，而将折旧摊进成本会挤占企业利润。此时若折旧年限未到 10 年，企业无法用折旧基金更新生产设备怎么办？

退一步讲，即便折旧年限到期，折旧基金也只能购置原来等价的设备，而不足以购置产品升级换代（或转产）所需的先进设备。长此以往，企业扭亏无望破产，即便预提了折旧，对企业也是于事无补。

下调所得税税率

第二个倒是个难题。若企业销售收入一定，成本与利润则此消彼长。折旧不进成本，利润会增加，若所得税税率不变，企业就得多交税。

解决此问题，关键是政府要下调所得税税率。政府一定要清楚，所得税税率下调，政府税收未必会减少：若折旧摊入成本，企业利润减少，政府税收也同样会减少，若企业一旦亏损，政府将会无税可收。若折旧不摊入成本，企业利润增加，政府税收也可以增加。至于税率下调多少合适，税务部门具体测算应该不难。

思考题

为何说沉没成本不是成本？固定资产折旧若不摊入成本，需要对现行政策作哪些调整？

第 3 节 | 从不同角度看成本

成本可分为不同类型。从量上看，可分为总成本、平均成本、边际成本；从变化特征看，可分为固定成本与变动成本；从承担主体看，可分为私人成本与社会成本；从比较参照看，可分为绝对成本与比较成本；从与生产关联度看，可分为生产成本与交易成本。

总成本 = 固定成本 + 变动成本

总成本，是生产某特定产量所耗费的全部生产费用，包括固定成本与变动成本两部分。固定成本是指在一定时期内不随产量变动而变动的费用。

如企业厂房、机器设备折旧、一般管理费用、高管人员工资等，只要组建了企业，不论是否开工生产，这些费用皆需支付，故为固定成本。

变动成本是指随着产量变动而变动的费用。如原材料、动力支出、劳动者工资等，只要企业不开工生产，此类费用就不会发生。

按照定义，总成本等于固定成本加变动成本。于是不难推断：随着企业生产量逐步扩大，固定成本虽然不变，但变动成本却会随之增加。两者加总起来，总成本会不断增加。

在平面坐标图上，总成本曲线是一条不断向右上方伸展的曲线。应该说，对总成本曲线一直上升，迄今东西方经济学者皆无分歧，而分歧在于，平均成本曲线与边际成本曲线是否是先降后升。

平均成本与边际成本

平均成本是指每个产品的单位成本。用公式表示：平均成本＝总成本 / 总产量＝（固定成本 + 变动成本）/ 总产量。由于总成本分为固定成本与变动成本，与之相对应，平均成本也可分为平均固定成本（总固定成本 / 产量）与平均变动成本（总变动成本 / 产量）。

举个例子，假定总成本为 1000 元，其中固定成本 300 元，变动成本 700 元，总产量为 1000 个单位，根据上面公式计算：平均成本为 1 元，平均固定成本为 0.3 元，平均变动成本为 0.7 元。

经济学所讲的边际成本，是指生产最后一个单位产品所增加的成本。或者说，边际成本是每增加或减少一个单位产品生产而令总成本增加或减少的数量。用公式表示：边际成本 = 总成本的增量 / 产量的增量。

如某企业生产最后一个玻璃杯令总成本增加 1.1 元，则生产这个玻璃杯的边际成本为 1.1 元。

现在教科书为何说平均成本的变化是先下降而后上升呢？理由是：企业投产初期生产量小，固定成本分摊到每个产品的平均成本相对高，而随着生产量的增加，平均固定成本会逐步下降；而当生产量达到一定规模后，由于边际产出递减规律的作用，平均变动成本会上升，而且平均变动成本上升的幅度大于平均固定成本下降的幅度，故总的平均成本上升。

为便于读者理解，我简单介绍一下边际产出递减规律。此规律说，在其他投入要素不变的条件下，若连续增加某一要素投入，其产出增长率会不断下降。

此规律其实也是经验性事实。读者想想养猪吧。假设每天给猪喂 5 斤饲料，猪一天长 1 斤；每天喂 10 斤饲料，猪一天能长 1.1 斤；每天喂 20 斤饲料，猪一天能长 1.15 斤。这是说，若养猪的其他技术要素不变，猪每天生长的数量与增加的饲料数量之比，是不断下降的。

私人成本与社会成本

现实世界中，人们某些行为往往存在负外部性，即在追求自己收益最大化的同时对他人造成了损害。英国经济学家庇古曾分析说，出现这种负外部性，原因在于私人成本与社会成本分离。

所谓私人成本，是指生产者自己所承担的费用（如企业内部的原材料、工资、管理费等）；而社会成本，则是指生产一种商品给社会带来的成本。

再举一个大家熟悉的例子：

某化工厂生产化肥，企业为了自己多盈利，不断地扩大生产，而企业排放废水废气严重污染了环境。周边居民意见很大，多次与厂方交涉，要求限制排放，可企业却对此置若罔闻，你知道为什么吗？原因是企业只承担企业的生产成本（私人成本），而污染环境的成本则由社会承担。

从上面的例子可以看出，私人成本与社会成本是约束行为选择的重要条件。在两者分离的情况下，人们为了追求自己利益最大化，往往会置他人利益于不顾，甚至不惜损害他人利益。也就是说，若用成本去约束人的行为可能造成的负外部性，唯一可取的方法，是将社会成本内化为行为人的私人成本。

绝对成本与比较成本

产业分工是重要的行为选择，成本是如何约束分工的呢？亚当·斯密曾用“绝对成本优势”作过分析。所谓绝对成本优势，是指生产某种产品自己与别人相比所具有的成本优势。只要大家按各自的绝对优势分工，可以共赢。

李嘉图提出的“比较成本优势”，是自己与自己比的相对优势。一个人与别人比，可能不存在绝对优势。但自己与自己比，一定存在相对优势。他分析指出，若大家按自己的相对优势分工，也可以共赢。

比如张三和李四，张三种粮食与织布的成本分别为每吨 80 小时、每匹 90 小时；李四种粮食与织布的成本分别为每吨 110 小时、每匹 100 小时。这样两人相比，张三的比较优势是种粮食，李四的比较优势是织布。受成本约束，张三会选择种 2 吨粮食，李四会选择织 2 匹布。然后，张三再用 1 吨粮食与李四交换 1 匹布，双方皆可节省 10 小时成本。

交易成本

科斯在 1937 年发表的《企业的性质》一文中，首次提出了交易成本概念。交易成本不同于生产成本（人与自然界发生关系的成本），而是指达成一笔交易所要花费的成本（人与人发生关系的成本），包括“传播信息、广告推介，以及与市场有关的运输、谈判、协商、签约、合约执行监督”等产生的费用。

交易成本会怎样约束人们的行为选择呢？让我举个例子解释。

中国民间有一习俗叫“赶礼”。谁家有男婚女嫁、六十大寿、老人过世、建造新屋等红白喜事，都会请远亲近邻、熟人好友吃顿饭，而吃请的人，则得给主人送上一份礼金。“文革”时期，政府倡导“破四旧”，此风俗也在被破之列，可至今禁而不止，甚至愈演愈烈。

何以如此？从经济学角度看，某种习俗的形成，也是在约束条件下人们追求收益最大化的结果。民间这种习俗历久不衰，是因为从银行借钱的交易成本过高，人们迫不得已才选择这种融资方式。

40多年前，我堂叔盖新屋请亲友吃饭，见父亲将一个红包交给堂叔，堂叔清点后登记入账。我当时大惑不解，问父亲：为啥吃顿饭要给那么多钱？父亲告诉我，那不是饭钱，是送人情。堂叔盖房钱不够，就得靠亲朋好友帮助他筹集。我们现在送钱给他，等于把钱存进了银行，将来我们建房，堂叔也得送钱给我们。

父亲一语道破，原来“赶礼”是为了融资。问题是，人们缺钱为何不向银行借而让亲朋好友援助呢？答案是“赶礼”融资比从银行贷款方便。银行贷款不仅手续繁杂，而且要有财产抵押，由此产生的交易成本高；而“赶礼”融资全凭信誉，借条字据一概全免。正由于受交易成本约束，所以民间选择“赶礼”而不从银行贷款。

思考题

结合具体案例，谈谈你对绝对成本、比较成本、交易成本概念的理解。

第 4 节 | 成本约束银行贷款

民间“赶礼”历久不衰，是因为从银行贷款的交易成本相对高。事实上，国内中小企业从银行贷款也很难。专家提出过不少改进建议，但管用的办法却不多。比如曾有学者建议在四大国有银行内设中小企业信贷部，结果机构是成立了，贷款难却依然如故。

银行在商言商

银行不给中小企业贷款，有人批评说，是国内银行嫌贫爱富。这批评当然是实话，可是放眼看，世上哪有不嫌贫爱富的银行呢？

银行是经营货币的企业，不是慈善机构，必须在商言商，不仅要盈利，而且还得考虑存款人的资金安全，银行不嫌贫爱富行吗？

银行嫌贫爱富，是银行的本性。你可以指责银行，但银行的本性改变不了，改变了就不是真正的银行。难题就在这里，一方面，我们没法让银行不嫌贫爱富；另一方面，又要让中小企业从银行得到贷款，你认为应该怎么做？

可以肯定，要解决此难题，仅有政府重视不够，学界口诛笔伐也没用，关键是要让银行给中小企业贷款既感到安全又能赚钱。

社会上有一种流行说法，大银行不给中小企业贷款，是大银行财大气粗，目中无中小企业，只要大力发展中小银行，问题便可迎刃而解。这看法很有代表性，比如针对农民贷款难的问题，有人建议大力发展村镇银行，认为村镇银行一定会给农民贷款。

其实，此看法纯属闭门造车。这些年的实践表明，中小银行也一样对大企业情有独钟。而农村金融机构——以农信社为例——作为农民的合作金融组织，本应为农民排忧解难，可农信社的资金却不少流向了城市。可见，银行就是银行，不要指望银行能发善心，也不要以为中小银行就理所当然会给中小企业贷款。

经济学推断行为，一定要依据“成本约束下利益最大化”规律。银行不论大小，放不放贷或是放贷给谁，考虑的主要是放贷的成本（风险）与收益最大化，而不是企业大小，也不是其他。若贷款给中小企业收贷安全，而且收益比贷款给大企业还高，银行怎可能有钱不赚呢？

银行贷款要考虑成本约束，无可厚非。要知道，银行的信贷资金主要是来自储户存款，银行放贷风险越小，储户越放心，银行吸储能力才会越强。

换个角度想，假如你是储户，你把钱存入银行最起码的要求是什么？除了取得利息收入，是不是还希望银行能保证你的存款安全？若银行不做承诺，你敢把钱存进银行吗？

贷款要有资产抵押

银行嫌贫爱富，其实不光是考虑自己，同时也是为储户考虑。正因如此，银行要降低放贷的成本（风险），通常会要求贷款企业有资产抵押。可是中小企业规模小，可用于抵押的资产不多，有的甚至没有资产可抵押，空手套白狼，银行当然不敢放贷。

现在的问题是，中小企业特别是创业初期的中小企业，急需贷款却无资产抵押怎么办？

解决此问题，关键得有担保中介机构。前些年，为帮助中小企业贷款，不少地方成立过担保公司，可由于赚少赔多，大多担保公司已经名存实亡。需要指出的是，扩大就业是政府的职责，而中小企业可吸纳大量就业，这样看，为中小企业提供融资担保是公共服务，地方政府对担保机构不能以利润论成败。

利率市场化

中小企业贷款额度小，对银行来说，贷款一亿元与贷款一百万元的审贷手续一样，成本相差无几，从收益最大化看，银行当然乐于做大额贷款而不愿做小额贷款。

显然，要让银行肯为中小企业贷款，唯有提高银行发放小额贷款的收益，舍此无他。说得直白些，就是要给银行自主权，允许银行相应提高中小企业贷款利率。

也许读者会觉得这样做对中小企业不公平。事实上，利率高低与公平与否无关。利息是什么？著名经济学家费雪说，利息是“不耐（不愿等待）”的代价。意思是你越急着借钱，所需付的代价（利息）就应越高。

只要银行给出的利率中小企业能接受，你情我愿，旁人（包括央行）不必说三道四。不然把利率控死了，小企业从银行借不来钱，被逼无奈，就可能去非法集资，那样利率会更高，而且还会扰乱金融秩序。

思考题

银行贷款为何嫌贫爱富？你认为鼓励银行为中小企业贷款需要哪些前提条件？

第 5 节 | 内化社会成本与社会收益

外部性有两种：一种是负外部性，如某人的行为对他人产生了损害却不予补偿，使私人成本小于社会成本；另一种是正外部性，即某人从事经济活动给他人带来了收益却不能参与分享，使私人收益小于社会收益。这两种情况，都会影响人们的行为选择。

社会成本内化

前面在介绍私人成本与社会成本时讲过，约束化工厂的排污行为，需将社会成本内化为企业私人成本。经济学家提出了两种方案。

英国经济学家庇古是较早关注负外部性的学者之一，他在1920年出版的《福利经济学》中举过一个例子：

从甲地到乙地，A、B两条公路皆可抵达。其中A路窄而平坦，行驶快；B路宽而崎岖，行驶慢。司机为节省时间都愿走A路。可如此一来，A路经常拥堵。庇古说，由于每个司机只考虑节约自己的时间而不考虑堵车耗费别人的时间，导致私人成本与社会成本分离。

见到A路越堵越严重，有的司机不得已改走B路，这样最终会形成一个均衡点，即走A路与走B路耗费的时间相同。庇古说，既然A、B两路最后耗费的时间相同，政府若一开始就对走A路的司机抽税，让部分司机主动走B路，这样走B路的司机没有损失，而走A路的司机则会受益，但由于走A路需要缴税，总体看私人成本与社会成本相等。

“公路”的例子今天人尽皆知。而庇古用这个例子要表达的观点是：但凡存在负外部性的地方，市场会失灵，所以需要政府干预。

可到1924年奈特写文章质疑庇古。他问：假若政府不收税而让企业对A路拥有特许经营权，企业不也会收费吗？奈特其实是说：公路不收费并非市场失灵，而是公路的产权不明晰所致。

奈特不愧是经济学大师。如此一问，不仅推翻了庇古“负外部性导致市场失灵”的观点，同时也引出了鼎鼎大名的“科斯定理”。

1960年，科斯发表《论社会成本问题》一文，专门研究了怎样将社会成本内化问题。科斯说：“若交易成本为零，无论产权怎样界定皆不影响经济效率。”反过来理解：“若交易成本大于零，政府则应根据交易成本高低界定产权，不然就会影响经济效率。”

科斯用下面的例子作了分析：假定某工厂向外排放废气，如果企业不承担污染环境的社会成本，企业就会肆无忌惮，长此周边居民必与工厂发生冲突，而要协调冲突就会产生交易费用。

对此，庇古的办法是对工厂收税，而科斯则主张界定产权。比如，政府不给企业排污权，而同时将社会成本量化为排放指标让企业去市场购买，这样则可将社会成本内化为企业成本。

不能漠视正外部性

迄今为止，经济学家大多研究的是负外部性，对正外部性却关注不多。原因是，前者可能引发社会冲突而后者不会引发社会冲突。

如某企业拟在某地建化工厂，工厂排污会给周边造成污染，倘若如此，居民就有可能抵制建工厂。但若某企业拟在某山区投资修公路，修公路不仅方便居民出行，还能带动周边土地升值，当然不会有人反对修路。

可我要指出的是，正外部性虽不会引发社会冲突，但并非没有相应的后果。可以推定，假若某项目投资的私人收益小于社会收益，此项目通常不会有企业投资。有个现象不知读者是否注意到，过去基础设施大多是由政府投资，而不是由企业投资。

有学者解释，基础设施是公共品，只能由政府投资提供。这说法显然不对。经济学定义的公共品，是指消费不排他的物品，而基础设施的使用（消费）大多具有排他性，怎么会是公共品呢？

企业不投资基础设施，真正的原因是投资的私人收益小于社会收益。

这方面的例证举不胜举。5年前我到西南地区调研，座谈会上有位县委书记说，他所在的那个县盛产竹笋，市场对竹笋也有需求，可大山里不通公路，竹笋运不出来，农民有钱赚不着。我问县里为何不帮助修路？他说县财政没资金。我问为何不招商引资让企业修路？他说修路虽可增加农民收入，可山区车流量少，修路的收益不高，企业都不愿来投资。

偏远山区地广人稀，投资修路的私人收益，难免会小于社会收益。设身处地想，你若是企业家，大概也不会去大山里修路对不对？由此看，要鼓励企业家修路，就得设法将社会收益内化为企业收益，至少要让修路的收益不低于社会投资的平均收益。

社会收益内化

怎样才能将社会收益内化？学界流行的观点认为市场对此无能为力，唯一办法是政府对投资者给予补贴。政府给补贴对刺激企业投资当然有效，但并不是唯一方案，也不是最佳方案。

近些年，不少地方政府在这方面做过大胆的探索，下面是几个典型案例。

案例一：2005 年初，湖南省双峰县县委、县政府决定在老县城的外围扩建新城区。可当时政府财力不足，无力投资基础设施，于是拟引进省内大汉集团投资。大汉集团也表示愿意参与县城基础设施建设，但希望政府给予新城区部分土地开发的经营授权。经双方协商达成一致后，结果仅用 3 年时间就完成了新城区扩建。

案例二：六盘水市盘州市普古乡，过去是穷乡僻壤，可近几年山乡巨变，今天公路已四通八达，基础设施一应俱全。2020 年以前，农业旅游年收入达到 4 亿元。为何会发生如此大的变化？原来，当地一家民营企业家和农民联合成立了盘州市普古银湖种植养殖农民专业合作社，企业用 1 亿元投资基础设施，农民用土地入股，共同将这里打造成了远近闻名的农业旅游产业园。

案例三：此乃学界众所皆知的例子。养蜂人与苹果园相邻而居。蜜蜂可为果树授粉，果树可供蜜蜂采蜜。养蜂人与果园主皆能享受对方提供的社会收益，故互不收费。问题在于：如果养蜂人与果园主所提供的社会收益不对等怎么办？庇古认为，此时应由政府给受益少的一方提供补贴。而真实世界的处理是：受益少的一方会向受益多的一方收费，不然一定是受益少的一方考虑交易成本过高而放弃收费。

读者也许要问，社会收益为何要选择三种不同的内化方式？我的回答是投资者面对的约束不同。比如案例一，由于社会收益的受益人不确定，投资者若不能得到政府相应的经营授权，社会收益无法内化。

案例二则不同于案例一，由于社会收益有确定的受益人，投资者便可与受益人进行股份合作，通过“按股分红”内化社会收益。

案例三又不同于案例二，由于两个投资者互为社会收益的受益人，社会收益可互相内化。

思考题

请你对内化社会成本的两种方案发表评论？而你对内化社会收益有何新思路？

第 6 节 | 成本约束改革路径

深化经济体制改革，当然也属于行为选择，同样要受成本约束。习近平总书记曾多次强调要削减制度性成本，并强调“要做好为改革付出必要成本的准备”。从制度成本与改革成本两个角度谋划改革，是中央推动改革的基本策略与方法论。

改革要看制度成本

顾名思义，制度成本不是生产成本，而是交易成本。就改革来说，是指体制运行的交易成本。我们知道，任何一种体制运行都有成本。用计划配置资源会有交易成本，用市场配置资源也会有交易成本，而一种体制是否需要改革，最终应看体制运行成本。

中国从计划经济向市场经济转轨，原因是计划配置资源比市场配置资源的交易成本高。

马克思曾明确指出：生产关系和生产力、上层建筑和经济基础要相适应。这是说，若一个国家出现了不可调和的阶级冲突，表明上层建筑已不适应经济基础，此时就应变革社会制度。从体制层面讲，若一个国家体制运行的成本过高，表明体制已经不适应生产力发展，而要降低体制成本，就得进行体制改革。

体制是否改革需看体制成本，而体制怎么改，则要看改革成本。何为改革成本？简单讲，是由改革产生的交易成本。改革要变革体制，势必要对现存的利益关系作调整，在有人受益的同时，也难免会有人利益受损。受益者支持改革，受损者却可能反对改革。为了减少改革阻力，就需要去说服、协调、安抚那些利益受损者，而由此产生的交易费用，便形成了改革成本。

体制怎样改为何要看改革成本呢？对此我们可从以往的改革实践中寻找答案。举世公认，我国前期改革有三大特征：一是以分领域改革为主，率先从农村突破；二是以渐进式改革为主，分步推进；三是摸着石头过河，不断试错。我们前期改革为何会具有上面三大特征？

改革路径看改革成本

中国改革率先从农村突破，是因为土地承包的改革成本相对低。读者想想，将土地承包给农户，农民可以受益而城市居民利益未受损，城市居民不会反对。

这种无负外部性的改革，经济学称为“帕累托改进”。既然是“帕累托改进”，改革成本当然不会高。事实也的确如此，从 1979 年到 1982 年短短四年时间，农村“家庭联产承包责任制”就推广到了全国。

再看渐进式改革。中国选择渐进式改革，其实也是因为改革成本。说得明确些，是改革成本太高，无力一次支付，只能以分期支付的方式推进。

以国企改革为例。要将国企改造成“自主经营、自负盈亏”的市场主体，就得允许企业减员增效，可改革之初我们不仅未建立社保体系，劳动力市场也未开放，企业要是从减员下手，阻力可想而知，改革成本一定会很高。

正是高成本约束，国企改革不得不分步实施。现在回头看，当初政府从放权让利起步，先让企业搞承包经营，然后进行公司制改造，再到今天推行“混合所有制改革”，这样一步步深化，不过是在分摊改革成本。

事实上，不单是国企改革，诸如价格体制改革、投融资体制改革、外贸体制改革等，采取的皆是渐进方式，归根到底也是为了分摊改革成本。

改革成本具有不确定性

改革成本高，应该实行渐进式改革。可改革为何要摸着石头过河呢？原因是某些领域改革成本不仅高，而且还具有不确定性。由于事前无法对改革成本作预判，改革只能边改边试，方向改对了继续改；方向没改对，就退回来再作新的探索。

以政府机构改革为例，2018 年政府机构改革大获成功，我认为是以往改革反复试错得出的结果。早在党的十八大前，我们已经改了七次机构，令人遗憾的是，每次改革后皆出现了机构越简越臃肿、冗员越减越多的怪象。

究其原因，是行政审批权在背后作祟。有鉴于此，党的十八大后中央釜底抽薪，大力削减行政审批。审批权小了，改革成本也就低了，于是才有了此次机构改革的胜利。

以上解释了我国以往改革为何有三大特征。其实，对习近平总书记关于全面深化改革的思想，也可从体制成本与改革成本角度去领会。

如果说以往改革主要是分领域、渐进式和摸着石头过河，而全面深化改革，则是突出系统性和顶层设计。分领域改革八仙过海，改革往往不平衡，从而导致体制出现短板。而全面深化改革就是要补短板，进一步削减体制成本。

从改革成本看，经过多年改革，那些容易改、好改的都改了，现在剩下的是难啃的骨头。随着改革难度加大，改革成本升高，部门改革动力在递减。若不打通改革“最后一公里”，整个改革有可能前功尽弃，所以习近平总书记强调：要做好为改革付出必要成本的准备。

思考题

谈谈你对制度成本与改革成本的理解。为何说是否改革要看制度成本？而怎样改革则要看改革成本？

第三章

从边际推断行为转变

量变与质变

◎ 斯密的经典提问

◎ 企业最佳规模

◎ 从边际收益递减看产业融合

◎ 资源最优配置标准

◎ 数字经济的边际收益

◎ 计划与市场分工

第三章
从边际推断行为转变
量变与质变

推断人们的行为转变，需作边际分析。早在1854年，德国学者戈森出版的《人类交换规律与人类行为准则的发展》一书对此作过严密论证。1871年，英国经济学家杰文斯在其出版的《经济学原理》中，又对边际分析作了深入阐释。此后，边际分析便成为经济学家推断人们行为转变的一种思维方法。

第1节 | 斯密的经典提问

经济学的许多理论，都可在亚当·斯密的《国富论》中找到源头。比如边际分析方法，正是由斯密的一个经典提问引申出来的。

钻石为何比水贵

亚当·斯密在《国富论》中曾提出过一个很经典的问题：

对人的生存来说，水无疑是非常重要的，可水却不值钱；相比而言，钻石对人的生存无足轻重，而钻石却十分昂贵。于是斯密问，为什么现实生活中会存在这种现象？要是不借助边际分析，我们很难作出科学解释。

中国民间有个传说：很久以前，一场突如其来的洪水淹没了村庄，一个财主和乞丐爬上房顶求生。财主有一包金条，乞丐只有几个烧饼。早餐时财主饥肠辘辘，提出用一根金条换乞丐一个烧饼，乞丐同意了。

到了中午，财主希望继续交换，可乞丐要求用两根金条换一个烧饼。而到了晚上，乞丐只剩最后一个烧饼，财主愿意用剩下的全部金条换一个烧饼，可乞丐却不换了，因为在边际上，烧饼的效用比所有金条都大。

芋头不如从前可口

另有一个传说，明朝周容在《芋老人传》中讲的一个故事。一个穷书生进京赶考，没有钱住店，有一天傍晚，饥寒交迫，在一位农夫的房檐下避雨，农夫将他叫到屋里，给了他一块芋头，他吃得香甜无比，对农夫千恩万谢。

后来，穷书生金榜题名，做了相国，吃遍了天下的山珍海味，越吃越没有味道。于是，他开始怀念赶考途中吃过的芋头，便找来当初的那位农夫，请农夫煮一块芋头给他尝尝，结果却大失所望，他扔下筷子问："为什么以前的芋头就那么香甜可口呢？"

农夫感慨地说："时、位之移人也。"意思是，当年你饥寒交迫时，芋头对你效用很大；而今天你身居高位，锦衣玉食，芋头效用下降，当然不如以前好吃了。

边际变化决定选择

从边际上分析，也可回答上面斯密的提问。水的效用是止渴，钻石的效用是炫富，由于平日里水不稀缺而钻石是稀缺品，故水的价格便宜、钻石更贵。

假若换一个场景。在某个夏日炎炎的中午，一个人带着钻石，另一人带着一瓶矿泉水，他们一起在沙漠里赶路，口干舌燥而四处无水。试想一下，在这种性命攸关的时候，你认为钻石还会比矿泉水贵吗？可能的情况是，一颗钻石换不来一瓶矿泉水。

通过上面的例子，读者应该明白经济学为何强调推断人的行为转变要从边际上看。需求定律讲成本约束人的行为选择，其实就是指边际约束。或者更明确地说，只要边际成本等于边际收益，人的行为选择不会变；而人的行为选择一旦改变，一定是边际成本大于或小于边际收益。

思考题

推断人的行为转变为何要从边际看？请举日常生活中的例子说明。

第 2 节 | 企业最佳规模

企业在做投资预算时，通常是采用“量本利分析”，即分析一个企业的生产规模（产量）有多大，才能使成本与利润保持平衡。然而经济学证明，由“量本利分析”所确定的生产量，并不是企业最佳生产规模。

“量本利分析”

“量本利分析”有 4 个限制性假定：1. 一定时期内固定成本不变；2. 变动成本总量随产量增加而增加，且成本与产量呈线性关系；3. 产品价格不变，利润与产量也呈线性关系；4. 所有产品皆可卖出，即产量等于销量。

盈亏平衡点的计算公式如下：

总销售收入 = 销量 × 产品销售单价

总成本 = 销量 × 单位变动成本 + 固定成本

利润 = 总销售收入 − 总成本

等量代换，则：

利润 = 销量 × 产品销售单价 − 销量 × 单位变动成本 − 固定成本

盈亏平衡即利润为 0，则可推导出计算盈亏平衡点销量的公式是：

$$\text{保本销量} = \frac{\text{固定成本}}{\text{产品销售单价} - \text{单位变动成本}}$$

根据上述公式，可得出四点推论：

1. 若产品销售单价一定，盈亏平衡点（销量）高低取决于单位变动成本的高低。单位变动成本越高，盈亏平衡点越高；单位变动成本越低，盈亏平衡点越低。

2. 若单位变动成本一定，盈亏平衡点高低取决于产品销售单价的高低。产品销售单价越高，盈亏平衡点越低，反之盈亏平衡点越高。

3. 若盈亏平衡点一定，销售量越大，企业实现的利润便越多（或亏损越少）；销售量越小，企业实现的利润越少（或亏损越多）。

4. 若销售量一定，盈亏平衡点越低，企业实现的利润越多（或亏损越少）；盈亏平衡点越高，企业实现的利润越少（或亏损越多）。

若仅从销量、成本、利润的数量关系看，“量本利分析”无懈可击，而且作为一种分析盈亏平衡的方法，它在计划经济时期也发挥过一定的作用。但如果将“量本利分析”放在市场经济背景下看，其分析得出的结论却用处不大，甚至还可能误导生产者决策。

“量本利分析”的核心意思是，一个企业出现亏损，原因是生产规模（产量）不够大，只要扩大生产规模，企业便可盈亏平衡，并且生产规模越大，企业实现的利润就会越多。

短缺经济的思维

不知读者怎么看？我认为这是短缺经济时代的思维。若商品供不应求，企业扩大生产确实能够增加利润；然而市场经济的常态是供给过剩，当市场需求普遍不足时，单单扩大产量往往会弄巧成拙，令亏损雪上加霜。

有事实为证。近些年我们国内有些企业出现亏损，大多并不是产量不够大，恰恰相反，是因为生产过剩造成了产品严重库存。也正因如此，所以中央三令五申，要求企业“去产能、去库存”。也许有读者会说，“量本利分析”中的量是指“销量”而不是“产量”，“销量”是已卖出的产品，当然不会形成库存。

是的，现在的教科书讲“量本利分析”时的确用的是“销量”，可当年我读大学时的教材用的却是“产量”，大概在20世纪80年代末，教材编写者才将“产量”改成了“销量”。其实，当年用“产量”是对的，后来反而改错了。

“量本利分析”是一种事前分析，目的是为企业确定未来的生产规模（产量）提供依据。既然是事前分析，你凭什么确定根据公式计算出来的那个“量”，就一定是能全部卖出去的“销量”呢？

更严重的是，“量本利分析”将固定成本当作成本，还可能误导企业片面扩大产量，而不是把重点放在提升产品质量上。比如根据前面的公式，固定成本越高，所需要的保本产量就越大。

我在第二章讲过，固定成本中的折旧费是“沉没成本”，不应当成本看。若将折旧费计入成本，固定成本加大，保本产量也会随之提高。

再有，“量本利分析”在确定保本产量时，假定产品销售单价不变。作此假定，说明“量本利分析”只是一种短期分析。长期看，产品价格不可能不变。产量扩大，市场供给增加，产品价格怎会不变呢？

边际收益等于边际成本

戈森、杰文斯等学者曾先后用数学证明，一个企业将产量定在边际收益等于边际成本的那一点上，才能实现利润最大化，而此时的产量即为最佳规模。后来的经济学者经过反复验证，其结论皆无出其右。

最佳生产规模为何是边际收益等于边际成本时的产量呢？经济学的解释是：若边际收益大于边际成本，说明还有潜在利润没有得到，企业不会停留在现有的产量上，会继续扩大生产。

反过来，若边际收益小于边际成本，说明企业生产已经得不偿失，必然会减少生产，而且一直到边际收益等于边际成本为止。故“边际收益等于边际成本”，也被称作“利润最大化原则”。

需要指出的是，“边际收益等于边际成本”是经济学分析行为选择的一种思维方法，并不能用这个等式计算企业的最佳生产规模。大学教师给学生讲最佳生产规模，可以用假定的数字做演示，可企业在决定生产规模前，并不知道真实的成本与收益会怎样变化，更不可能知道边际成本与边际收益具体是多少。市场瞬息万变，谁能够料事如神呢？

国内不少学者热衷于用历史面板数据和回归模型搞预测。

我不反对用数学，也不反对搞经济预测。历史可以昭示未来，但历史却不会简单重复。

1962 年，美国经济学家阿瑟·奥肯通过研究大量历史数据发现，短期失业率与经济增长率成反比，且比值为 1 ： 2，即经济增长率每提高 2%，失业率则会下降 1%。学界称此为“奥肯法则”。假若你用此法则预测中国经济，保准你预测一次错一次，不信你试试看。

不可轻信经济预测

从历史数据中我们可以发现一些规律，然而未来具有不确定性，预测未来不能完全依靠历史数据。中国近 40 年经济保持高增长，按照 GDP 历史数据，谁能够预测出 2020 年一季度 GDP 会负增长 6.8%？新冠肺炎疫情突然暴发，全球卫生机构皆措手不及，经济学家无论用什么高深数学模型，恐怕也预测不出。

当年读研究生时，有位学长教我做预测的秘诀：当经济处于通缩时，就大胆预测经济会出现通胀，只要坚持不改口，一直说下去，总有一天真的会通胀。

这其实不是预测，而是用经济学逻辑作推测。通缩后经济会负增长，为救经济，央行必放松银根，由于货币供应与价格变化有时滞，央行很难知道货币放多少合适，而货币一旦投放过多，则通胀在所难免。我不用数学模型，也能推测出这样的结果。

思考题

为何说“量本利分析”是短缺经济的思维？谈谈你对最佳生产规模的理解。

第 3 节 | 从边际收益递减看产业融合

回头再接着分析“边际收益等于边际成本”。边际成本与边际收益的数据事前不可预知，但并不等于不能用“边际成本等于边际收益”推断行为选择。市场配置资源本身是一个试错的过程，企业家只要懂得边际成本递增和边际收益递减是规律，便可通过市场试错确定最佳生产规模。

“2.5 产业”引发思考

若问读者何为“2.5 产业”，我猜多数人答不出。6 年前我赴宁波调研，在一次座谈会上博高国贸的老总说他公司所从事的既非第二产业，也非第三产业，而是介于二产与三产之间的“2.5 产业”，闻所未闻，让人耳目一新。

事情是这样的：博高国贸之前是一家外贸企业，早年政府对进出口有管制，日子还算好过，后来进出口放开，一下子遇到了生存危机。出口没了产品，投资办厂又缺本钱，所幸了解海外市场需求，于是招兵买马，组织技术团队针对海外需求研发新产品。工厂还是不办，研发出新产品后委托别人加工，自己负责出口。员工不到 80 人，年销售收入近 2 亿元，赚得也是钵满盆满。

博高国贸的成功，秘诀是将公司业务从原来的三产拓展到了二产，用经济学术语说，叫“产业融合”。在宁波考察，这种产业融合的企业屡见不鲜，不单是三产与二产融合，也有二产内不同行业的融合。比如创立于 1988 年的得力集团，最初只是生产各种笔品，后来转向产业融合，如今产品已覆盖 12 大品类，传真机、打印机、点钞机等一应俱全。

分工与融合的选择

亚当·斯密当年写《国富论》，开篇就讲分工，并以制针为例作了解释。斯密说，制针有十八道工序，如果一个人独立作业，一天恐难完成一枚；但如果分工，让某人专事某道工序，每天可完成 4800 枚。可见分工的威力有多大！所谓熟能生巧，说的就是这意思。

从劳动分工到产业分工，道理相通。如种植业与纺织业分工，便出现了一产与二产。而二产内部钢铁、汽车、化工等分工，又形成了不同的工业产业。之所以如此，都是因为分工能提高效率。

要追问的是，既然分工能提高效率，那为何宁波会出现大量的产业融合现象呢？

“互联网 +”是另一个例子。互联网的功能，最初是信息传播，属传媒产业。10 多年前开始与物流融合，便产生了阿里巴巴、京东等一批电商平台。当时在宁波，许多制造企业也在 + 互联网，今天称这种现象为“数字经济”。这里需要解释的是，产业在何种条件下会从分工转向融合？此问题需要借助“边际收益等于边际成本”来分析。

从三个角度看

第一，从交换角度看“产业分工”。就产业分工来说，没有市场交换，则不会有分工。比如甲、乙两人，甲专门种粮食，而乙专门织布，若两人分工后不能通过交换互通有无，甲会没衣服穿，而乙会没粮食吃，那样彼此当然不会形成产业分工。

第二，从交易成本看“边际成本递增”。分工需要交换，而交换会产生交易成本。而且产业分工越细，交易环节越多，交易成本就会越高。

比如早期的纺织厂，纺纱、织布、印染是企业的三个车间。可后来分工了，三个车间成了三个独立的企业，这样织布厂与纺纱厂要交换，印染厂与织布厂也要交换，交易成本升高，即便生产成本不变，边际成本也会增加。

第三，从“边际收益递减”看产业融合。分工会增加交易成本，从而推高边际成本。而边际成本递增，边际收益必然递减。企业家虽不知道企业最佳产量是多少，但他知道存在最佳规模，若生产量超出最佳规模企业会得不偿失。于是当他发现生产其他产品可节省企业目前的交易成本并且比生产现在产品有更高收益时，便会选择产业融合。

在那天召开的座谈会上，博高国贸的老总说，他们融合三产与二产，一是自己研发新产品出口，可减少代理别人产品出口的谈判协商费用（交易成本）；二是可以以销定产，确保边际收益不低于边际成本。

得力集团的老总也说，他们之所以做综合供应商，降低交易成本是一方面，更重要的是，企业无论做多大规模，单品生产皆可不突破最佳产量。

思考题

可否举出你所了解的产业融合案例，并从边际分析角度谈谈产业融合的原因。

第 4 节 | 资源最优配置标准

优化资源配置，提高资源配置效率，无疑是重要的行为选择。关于资源配置效率，意大利经济学家帕累托曾提出过一个标准："帕累托最优状态"。这个标准的核心要义是：资源配置是否达到最优状态，要从边际上判断。

“各得其所”是最优状态

“帕累托最优”是指在某种既定资源配置状态下，任何改变都不可能使至少一个人的状况变好，而不使任何人的状况变坏。此定义取自帕累托1896年出版的《政治经济学讲义》，我们也可以换个说法：“帕累托最优”是指这样一种状态，在此状态下，若不减少其中一人的好处，就无法增加另外一人的好处。

最初从教科书上读到此解释，我并不觉得帕累托有何过人之处。照他的意思，只要将资源（福利）一次性分尽，分配结果大家都满意便是最优。中国有个成语叫“各得其所”，意即让每人都得到他所应该得的。而“各得其所”出自《周易·系辞下》，比帕累托要早两千年，相比之下，我更佩服自己的祖先。

1992年我到中央党校任教，一次下课后有学员问我：资源（福利）配置怎样才能达到“帕累托最优”？比如在配置之前，我们如何知道每人应该得到多少？而在配置过程中，又用什么办法保证每人得到的，正好是他所应得的部分？这问题之前我从未思考过，一时无以应对。不知为不知，我只好承认自己答不出。

三个“边际率”相等

后来我找来帕累托的《政治经济学讲义》，研读后才发现，帕累托讲“资源配置最优”有三个条件。这三个条件是：1. 交换的边际替代率相等；2. 生产的边际转换率相等；3. 交换的边际替代率与生产的边际转换率相等。帕累托说，只有同时满足这三个条件，资源配置才是最优。

为何要具备这三个条件呢？

先看边际替代率。经济学有个边际效用递减规律，说一个人若消费偏好不变，消费某种商品的数量越多，他从增加消费的单位商品中所得到的效用会越小。据此帕累托推定：当某商品边际效用降到一定程度，人们就不会继续消费该商品而转去消费其他商品。这种增加消费某一商品与放弃另一商品的比值，即为边际替代率。

举个例子：假设有甲、乙两个消费者，他们对商品效用的评价不同，甲认为一块面包可以代替两个苹果，乙认为一个苹果可以代替两块面包。如果甲用一个苹果换乙一块面包，则甲得到一块面包相当两个苹果，边际替代率为 2；乙得到一个苹果相当两个面包，边际替代率也为 2。

对所有消费者而言，若每一对商品的边际替代率相等，便是交换的最优条件。

再看边际转换率。所谓边际转换率，是指企业新增投资与新增产出的比率。帕累托说，若企业生产两种产品的边际转换率不同，企业就会减少转换率低产品的生产，而扩大转换率高产品的生产。比如用同样的投入，生产面包可得收益 200 元，生产苹果仅得 100 元，这样企业就会改变要素配置，多生产面包，少生产苹果。

此道理也适用于企业之间，若甲企业使用同量资源可得收益 100 元，乙企业可得 200 元，资源就会流向乙企业。因此对所有企业而言，同量资源生产任何两种商品的边际转换率相等是生产的最优条件。

帕累托认为，资源配置最优分别满足交换的最优条件与生产的最优条件还不够，还需将两者结合起来，让每一对产品的边际转换率等于边际替代率。

前面说过了，边际转换率反映的是生产效率，边际替代率反映的是消费者偏好。两者相等，说明生产结构与需求结构完全吻合，生产的产品符合消费者需求，既不会短缺，也不会过剩。

是一种分析方法

毫无疑问，若满足了以上三个条件，资源配置确实是最优状态。然而往深处想，却仍有三个难点：

第一，效用是消费者主观评价，交换前怎知道两种商品替代率是否相等？

第二，由于投资的边际收益递减，增加或减少投资会改变转换率。转换率变化不定，企业何以让两种投资的边际转换率相等？

第三，供给相对稳定，需求瞬息万变，生产者如何才能让边际转换率等于边际替代率？

要提醒读者的是，“帕累托最优”是一种分析方法。其实，在真实世界里，不管消费者偏好怎样，只要不存在强买强卖，商品一旦交换成功，边际替代率一定相等。

同理，企业少生产甲产品而多生产乙产品，只要没有要素流动限制，边际转换率也一定相等。若商品是等价交换，企业按价格信号生产，边际转换率也必等于边际替代率。

推展到政策层面，“帕累托最优”是说：只要不对市场设限，资源配置即可达到最优。反过来理解，若资源配置未达到最优，则必存在市场管制。

资源配置除了“最优状态”，还有“改进状态”，比如农村改革，农民利益增加而城里人利益未受损。这种“改进状态”的存在，说明之前的资源配置不是最优，原因是农产品价格与生产要素受到了管制。

经济学所讲的“帕累托改进”,其实就是通过放松市场管制，提高资源配置效率。中央文件的提法是“使市场在资源配置中起决定性作用”。

要特别指出的是，市场并非万能，在国家安全、社会公正、公共服务、助弱扶贫等领域，市场往往会失灵，所以要更好地发挥政府的作用。

思考题

为何说“帕累托最优”是一种分析方法？“帕累托最优状态”与“改进状态”的区别何在？

第 5 节 | 数字经济的边际收益

最近数字经济在国内引起关注。有学者预言：人类正在进入数字经济时代。我看到的文献，“数字经济”是 1995 年由美国商人唐·塔普斯科特最早提出的，1998 年美国商务部发布《新兴数字经济》报告后，这一概念才慢慢流传开。

数字经济是总称

关于数字经济的定义，有多种解释。有学者说，数字经济是一种基于数字技术的经济形态；也有学者认为，数字技术与互联网技术密不可分，数字经济其实就是网络经济。以上两种解释，只是表述的角度不同，都是对的。而在我看来，数字经济是“产业数字化、数字产业化以及平台（网络）经济”的总称。

在这里，我们不去讨论怎样定义数字经济。数字技术是高深的学问，我不是这方面的专家，听过不少讲座，仍是半懂不懂。不过自己以研究经济学为职业，对经济学应该有发言权。说实话，我并不完全认同学界对数字经济的分析，其中有些观点我认为是错的。

时下有一流行的观点认为：数字经济作为一种新型经济形态，不同于农业经济与工业经济，其边际成本会不断递减，边际收益会不断递增。

从经济学角度讲，边际收益递增，同时也就暗含着边际成本递减，两者是一回事，若前者成立，后者当然也能成立。然而问题在于：数字经济的边际收益真能递增吗?

流行的三大定律

据我所知，人们说数字经济边际收益递增，依据的是以下三大定律。

第一个定律：梅特卡夫定律。该定律指出，网络的价值，等于网络节点数的平方。说得通俗些，网络的价值与联网用户数的平方成正比。人们常举的例子是，一部手机没有任何价值，几部手机的价值也不大，而成千上万部手机组成了通信网络，手机通信的价值会呈爆炸式增长。

第二个定律：摩尔定律。摩尔发现，当价格不变时，集成电路（IC）上可容纳的元器件数目，每隔 18—24 个月便增加一倍，性能也提升一倍。既然在相同面积晶圆下生产同样规格的 IC，每隔 18—24 个月产量可增加一倍，那么生产成本也能相应降低 50%。

第三个定律：达维多定律。此定律说，网络经济存在“强者更强，弱者更弱”的马太效应，进入市场的第一家产品，往往能获得 50% 的市场份额，而第二或第三家企业的新产品进入市场，所获利益远不如第一家企业大。由此推出的结论是，一个企业要追求最大化利润，应不断创新技术（产品），并敢于率先淘汰自己的产品。

不能证明边际收益递增

以上三大定律皆来自经验事实，而且都有历史数据作支撑。不过尽管如此，我认为由这三大定律，并不能推出数字经济边际成本递减或者边际收益递增。让我分别对上面的三大定律作分析。

先看梅特卡夫定律：网络的价值等于网络节点数的平方。想问读者，你认为这里的“价值”指什么？是使用价值还是交换价值？我认为是使用价值。

单独一部手机没有使用价值，成千上万部手机组成通信网络，网络的使用价值（通信便捷性）会增加，但这并不等于交换价值（单位时间通话费）会增加，相反还会下降。近 30 年来手机话费（价格）越来越低便是例证。

再看摩尔定律：每隔 18—24 个月，在相同面积的集成电路上容纳的元器件数目可增加一倍，从成本角度看，制造成本便可降低 50%，呈递减趋势。但要弄清楚的是，此处的“成本”指什么成本？是指产品的单位成本还是边际成本？

我认为是单位成本，而不是边际成本（制造最后一块集成电板的成本）。若边际成本递减，企业就会一次性生产无限多的电板，可事实并非如此。

最后看达维多定律：网络经济确实存在“赢者通吃”现象，谁的产品先进入市场，所占有的市场份额就会相对大，但这种现象并不能证明边际收益递增。

前面我反复讲过，边际收益等于厂商卖出最后一件商品的价格。读者想想，一批完全同质的商品，价格怎会越卖越高呢？事实上，企业之所以不断创新技术（产品），原因正是产品价格越卖越低，边际收益递减。

边际收益递减是规律

由此可见，数字经济并未颠覆边际收益递减规律。经济学所说的边际收益递减，是指在技术条件不变的前提下，增加某一要素投入，收益增量会递减。

在技术条件不变时，企业的可变要素与固定要素间存在“最佳比例”。要是固定要素投入不变，而可变要素投入超出“最佳比例”，边际收益肯定会下降。

对边际收益递减规律，从需求角度更容易理解。现在我们已经知道，投资的边际收益等于厂商卖出最后一件商品的价格。对消费者来说，当消费某一商品的数量越来越多时，所获得的效用（边际效用）会越来越少，而边际效用不断递减，消费者的出价会越来越低，这样投资该产品的边际收益也会越来越低。

另外还有个现象需澄清。早在30年前就有学者提出，“边际收益可以递增”，并以人们集邮作为例证：假定一套邮票有10张，单独一张卖5元，若集齐10张，就不会只卖50元，而可能卖60元。

此例子能证明边际收益递增吗？我认为不能。因为一套邮票与一张邮票是两种产品，应另画一条需求曲线。不然我问你，你买一套出价60元，买第二套会出价70元吗？

分析至此，我要指出三点：第一，数字经济可节约交易成本，政府应高度重视数字经济发展；第二，发展数字经济不能脱离实体经济，应立足于推动农业与工业部门转型升级；第三，数字经济仍存在边际收益递减规律，应保持适度规模，切忌一哄而起。

思考题

你认为数字经济的边际收益会递增吗？请运用案例说明具体理由。

第 6 节 | 计划与市场分工

当年亚当·斯密有个形象的比喻，说资源配置有两只手：一只是看不见的市场无形之手，另一只是看得见的政府有形之手。而且斯密说得清楚，资源配置应首先让“看不见的手”进行基础性调节，而在市场覆盖不到的地方，再运用政府“看得见的手”予以调节。

争论由来已久

亚当·斯密虽讲得清楚，可 20 世纪 30 年代经济学家围绕计划与市场的关系产生了争论。当苏联作为第一个计划经济体出现后，许多学者为计划经济大唱赞歌，也有学者不以为然。

奥地利经济学家米塞斯 1920 年发表文章指出，资源不可能通过计划优化配置。此观点后来遭到兰格等人的批评，而哈耶克却是米塞斯的坚定捍卫者，并直言不讳宣称计划经济是通往奴役之路。

1937 年是一个重要节点，该年科斯发表了《企业的性质》一文，其分析独具匠心。科斯说：资源配置在企业内部是计划，在企业外部是市场。于是科斯问：如果计划一定比市场有效，企业就会无限制地扩大，可为何世界上没有哪家企业扩张成一个国家呢？

原因在于，计划配置资源的边际交易成本是递增的。相反，若市场一定比计划有效，企业就不应该存在，可人类社会为何会有企业出现？这也说明，市场配置资源的边际交易成本也是递增的。

由此科斯得出结论：计划与市场各有所长，互不替代，两者的分工取决于边际交易成本的高低。

交易成本人们耳熟能详。科斯的意思是，资源配置用计划还是用市场，就看边际交易成本。若计划配置比市场配置边际交易成本低，就用计划，否则就由市场配置。

逻辑上，科斯这样讲是对的。可问题在于，交易成本高低是事后才知道的结果，事前难以预知计划与市场何者边际交易成本更低，既如此，又如何在两者间作选择呢？

区分公共品与私人品

这问题骤然听的确很棘手，不过仔细想，我们对交易费用其实并非全然无知。至少有一点可肯定，但凡市场失灵的领域，计划配置的交易费用就要比市场配置低。

比如公共品的提供，由于公共品消费不排他，供求起不了作用。经验说，此时公共品若由市场配置，其边际交易成本会远比计划配置高。

为便于读者理解，我举灯塔的例子解释。

灯塔属于典型的公共品。显然，灯塔若由市场配置会有两个困难：一是难以定价。由于灯塔消费不排他（你享用不妨碍我享用），且不论多少人同时享用也不改变建造灯塔的边际成本，故市场无法给灯塔服务定价。

另一困难，也是由于灯塔消费不排他，过往船只中谁享用或谁没享用灯塔服务无法辨别，于是给灯塔的主人收费造成了困难，若强收，势必引发冲突。

可见，无论是服务定价还是收费，由市场配置灯塔皆会产生额外的交易费用，这也是古今中外灯塔皆由政府提供的原因。

与灯塔类似，国家安全、社会公正、助弱扶贫等也都具有公共品属性，为节省交易费用，此类项目也应由政府配置。中央强调“更好地发挥政府作用”，就是指在上述公共品（服务）领域，政府应当仁不让，承担起自己的责任。

公共品（服务）只能由政府配置。反过来，一般竞争性资源的配置就应交给市场。并不是说市场配置无交易费用，交易费用仍然有，但从边际上看要比政府配置低很多。

想想从前的计划分房吧，曾经的种种摩擦、冲突，过来人不可能忘记。今天之所以用货币购房取代计划分房，一个重要的原因是以往计划分房交易费用太高。

让市场起决定作用

中央明确提出“使市场在资源配置中起决定性作用”。何为“决定性作用”？对此学界有多种解释，而我认为应把握三个重点：

第一，让供求决定价格。价格是市场信号，价格若不由供求决定，市场信号不反映供求，资源配置必方寸大乱。令人遗憾的是，至今仍有人坚持政府要管价格，认为不如此就无法照顾穷人。其实，政府照顾穷人可给穷人补贴，大可不必管价格。管价格的结果只会适得其反，令短缺商品更加短缺。

第二，由价格调节供求。事实上，价格调节供求的过程就是结构调整的过程。如某商品价格上涨，表明供应短缺，企业会多生产；某商品价格下跌，表明供给过剩，企业会少生产。这样看，生产什么或生产多少要由企业自己决定。

第三，开放要素市场。让价格引导资源配置，就得允许生产要素自由流动。若资本不能在行业间自由转移，价格何以引导资源配置？基于此，政府不妨明确规定，今后除了国家安全与自然垄断行业，其他行业无论国企民企进入，一律无须行政审批。

思考题

计划与市场的边界如何确定？怎样才能让市场在资源配置中起决定性作用？

第四章
要看见“看不见的”
经济学家要有眼光

◎ 看不见的代价

◎ 使用机器不会增加失业

◎ 隐性失业弊大于利

◎ 储蓄不会抑制需求

◎ “合成谬误”并非市场失灵

◎ 扶贫应防止“穷帮富”

第四章
要看见“看不见的”
经济学家要有眼光

1850 年，法国经济学家巴斯夏写《看得见的与看不见的》一文，开篇就说：“经济学家有好坏之分。一个差的经济学家，常常只看见可以看得见的结果；一个好的经济学家，却能同时兼顾看得见与看不见的。”我不确定今天有多少人读过这篇文章，但可以确定的是，要做好的决策，这篇文章确实值得一读。

第 1 节 ｜ 看不见的代价

巴斯夏在该文中指出：现实中的大多数情况是，看得见的结果似乎不错，而看不见的代价却非常高。然而令人遗憾的是：差的经济学家总是急功近利，对看不见的代价往往置若罔闻。

“破窗理论”风行一时

巴斯夏对当时风行一时的“破窗理论”提出了疑问。何为“破窗理论”？事情是这样的，有一个店主的儿子不小心打破了一扇窗户玻璃，于是有经济学者认为：打破玻璃并不是坏事，若这块玻璃值 6 法郎，打破玻璃不仅能给玻璃生产商带来 6 法郎的生意，同时还能加速资金周转，带动一个国家整个工业发展。

对此，巴斯夏批评说：“破窗理论”只看见可以看到的一面，而忽视了看不到的一面（代价）。看不到的那一面是，店主花 6 法郎修补窗户，就不能用这 6 法郎去买一双新鞋或一本新书。

巴斯夏的意思是，店主放弃买新鞋或新书，是他修补窗户所需付出的代价。问题在于，店主花了 6 法郎修补窗户，与窗户玻璃没打破之前比，他的享受并没有增加。要是窗户玻璃没有被打破，他可以拿这 6 法郎买鞋，在继续享用窗户的同时，还可得到一双新鞋。而且对社会来说，鞋的需求扩大，也一样可带动整个工业发展。

巴斯夏最后得出结论：“破坏、损坏和浪费，并不能增加国民生产力。”或者更简单地说，“破坏并不是有利可图的”。这一结论告诉我们，分析人的行为选择，绝不能一叶障目，忽视看不见的代价，作为一个好的经济学家或一个好的决策者，一定要有“机会成本”意识。

我在第二章已经介绍过“机会成本”概念。从选择角度看，所谓看不见的代价，也就是“机会成本”。由于既定选择的收益可以看见，而所放弃其他选择的收益（机会成本）却看不见。若仅仅依据看得见的结果做经济决策，通常会得不偿失。

要看见“挤出效应”

在巴斯夏所处的时代，就曾有人主张财政扩张，认为扩张性财政可以创造就业。比如政府发公债建造商业大楼，为了证明建商业大楼的决策正确，政府官员通常会告诉公众，建造该商业大楼新增加了多少就业、创造了多少利润和税收，而且还列出了一大串数字予以佐证。

商业大楼已经建成，是有目共睹的事实，何况又是用数据说话，人们当然没有理由反对。

巴斯夏提醒读者，这位官员所说的只是看得见的结果。事实上，公债的最大买家是银行，若政府少发行公债，而让银行用这笔钱发放企业贷款，企业用这些钱也同样能建造商业大楼，同样可以创造就业、利润和税收，只不过是后者未发生，这样的结果人们看不见而已。

银行发放贷款也如此。早在18世纪就常有企业主抱怨，指责银行对亏损企业见死不救。政府当局也不断给银行施压，要求银行给亏损企业贷款。结果银行真的放了贷款，而且也真有亏损企业起死回生，不仅稳定了就业，也为国家创造了税收。于是有人说，银行原本就应该雪中送炭，优先照顾亏损企业。

然而巴斯夏分析指出，银行给亏损企业贷款，有些企业确实可以扭亏为盈，但这也只是人们看得见的结果。看不见的代价是：由于信贷资源有限，当银行将贷款给了亏损企业，则挤出了盈利企业贷款，盈利企业可能因为得不到贷款发生亏损。而盈利企业一旦亏损，将会增加失业和减少税收，其代价可能更高。

财富不等于财富生产力

长期以来，社会上大多数人认为：一个国家经济规模越大，经济实力就越强。从看得见的角度作这样的判断并无大错，但若从看不见的角度分析，一国的财富存量，并不代表该国的经济实力。

德国经济学家李斯特有一个著名观点：不能将财富与财富生产力画等号。他解释说，财富生产力好比果树，财富则是果树结出的果子，财富生产力要比财富重要得多。一个国家生产的 GDP 总值，只是该国的财富存量，而财富的市值，则取决于该国财富创造收入的能力。

举个例子：现在有甲、乙两人，分别购置了 100 万元的机器。从存量看，他们的财富都是 100 万元。可甲的机器每年可创造 10 万元收入，乙的机器每年只能创造 4 万元收入。按照资产价格原理：资产价格＝该资产未来年收入 / 银行年利率。假定年利率为 5%，那么甲的资产市值为 200 万元，乙的资产市值仅为 80 万元。

同样是 100 万元的资产存量，由于财富生产力不同，甲的财富增值了 1 倍，乙的财富却缩水了 20%。

所以巴斯夏强调，人们在作经济决策时不仅要重视看得见的，也要重视看不见的。也就是说，经济学家和决策者要有眼光。眼光不同于眼力：眼力是指别人看得见的结果，你也能看见；而眼光则是指别人看不见的，你却可以用逻辑推测得出。

思考题

“破窗理论”为何是错的？请你结合以往某些地区的“政绩工程”或“面子工程”，分析其看得见的结果与看不见的代价，并指出有何教训。

第 2 节｜使用机器不会增加失业

假若我说使用高效率机器不会增加失业，恐怕有读者会不同意。10 多年前国内“网购”刚兴起，就听一家超市老板说：电商挤压实体店，导致实体店门庭冷落，员工下岗。7 年前与几位同事赴广州调研，在参观一家制造企业时主事人介绍说：用数控机器替代了三分之一的人工后，生产效率反而更高了。

机器替代人工

这方面的例子俯拾即是：市场推出无人驾驶汽车，汽车司机会失业；酒店使用机器人，服务员会失业。眼见为实，人们当然相信自己看见的，所以将失业归结于使用机器成了很多人的共识。

“机器导致失业”的说法由来已久。1929—1933 年经济大萧条后，就曾有学者将矛头指向“机器”。当年美国总统罗斯福也提出：“机器只有在不使人们失业的前提下才能使用。”1970 年，经济学家缪尔达尔发表《世界贫困的挑战》，明确反对使用“高效率机器”。

再往前追溯，反对“机器”的浪潮最早起源于英国。1760 年，阿克赖特发明了棉纺机，可在推广应用时却遭到了强烈抵制，理由是威胁到了棉纺工人的就业。而织袜机在使用之初更不幸：1000 台新机器被砸毁，工厂被焚烧，甚至发明人也被威胁而四处逃命。后来政府出动了军队，抵制浪潮才得以平息。

机器可创造就业

此事过去 100 多年后，英国学者威廉·费尔金于 1867 年出版了《机器针织史》。他研究发现：与 18 世纪末相比，英国 19 世纪 60 年代织袜业雇佣的劳工人数不仅未减少，反而增加了 100 倍，棉纺业也如此。1760 年，当时英格兰仅有 5600 人从事棉纺业，而到 1787 年，从事棉纺业的人数达到 32 万。也就是说，在使用棉纺机后的第 27 年，该行业就业人数增加了 56 倍。

怎样解释上面这种现象？当然要从“看不见”的角度分析。从某个时点（静态）看，使用机器确实会使一部分人失业。但从长期（动态）看，却可能增加就业。

经济学逻辑说，一个企业若选择用机器替代人工，一定是机器成本更低、利润更高。若如此，企业为了追求利润最大化，会越来越多地使用机器，而使用机器越多，所需要的操作人员也会越多。

假定某服装厂原有50台“半自动”缝纫机，每台机器需1人操作，共雇佣50人。现在企业决定购进50台“全自动”机器，新机器一人可操作2台，只需雇佣25人，其余25人得下岗。

而到了第二年，企业扩大生产，又购进了50台新机器，于是需增雇25人；到了第五年，企业又购进50台新机器，需再雇25人。这样雇工达到75人，大大超过了使用新机器前的雇工数。

转从需求角度分析。假若某服装厂每年生产1000套西服，需雇佣50人，而采用效率更高的机器只需雇佣40人，会有10人失业，这是人们看得见的。

看不见的是，采用新机器后生产率提高，供给增加，西服价格下降。此时消费者花同样的钱可购买更多的西服，而以前买不起西服的消费者，现在也能购买西服。若需求增加到2000套，企业需雇佣80人，就业人数则不减反增。

产业链放大就业

再有一个看不见的角度，即产业链。由于纺织企业之间存在竞争，为提高自身的竞争力，企业都会使用效率高的机器。市场对新机器的需求增加，必然会带动机器生产部门的就业增加；生产新机器需要钢铁，又会带动钢铁行业就业增加；生产钢铁需要矿石，采矿业就业也会增加。由此推理，整个社会就业岗位必然会增加。

若这样看，也就能理解当年英国采用织袜机后，60 多年从业人数为何能增加 100 倍，棉纺业短短 27 年从业人数为何能增加 56 倍。

从全球来看，有数据说，第一次工业革命时全球人口仅 10 亿；第二次技术革命时（1900 年）为 20 多亿；第三次技术革命时（1950 年）增至 30 多亿；而今天已超过 70 亿。世界人口增加的同时，就业岗位也相应增加，这不也证明新机器可创造就业吗？

由此可见，“机器导致失业”的命题并不成立。从某个特定时点看，机器会增加短期失业。也正因如此，当年罗斯福才提出使用机器要以不增加失业为前提，而且当时美国也确实推出过一些限制性措施。

比如纽约电气工会就曾规定：原来由机器安装的设备，必须拆解后改由工人在现场手工安装。油漆工会规定，一律不得使用喷漆枪，只准使用油漆刷。

限制机器代价更高

时过境迁，到 20 世纪 60 年代，美国就改变了之前的做法。而需要讨论的是，目前全球经济不景气，国内面临巨大的就业压力，我们该怎样应对？

2020 年世界经济论坛（WEF）发布了一份报告，称 5 年后将迎来一场“机器人革命”，全球将有 8500 万人工岗位被替代。消息传开，一时间人们如临大敌。有人建议，为了稳就业，应该适度控制使用“高效率机器”。

我不赞成这种主张。“高效率机器”虽会替代部分人工，但研发、制造机器同样需要人工，而且会创造出更多的就业。如果为了稳住眼前就业而限制使用“高效率机器”，产业不能及时升级，将来的代价会更高。

明智的选择是：政府在做好“失业保障”和“转岗培训”的同时，应鼓励企业使用“高效率机器”。

思考题

人们可以看见的事实是，机器的使用会替代人工，可为何说使用“高效率机器”不会增加失业？限制使用机器的代价又为何会更高呢？

第 3 节 | 隐性失业弊大于利

新冠肺炎疫情流行期间，国内不少知名企业先后裁员，引发社会热议。人们议论的焦点是：在经济下行背景下，企业该不该裁员？若站在企业角度，为了获取最大利润，必须降成本，裁员无可厚非；可若是站在政府角度，政府的目标是充分就业，希望企业不裁员。两者目标有冲突，读者对企业裁员怎么看？

西方学者的观点

20 世纪 30 年代经济大萧条后，凯恩斯出版了《就业、利息和货币通论》（简称《通论》）。他指出，失业是由于“有效需求不足”，要实现充分就业，政府应从需求侧增加财政预算赤字，扩大公共工程投资。政府增加预算赤字，可弥补赤字就得多向企业收税，显然会对企业不利。

20 世纪 70 年代，西方经济陷入“滞胀”，凯恩斯理论失灵。1984 年，美国经济学家威茨曼出版了那本轰动一时的《分享经济》，将研究视角转向了企业内部。

他分析说，在供求规律的作用下，产品价格会随着供给增加而下降，企业供给越多，产品价格会越低。若员工工资标准固定，利润下降而工资不降，企业只能裁员。于是他得出结论：失业的根源是工资固定。

为了让企业不裁员，威茨曼提出了新的解决方案。要点是：企业不再按人头设固定工资，而只确定劳资双方“分享收入的比例”，不管企业收入状况如何，皆按事先确定的比例分配。威茨曼坚信，如果采用他提出的这一方案，企业便可少裁员，甚至不裁员。可不承想，他的理论却遭到企业主和工会的一致抵制。

“细部分工”掩耳盗铃

美国曾一度推行过“细部分工”准则。以铁路为例，美国铁路调节理事会明文规定，铁路上各项作业皆一律实行“细部分工”，比如接听电话与扳动开关，必须由特定工种的员工分别操作。不然，若让负责扳动开关的当班工人接听电话，公司不仅要为该员工支付一天的工资，同时要为负责接听电话的员工支付一天的工资，哪怕他在家休假而未赶到现场。

在今天看来，上面的规定似乎有些荒唐，可当年在美国类似的规定比比皆是。比如泥瓦匠砌烟囱，规定他不得使用石材，使用石材是石匠的专门工作；电工更换旧电线，不能拆装线槽木板，拆装线槽木板要由木工来做；管道工处理浴室漏水，不可撬开地砖，撬开地砖和铺回地砖，必须由泥瓦匠完成。

读者看明白没？“细部分工”不过是掩耳盗铃，将“显性失业”变为“隐性失业”。问题是他们为何要这样做呢？1946年，美国学者亨利·黑兹利特发表了《分散工作机会的企图》一文，据他披露，是当时美国国会某些议员坚持认为，生产效率过高会导致失业。

在该文中，黑兹利特对某些国会议员的观点提出了批评。他指出，人类社会经济进步的首要原则是，以同等的劳动力生产出更多的产品，而不是相反。若以牺牲生产效率为代价保就业，不仅是对人力资源本身的浪费，而且由于劳动力得不到优化配置，极有可能拖垮企业，反而会造成更普遍、更严重的失业。

中国方案棋高一着

的确，一个国家不能靠牺牲生产效率保就业，恰恰相反，应通过提高生产效率不断地创造就业。在这方面，我国国企改革是成功的例子：20 世纪 90 年代中期，中央决定对国企职工实行下岗分流。下岗分流会增加短期失业，中央当然清楚，而之所以痛下决心，是为了通过搞活国企，创造出更多的就业机会。

读者再想想，中央为何反复强调要保护中小企业？其中一个重要原因，中小企业是吸纳社会就业的主要载体，要稳就业，当然要保护中小企业。不然中小企业垮了，皮之不存，毛将焉附？事实上，改革开放以来中小企业迅猛发展，不仅为城镇居民提供了就业机会，同时还吸纳了 2 亿多农村剩余劳动力。

中国的稳就业方案，相比以往西方的做法确实棋高一着。按照此思路，不仅政府目标与企业目标不冲突，而且也不会降低生产效率。

思考题

“隐性失业”与“显性失业”有何区别？为何说“隐性失业”是以牺牲生产效率为代价保就业？请你对中国政府的稳就业方案谈谈看法。

第 4 节 | 储蓄不会抑制需求

凯恩斯在《通论》中有一个观点：一个国家出现普遍失业，其原因之一，是老百姓喜欢往银行存钱。消费增长跟不上收入增长，储蓄增加，边际消费倾向递减，导致消费品过剩。消费品生产企业资金不能回笼，再生产难以为继，所以产生了失业。

“蜜蜂寓言”的误导

凯恩斯上面这个观点，是受一名英国医生的启发。18 世纪初，伯纳德·曼德维尔发表了《蜜蜂的寓言》。大意是：从前有一群蜜蜂，在蜂王带领下过着挥霍奢侈的生活，整个蜂群百业昌盛，兴旺发达。可老蜂王去世后，新蜂王却要求改变原来的生活方式，崇尚节俭，结果却造成社会凋敝、经济衰落。

我在大学求学整整 10 年，对凯恩斯的观点不曾怀疑过。尽管 20 世纪 70 年代西方陷入“滞胀”，凯恩斯成为众矢之的，我也认为是西方国家用错了药方。我对《通论》产生质疑，是 1998 年。当时亚洲爆发金融危机，国内 2000 万国企职工下岗，而中国却有惊无险，并且很快渡过了危机。

面对大规模失业，中国有惊无险，当然主要是政府应对得当。除此之外，还有一个重要原因，那就是中国的老百姓有存款。我曾到东北老工业基地进行调研，访问过下岗职工。职工反映，要是自己以前没有储蓄，靠政府发救济金只能维持基本生活，供不起孩子上学。一语点醒，我忽然意识到凯恩斯的理论错了。

指责高储蓄毫无道理

回北京后，我写了《凯恩斯理论的疑点》一文，对“边际消费递减”提出疑问，并对储蓄与需求的关系作了分析。可2008年国际金融危机后，西方对中国高储蓄群起攻之。2009年春，我赴华盛顿参加会议，美国贸易代表处的官员说，美国发生次贷危机，原因是中国高储蓄使美国的对华贸易长期处于逆差。

该年7月，“全球智库峰会”在北京举行，美国代表又公开指责中国高储蓄。时任央行行长周小川作了回应，我也写了《指责中国高储蓄毫无道理》一文。那篇文章的主要观点是：中国自1992年至2009年，居民储蓄率一直保持在20%以上，可为何20年前美国未发生金融危机？10年前也未发生金融危机？只能说明，美国次贷危机与中国的高储蓄无关。

以上说的是往事。再说现实：近年来美国等西方国家围堵中国出口，不断制造贸易摩擦，而新冠肺炎疫情又雪上加霜。面对双重压力，2020年中央提出实施扩大内需战略，且重点扩消费，用消费带动投资。于是高储蓄再度引起关注。有学者认为，高储蓄会在一定程度上抑制国内需求，而要扩大消费，必须将高储蓄降下来。

看来，人们对高储蓄确实存在误解。前面东北下岗职工的例子足以说明，储蓄可以为家庭“缓压”，家庭是社会的细胞，对维护社会稳定来说，储蓄无疑具有举足轻重的地位。而从整个国家层面看，储蓄并不会减少总需求，更不会增加失业。

从看不见的角度分析

为何作这样的判断，我们可以从两个“看不见”的角度分析。从投资需求看，居民为了取得利息，将自己的闲散资金存入银行；银行吸收储户存款后，需给储户支付利息。我们知道，银行是自负盈亏的商业机构，利润来自存贷利息差。银行为了追求多盈利，会立即将吸收的存款贷放给企业。如此一来，储蓄则通过银行转化成企业投资，社会总投资需求会增加。

从消费需求看，若某人增加银行储蓄，他当期消费会减少，但社会总消费未必会减少。有两个关键点：第一，银行不仅为企业提供贷款，同时也为消费者提供贷款。当社会上投资过剩而消费需求不足时，银行会将储蓄转化为消费贷款。于是，张三的储蓄转化成了李四的消费，此消彼长，总消费需求不会变。

第二个关键点，是莫迪利亚尼提出的“生命周期假定”。此假定说：在人生的不同阶段，消费与收入会有不同的安排。通常的情形是：年轻时消费会大于收入，有负债；中年时收入会大于消费，有储蓄；老年时，消费会大于收入，用储蓄弥补缺口。算总账，一个人一生的消费，最终会等于他一生的收入。这是说，储蓄是人们在生命不同阶段平衡消费的理性安排。

有学者不同意莫迪利亚尼的分析，举例反驳说：美国和中国各有一个老太太，两人消费观念不同。美国老太太年轻时不仅不储蓄，反而从银行贷款买了房子；中国老太太却喜欢存钱，直到退休才买房子。

这样，美国老太太住了一辈子自家的房子，而中国老太太退休后才住上自己的房子，明显吃了亏。言下之意是，中国老太太年轻时也应该像美国老太太那样，不储蓄而去贷款买房子。

这个例子具有一定的迷惑性。我想问的是：美国老太太贷款买了房子，每月是否需还本付息？还本付息后是否会减少其他方面的消费？

中国老太太将钱存入银行有利息收入，收入增加是否可以买更多的新衣服？或者增加旅游、健身等方面的消费？再有，租房住与买房住都是消费，两者并无本质差别，怎能说储蓄就一定减少消费呢？

事实上，储蓄是人们权衡现期消费与远期消费的一种选择。有人希望增加未来消费，今天愿意储蓄；有人希望提前消费，愿意贷款。逻辑上，银行要追求盈利，就得将储蓄转化为贷款；若储蓄能转化为贷款，无论储蓄率多高，皆不会抑制需求。

思考题

你认为高储蓄会抑制社会总需求吗？为何说储蓄是人们权衡现期消费与远期消费的一种选择？请结合具体案例说明理由。

第5节 | “合成谬误”并非市场失灵

现实生活中存在大量事与愿违的现象：从局部看，人们的某种行为是对的，而加总起来的结果却是错的。比如单个农场主粮食增产可以增收，但全球粮食都增产，粮食供过于求导致粮价下跌，结果增产反而不增收。萨缪尔森称此现象为“合成谬误”。

不可望文生义

对经济学概念，人们通常会望文生义。比如“价格歧视”一词并无贬义，却容易让人想到“不公平对待”。“合成谬误”也如此，明明是经济规律，却让人以为是某种需要纠正的错误。

说来也难怪，萨缪尔森当年提出“合成谬误”，目的是要证明市场失灵，因为市场失灵，所以需要政府干预经济。今天的凯恩斯主义者力主国家干预，也正是基于“合成谬误”这一假设。

应当追问的是，“合成谬误”真会导致市场失灵吗？我认为不会，相反，“合成谬误”恰恰证明了市场有效。读者不要误会，我这样讲并非否认市场有可能失灵，在国家安全、社会公正、公共服务等领域，市场确实会失灵，但不能说“合成谬误”也是市场失灵。若不存在“合成谬误”，供求规律就无法起作用。

经济学讲得清楚，供求规律有两层含义：一是供求决定价格，二是价格调节供求。比如某纺织厂为了追求利润扩大生产，而若所有纺织厂都扩大生产，产品一旦供过于求，价格会下跌，企业会减少生产；若企业都减少生产，产品慢慢供不应求，价格上升，于是企业会增加生产。

显然，这个过程正是市场（价格机制）引导资源配置的过程，怎能说是市场失灵呢？

据我所知，人们将“合成谬误”视为市场失灵，理由是产品过剩会造成资源浪费。这种看法其实不对，产品长期滞销压库，是资源浪费，但却与“合成谬误”无关。

经济学说，价格若由市场供求决定，产品供过于求价格会下降，只要价格足够低，市场必能出清。由此推理，如果某个企业产品长期积压造成了资源浪费，那么一定是未按供求规律定价。

政府也存在“合成谬误”

“合成谬误”可分为市场主导与政府主导两种类型。“公地悲剧”与上面的纺织品供过于求，显然属于人们可以看见的第一种类型。而政府主导型的“合成谬误”现实中也大量存在，只是人们视而不见，或者没有清楚地意识到而已。

20世纪末，国内曾一度出现卖粮难的情况。为避免谷贱伤农，当时就有地方政府出面调结构：有的要求农民将耕地改为水塘养鱼，有的则要求农民大面积种蔬菜，结果鱼和蔬菜严重供过于求，价格大跌。有农民抱怨说：政府主导调结构是“你调我调大家调，调来调去卖不掉”。

再比如前些年国内出现重复建设与产能过剩，其中大多数项目就是由政府主导。国务院最早于 1989 年颁布《中国产业政策大纲》，1994 年国务院又颁布了《90 年代国家产业政策纲要》，到“九五”时期，政府提出要振兴煤炭、钢铁、汽车、建材等产业，可到“十五”时期（2001—2005 年），这些产业却出现严重过剩。2005 年商务部公布的数据显示，当年工业品库存同比增长了 19%，其中钢铁、汽车、电解铝等尤甚。

“合成谬误”如何处理

政府调节也存在“合成谬误”，我们当然不能靠政府纠正市场型“合成谬误”。对市场型“合成谬误”，应交给市场调节，政府只需做三件事：一是界定产权，二是让企业自负盈亏，三是照顾低收入者。只要做到这三条，其他政府不用管。

设想一下，牧民在草场养羊，假若草场产权有明确界定，你认为会发生“公地悲剧”吗？绝对不会。再有，纺织品供过于求，若企业是自负盈亏的市场主体，纺织品会降价吗？肯定会降价。

令人奇怪的是，前些年国内有些企业产品严重压库却不降价，甚至成为僵尸企业也不关门，你知道为什么？经济学的解释是，此类企业并非真正的市场主体，背后有政府财政（输血）补贴。

对政府主导型“合成谬误”的处理，关键是合理确定政府发挥作用的边界。在国家安全、社会公平、公共服务等领域市场会失灵，政府在以上领域就要主动发挥作用。如某地发生地震灾害，食品、服装、帐篷等会严重短缺，若由市场自发调节，价格飙升会危及社会稳定。在此情况下，政府不仅可通过行政调拨增加供应，对价格也可直接管制。

再说一遍，市场主导型“合成谬误”，并不是失误，而是经济规律。规律不可能改变，即便照顾穷人，政府也只能利用规律，不能违背规律。以猪肉为例：若猪肉供给短缺，肉价上涨影响到了民生，政府可补贴低收入者，但不能管控肉价。读者要记住：价格是市场调节供求的信号，信号扭曲会加剧供求失衡。

思考题

试举 1—2 个现实中政府型“合成谬误”的例子。为何说市场型“合成谬误”不是市场失灵，而是市场引导资源配置的客观规律？

第 6 节 | 扶贫应防止“穷帮富”

以往政府扶贫提供过名目繁多的补贴。如住房补贴、家电补贴、农机补贴、化肥补贴、农药补贴、燃油补贴等。从看得见的角度看，财政补贴确实是补给了贫困家庭；若从看不见的角度看，最后受益的却不一定是贫困群体，也可能是富人。

可观察的事例

第一个例子：平抑肉禽产品价格。2008 年国内肉禽产品价格上涨，原因是国际市场饲料涨价，农民养猪赔了钱，养猪少了，市场供不应求，价格当然上涨。

2019 年，国内肉禽价格再次上涨，也是因为供不应求。肉禽价格上涨，应该鼓励农民多养猪，增加供给。供求逐步恢复平衡，价格必自动回落。

价格短期降不下来，城里有人吃不起肉怎么办？政府采取的办法是平抑价格。但政府这样做，不过是让农民为城里人提供补贴。

其实，城里吃不起肉的人是少数，政府直接补贴那些低收入者即可。而城市的高收入者，肉价高低无所谓。可管制价格，让高收入者也买廉价肉，岂不是让农民补贴富人？

第二个例子：农药补贴。为帮助农民降低生产成本，政府给农民发放农药补贴。我曾与同事赴河南豫东农村调研，当地农民告诉我，他们对政府发放农药补贴很感激，但他们并没得到实惠。这是怎么回事？

陪同我们的乡干部解释：一瓶杀虫剂原先是 50 元，可政府给了农民货币补贴后，市场上的杀虫剂马上涨价，政府补多少，价格就涨多少，结果真正受益的并不是农民，而是农药供应商。

第三个例子：大学收费。很多人认为，大学低收费对穷人有利，这只是看得见的一面。事实上，大学低收费不仅是照顾穷人，同时也照顾了富人，是让富人搭了穷人的便车。说严重点，是富人挤占了穷人的福利，才使部分穷人的孩子上不了大学。

设想一下，若将大学分为私立与公立。私立大学高收费，富人可送孩子上私立大学，穷人孩子成绩好，也可靠奖学金上私立大学；而公立大学全免费，穷人个个上得起。可目前国内高校本来是公立，却要收费。与其这样，政府还不如改革高校体制，将部分高校转为私立，允许高收费，而政府集中财力办好公立大学。

经济学的解释

政府补贴的初衷是扶贫，可结果为何补贴的却是富人？分析此现象需把握两点：一是市场主权，二是补贴方式。

市场分卖方（主权）市场与买方（主权）市场，商品供不应求为卖方市场，反之为买方市场。补贴也分两种：商品补贴与货币补贴。若将两类市场与两类补贴相互搭配，便有以下四种组合。

组合一：卖方市场与补贴商品。若市场是卖方主权，表明商品供应短缺，价格有上涨压力。此时政府若补贴商品，价格不一定会下降。即便政府直接限定商品价格，由于供不应求，穷人也未必能够买到，如果四处找门路、托关系，花费一定不会少，显然对穷人不利。上面的第一个例子就是如此。

组合二：卖方市场与补贴货币。很多人以为，只要政府不补贴商品而补贴货币，穷人则可受益。可实际情况远比这复杂。商品供不应求，价格要上涨，若政府给穷人补贴，需求扩大会进一步拉升价格，这样商家通过涨价就能轻而易举地将政府补贴吸尽。前面提到的农药补贴便是例证。

组合三：买方市场与补贴商品。在此情况下，由于商品供过于求，价格有下降压力，若政府此时补贴商品，受益者只能是生产商。

前些年政府补贴家电是典型例子。政府补贴家电，而多数穷人需要的并非家电，如此一来，家电商拍手称快，穷人只能望“补”兴叹！

组合四：买方市场与补贴货币。只有在此情况下，补贴的受益者是穷人。因为市场上商品供应过剩，价格会往低走，而同时政府补贴的又是货币，穷人拥有自主选择权，商家不可能挤占政府给穷人的补贴。

政策层面三点建议

以上四种组合中，只有第四种组合（买方市场与补贴货币）可取，其他三种组合名义上是补贴穷人，实际皆是补贴富人。当下的困难是，政府一方面对穷人不能袖手旁观，而另一方面又难以帮到穷人。怎么办？

在政策层面我提以下三点建议：

第一，对市场供不应求的商品，应放开价格而补贴低收入消费者。若商品供不应求且政府管制价格，生产者没有扩大生产的动力，供求缺口越来越大，反而会进一步拉动价格上涨。

第二，将补贴商品一律改为补贴货币。今后政府补贴穷人不再补贴商品，应直接补贴货币。财政的钱来自税收，拿纳税人的钱补贴商品，不仅穷人不受益，而且会导致不平等竞争。前几年就有人质疑，政府为何补家电而不补服装？理由恐怕没人说得清。

第三，在补贴货币的同时推进与改善供给。商品过剩时政府可给穷人补贴货币，但当商品短缺时，政府应着力推进与改善供给。供给不增加，给穷人补贴货币不过是为富人作嫁。所以政府可以给穷人补贴货币，但重点应鼓励生产，保障供给。

思考题

政府的初衷是补贴穷人，可为何受益者往往却是富人？请你用经济学原理对这种事与愿违的现象作分析，并提出相应的改进建议。

第五章

供求决定价格

价格约束成本

◎ 物物交换的价格

◎ 房价决定地价

◎ 别错怪中间商

◎ “价格歧视”是按需求定价

◎ 市场逆选择的原因

◎ 政府不能提供消费者剩余

第五章

供求决定价格

价格约束成本

从价格构成看，价格等于成本加利润。这样很容易给人一种错觉，成本可以决定价格。若某种商品供不应求，生产商确实可按成本定价，但在市场经济下，商品供过于求是常态，故通常是需求决定价格，价格约束成本。

第 1 节 | 物物交换的价格

马歇尔局部均衡原理认为，市场均衡价格（以下简称“市价”）是能让市场出清的价格，要由供求双方决定。这一点，我们从物物交换中可以看得很清楚。

铁匠与牧民讨价还价

一个铁匠生产斧头，一个牧民养羊，铁匠要用多少把斧头才能换牧民一只羊呢？斧头与羊的交换比例，为交换价格。问题是交换价格怎么决定？毫无疑问，得由铁匠与牧民通过讨价还价决定。

在物物交换时代，处于同一笔交易中的铁匠与牧民，他们彼此既互为卖方，又互为买方。若交换价格是由铁匠与牧民共同决定，当然是供求决定。

当货币出现之后，买方与卖方就分开了。根据人们约定俗成的看法：通常将持有货币的一方称为买方，持有商品的一方称为卖方。不过买方与卖方分开并未改变价格决定机理，价格仍由供求双方决定。

价格为何要由供求双方决定？马歇尔在1890年出版的《经济学原理》中，分别用纵坐标代表价格，横坐标代表商品数量画过两条曲线：一条是需求曲线D，向右下方倾斜；另一条是供给曲线S，向右上方倾斜。

马歇尔说，当需求曲线与供给曲线相交时，处在相交点E的价格P即为均衡价格。均衡价格也是市场价格，商品只有按市场均衡价格进行交易，市场才能出清。

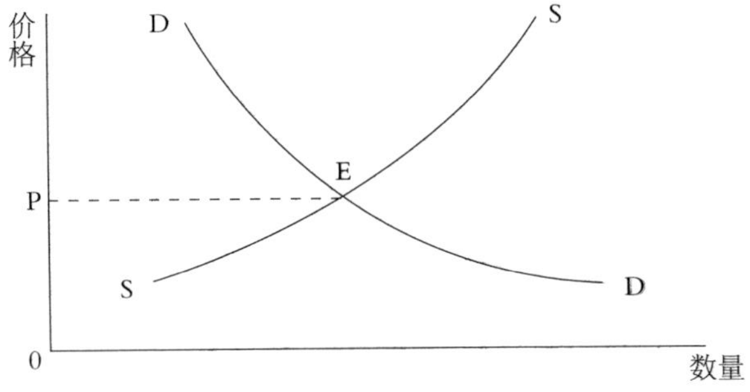

需求行为与供给行为的变化，皆取决于价格的变化。需求

方希望价格（购买成本）越低越好，而供给方却希望价格（收益）越高越好，由于双方对价格有不同的期望，故价格就不能由他们任何一方独自决定，不然价格定高了，消费者不会买，价格定低了，厂商不会卖。两全的办法，是价格由供求双方协商决定。

成本不能决定价格

不能否认，过去计划经济时期，企业的确实行过按“成本加利润”定价。当时一只“上海牌”手表，成本是 100 元，目标利润是 20 元，于是就定价为 120 元。但需要指出的是，计划经济时期按“成本加利润”定价，但并不代表成本可以决定价格。

计划经济是短缺经济，由于商品供不应求，企业按成本定价可以将商品卖出去，这样让人们误以为商品价格可由成本决定。其实不然，按成本定价隐含了一个重要前提，那就是消费者能接受企业所定的价格。要是消费者不认可，企业定价则形同虚设。

因此，按成本定价看上去好像是企业定价，实际上，企业会考虑消费者的接受程度，是双方共同定价。否则，企业若独自按成本定价，成本越高定价越高，就不会有企业去提高生产效率。

比如有两个木工：张师傅手艺好，打一张书桌只需 3 天；而李师傅手艺较差，打一张同样的书桌却需要 5 天。如果他们按各自的成本（时间）定价，张师傅的书桌只能卖低价，李师傅的书桌却可卖高价。市场竞争优胜劣汰，怎会容许这种现象存在呢？

需求定价也是供求定价

需求定价即买方定价，典型例子是拍卖市场定价。在拍卖市场，供给方只给出一个底价，然后由买方竞价。“文革”时期一枚邮票，当年成本 8 分钱，而今天卖 1000 多元，是因为邮票稀缺，买方竞争拉高了价格。

再比如中秋节月饼，节前每盒 300 元。而中秋节一过，一夜间陡降至每盒 100 元，月饼成本并没变，而价格却下降了三分之二，这无疑是按需求定价而非按成本定价。

当然，需求定价也不是买方独自定价。往深处想，只要不强买强卖，供求双方若能达成交易，此时的价格就一定是供求双方共同决定的价格。

比如消费者购买某商品，若出价够高，供给方接受，彼此会进行交易，若需求方出价过低，供给方不会卖。若需求方出价达成了交易，说明价格也是供给方认可的。

人们通常认为，价格由供求决定，交易双方就得坐下来讨价还价。讨价还价是供求决定价格的一种方式，但没有讨价还价的过程（或旁观者看不见这个过程），不等于价格不是由供求决定。

供求决定价格的要义，是买卖双方自由交换。自由交换是等价交换，而等价交换一定是买卖双方共同定价。我猜读者举不出一个反例，能证明自由交换不是等价交换。

思考题

谈谈你对供求决定价格的理解。为何说成本不能决定价格，而需求定价也是供求定价？

第 2 节 | 房价决定地价

大约 10 年前，针对当时国内房价居高不下，社会舆论一边倒，纷纷指责房地产开发商为富不仁、哄抬房价，于是要求公布开发商成本、反对暴利的呼声不绝于耳。消费者希望房价回落可以理解，但指望通过公布成本降低房价的想法是开错了药方。

症结不在暴利

要求开发商公布成本，无非是说房价相对于成本过高，不合理，政府应该反暴利。可问题是谁能说清楚价格高出成本多少是暴利呢？是 20% 还是 30%？

若把利润超出成本 30% 视为暴利，要反的恐怕就不只是房地产行业。高科技如生物制药，传统产业如餐饮，高出这个比例的企业肯定不少。再说，若不允许企业追求高利润，企业创新的动力从哪里来？

事实上，高房价的症结并不在暴利，而在供求。根据经济学的供求原理，商品供不应求价格上涨，供过于求价格下跌。前些年国内房价居高不下，原因固然很多，但归根到底是房子供应短缺。假如供求平衡，房价绝不会一路涨。读者想想，这些年家用电器和农产品价格为何不大涨？答案是这类产品供应充足。

供应充足的商品，价格不可能持续上涨。可有统计数字说，2017 年底国内住房空置率达 21.4%，住房供应并不短缺。既如此，房价怎会只涨不跌呢？这种高空置与高房价并存的现象，确实令人费解。

要是做一些调研，也不难明白其中的原因。由于目前建房用地受限，开发商一窝蜂建高端住宅。结果，高端住宅老百姓买不起，而买得起的又没有供给，从有效供给看，住房还是供不应求。

高端住宅过剩而开发商为何不降价呢？原因主要有二：一是普通住宅供不应求，需求拉动房价上涨，高端住宅价格也就跟着水涨船高。二是消费者买涨不买跌，开发商不敢降价。

开发商很清楚，房价一旦下跌，消费者必会持币观望，对原本过剩的高端住宅无疑是雪上加霜。基于这样的考虑，开发商宁愿空置，也不肯轻易降价。

地价不能推高房价

正所谓世事无常。2007 年国内房价高企，老百姓因买不起房而怨声载道；可 2008 年初房价突然掉头，跌得惨，令开发商苦不堪言。不过到 2010 年底，房价又很快超过了 2007 年的高点。于是人们再次把矛头指向开发商，而开发商却把责任归咎于地方政府搞“土地财政”。一时间，“土地财政”成了众矢之的。

让我们先讨论地价与房价的关系：究竟是地价推高了房价，还是房价拉高了地价？表面上，这问题有点像“鸡生蛋、蛋生鸡”。不过从经济学角度看，高房价与高地价谁因谁果，倒是能说清楚，但前提是大家要遵从经济学逻辑，不能只看现象不看实质。

官方数据显示，前些年地方预算外收入中，土地出让金几乎占到了一半。而据开发商称，地价占房价的比例，也高达 59%，于是开发商说是地价推高了房价。可我却不同意开发商的说法。

房子建在土地上，地价高，建房成本会增高。可我们前面分析过，价格由供求决定而不由成本决定，地价高未必一定推高房价，不然就解释不了 2008 年开发商成本未变而房价大跌的现象。

2008 年房价大跌，各地城市的地价也跟着跌。我到成都考察过，2007 年成都市郊每亩地价为 300 万—500 万元，而 2008 年下半年下降至 100 万元。此为何故？是房价下跌导致对土地的需求下降。

由此可见，下游产品价格与上游产品价格之间的关系，是前者决定后者。现实中类似的例子很多。比如：钢材降价，会导致铁矿石降价；纺织品降价，会导致农民的棉麻等原材料产品降价。

土地与住房相比，土地无疑是上游产品，住房是下游产品，地价怎可能推高房价呢？想多一层，开发商 2008 年前建成的住房，都是 2007 年之前购买的土地，地价肯定不低，而 2008 年那次房价大跌，显然不是因为地价低，而是金融危机后购房需求下降。

再换个角度想，假如有甲、乙两个开发商在同一地段建房，由于购买土地的时间不同，甲的地价只是乙的一半，若乙的房子每平方米卖 2 万元，你认为甲的房子每平方米只会卖 1 万元吗？肯定不会。

读者若相信供求原理，那么可以推定：只要住房供应短缺，地价无论高低房价都会上涨。由此引出的政策含义是，平抑房价应增加住房供给而不是打压地价。住房供给短缺的局面不改变，打压地价只会增加开发商利润，房价不会降。

这样看，那种指望打压地价降低房价的想法，是一厢情愿，政府一旦采纳，则正中开发商下怀，消费者仍会是竹篮打水一场空。

开发商竞价的结果

回头再说“土地财政”。人们对“土地财政”多有诟病，可平心而论，地价升高并非政府有意为之。房地产用地一律招拍挂，地价是由开发商竞价决定的。既如此，有人出高价，政府怎会卖低价呢？若政府真的卖低价，你会否怀疑主事官员有猫腻？

还有一种批评，说地价飙升是地方政府“捂地惜售”。而我想问的是，若将土地一次性卖掉，将来建房怎么办？到时候地价岂不会更高？

思考题

你认为是地价决定房价还是房价决定地价？上游产品价格与下游产品价格之间，是前者决定后者还是后者决定前者？请说明理由。

第 3 节 | 别错怪中间商

现实生活中人们有一种普遍看法，认为是中间商在商品流通环节低买高卖，层层加价，导致商品价格上涨，所以在很多人眼里，中间商是涨价的直接推手。

北京高菜价现象

每年春节前后，北京蔬菜价格会上涨。有一次参加北京市人代会，许多代表对北京的高菜价口诛笔伐。而市政府官员回应，说北京菜价居高，是因为中间商加价太多。

据他说，一斤萝卜从宁夏卖到北京，销地价是产地价的 8

倍。这样北京市民多付了钱，宁夏农民却没赚到，利润归了中间商。

该官员言下之意，北京高菜价是中间商作祟，要降低价格就得打击中间商。我不知他想如何打击，而我要说的是，北京的高菜价与中间商无关，而是北京蔬菜供应短缺的必然结果。

这样讲并不是为中间商辩护，读者想想，如果北京蔬菜供应充足，中间商怎能把价格加上去？3 元一斤的萝卜可随便买，你会出 5 元买中间商的萝卜吗？

这位政府官员把菜价高的责任推给中间商，不过是移花接木、转移视线，对解决问题无益。不知读者是否相信，假如没有中间商，我认为北京的菜价反而会更高，而且外地菜农的收入会更低。

两个角度分析

首先，从供求角度看，北京菜价高的根本原因，是蔬菜不能自给自足。我没做专门调查，但听业内人士说，北京 70% 的蔬菜要靠外地供应。若此话当真，那么没有中间商长途贩运，北京蔬菜供应就会短缺 70%。这么大的缺口，菜价当然会上涨。

这样看，中间商不仅不是北京高菜价的推手，反而对降低菜价有功。若不是中间商相助，北京市民买菜的开支一定会比现在大得多。

再从菜农的角度看。有人说，北京菜价如此之高，可外地菜农却没赚到多少钱。猛然听，似乎没有中间商，菜农就可以多赚钱。是这样吗？当然不是。

恰恰相反，假如没有中间商，蔬菜运不出去，菜农会赚得更少。要知道，中间商长途贩运是在拉动需求，要是没这部分需求，当地菜价会更低。

我老家在湘北洞庭湖地区，是有名的鱼米之乡，可早年农民养鱼总卖不起价。有一年，城里来了很多贩鱼商下乡收购，将鱼贩到了广州、深圳等大城市，结果鱼价大涨。贩鱼商也许赚得更多，可农民也不觉得自己吃亏。

关于中间商利润

与农民相比，中间商的确有可能比农民赚得多，但赚得多未必就是暴利。衡量中间商利润要从机会成本看。中间商选择贩菜，机会成本就是他放弃做其他事的收益。

比如某人打工年收入 9 万元，而他放弃打工去贩菜，则贩菜的机会成本就是 9 万元，若他一年贩菜的收入是 10 万元，你认为他得到的利润是暴利吗？

其实，今天很多人不去贩菜，是因为他从事的职业比贩菜更赚，难道政府也要打击？

归纳上述分析，可得两点结论：第一，商品涨价的原因是供给短缺，应对办法是增加供给而不是限制商品价格；第二，中间商与商品涨价无关，政府断不可取缔中间商，或对中间商大动干戈。

商业企业都是中间商

上面两点结论，是经济学分析市场价格的两个坐标。随着社会分工不断深化，中间商已成为一种产业形态，其专业称谓叫“商业资本”。

不仅长途贩菜的商人是中间商，所有从事商品流通的企业（大型商场或商业店铺）、互联网平台企业（如京东、美团等）都是中间商。

马克思在《资本论》中曾经说过：“从商品体跳到金体上……是商品的惊险的跳跃。这个跳跃如果不成功，摔坏的不是商品，但一定是商品占有者。”

在现代市场经济条件下，中间商对搞活流通、推动商品转化为货币厥功至伟，我们千万不要错怪了中间商。

思考题

你怎样看待中间商？假若取缔中间商，会降低商品价格吗？为什么？

第 4 节 | “价格歧视”是按需求定价

价格由供求决定，又调节供求。在操作层面，价格调节供求有不同的方法，“价格歧视”就是其中一种。可迄今人们对“价格歧视”有非议，究其原因，是没完全弄清“价格调节供求”的含义。

“价格歧视”并无贬义

所谓“价格歧视”，是指生产厂商将同一商品以不同（有差别）的价格出售。此做法在经济学里称为“price discrimination”。国内有学者认为经济学概念不宜带情感，不赞成翻译为“价格歧视”，而主张用“价格差别”代替。英文“discrimination”确实有差别的意思，不过，我觉得还是用“价格歧视”更贴切些。

“价格歧视”并无贬义，若望文生义，会让人想到种族歧视、性别歧视或者其他别的歧视上去。既然“价格歧视”容易引起误解，为何不用“差别定价”呢？原因是差别定价有多种，按质定价也是差别定价，而“价格歧视”却不是按质定价，而是按需求定价。

在我看来，翻译成什么名称不重要，重要的是要把握概念的内涵。“价格歧视”有三个要点：1. 产品相同；2. 成本相同；3. 价格不同。

若按此三点判定，目前市场上许多差别定价，并非“价格歧视”。至少有些经济学教科书所列举的飞机头等舱与经济舱的差别定价就不是，头等舱与经济舱定价不同，是因为产品与成本不同。

现实中的例子

“价格歧视”的例子在日常生活中很多。国航同一飞机从北京飞海口，提供的服务（产品）与所需的成本相同，但白天航班与红眼航班比，即便是同一座位，前者的价格也要比后者高。

再比如同一品牌的电风扇，生产成本完全相同，冬季的价格却明显低于夏季的价格；国际长途电话成本相同，可白天通话的价格，却要高于凌晨。如此等等，这些现象都是“价格歧视”。

以上是“价格歧视”的标准定义，然而现实中我们很难将“价格歧视”与按质定价截然分开。据说目前市面上 30 年茅台酒要比当年茅台酒价格高几十倍。我不懂喝酒，对年份酒到底好喝多少没有发言权，但我知道成本绝不会相差几十倍。两者价格差异之大，除了按质定价，也应该包含有“价格歧视”的因素。

供给稳定需求不稳定

产品与成本相同，生产商为何要制定出不同的价格？目前权威的解释是，生产商为了争取最大化利润。这解释当然没错，不过太笼统。

事实上，所有的厂商都会争取利润最大化，为何不是所有厂商都搞“价格歧视”呢？可见，用争取利润最大化解释生产商实行“价格歧视”的行为，不足以让人信服。

对此，斯蒂格利茨在他编写的《经济学》中作了补救，他认为除了厂商追求最大化利润，另一个原因是垄断供应。垄断供应确实是“价格歧视”的前提，不然产品相同而价格不同，定价高的商品不会有人买。

可反过来想，假若厂商垄断了供应，消费者别无选择，产品定价再高也得买，这样厂商把价格一律定高就行了，又何必要多此一举搞“价格歧视”呢？

我自己的观点，生产商之所以实行“价格歧视”，原因主要有三：第一，厂商争取利润最大化；第二，厂商垄断供应；第三，供给相对稳定而需求不稳定。

第三点是由本人提出（至今未见别的学者讲过）。而且我认为前两点重要，而第三点更关键。一个厂商是否实行“价格歧视”，最终要取决于供给与需求的状况。

以铁路客运票价为例。铁路公司一定时期内的运力（供给）相对稳定，但顾客需求却不稳定。据铁路部门的数据，春运高峰期每天的铁路客票需求要比平时高 5 倍，而铁路公司却不可能增加 5 倍运力，不然春运高峰一过，增加的运力就会闲置。

面对这一难题，铁路公司怎么办？可取之策是提高春运期间的客票价格，并用这个办法分流顾客。如此一来，“价格歧视”就出现了。

类似的例子，是旅游景区的门票。旅游景区的供给常年稳定，而节假日（国庆长假、春节等）的游客要比平时多很多，故景区门票通常会实行“价格歧视”。再有，电影院、饭店、酒店、电力公司等，也都是因为供给稳定而需求有淡旺季之分，所以实行“价格歧视”。

“价格歧视”一举三得

“价格歧视”是生产商根据市场不同层次需求所采取的营销策略。马斯洛将人类需求分为五个层次：生理需求、安全需求、归属需求、尊重需求、自我实现需求。而且他指出，随着人们收入增加，需求会由较低层次向较高层次递升。

人们收入不同，对商品的需求也会有所不同。一般地讲，低收入者希望商品价廉物美（性价比高），而高收入者为了显示自己的身份或地位，大多愿意购买那些价格高的名牌商品。

时下有不少人对“价格歧视”有偏见，认为产品和成本相同而定价不同，对高收入者不公平，违背了等价交换原则。此看法其实不对。对高收入者来说，“价格高”本来就是他们的需求。

有钱人买名牌服装，除了质量好，另一个原因，就是大家都知道名牌服装价格高。再比如请客吃饭，明知包间与大厅相同的饭菜价格有别，而有人仍选择包间，也是因为价格高，可以满足他尊重客人或赢得客人尊重的需求。

等价交换是自由交换，只要不强买强卖，买卖双方最后达成交易的价格无论多高，皆为等价交换。请问：富人自愿花钱买高价商品，他们自己觉得公平，你凭什么认为不公平？

子非鱼焉知鱼之乐。你认为不公平，是因为你不了解富人的需求。再说，有钱人并不蠢，吃一次亏有可能，怎可能心甘情愿总吃亏呢？

站在经济学角度看，“价格歧视”作为营销策略无可厚非。对厂商来说，有助于扩大销售、增加利润。对政府来说，厂商利润增加，税收也可增加。对消费者来说，厂商只有将部分产品价格定高才能将另一部分产品价格定低。价格有高有低，方能满足不同层次消费者的需求。一举三得，我们大可不必反对“价格歧视”。

思考题

厂商为何要实行“价格歧视”？你认为同一商品按不同价格卖给消费者有悖公平原则吗？为何多数经济学家不反对“价格歧视”行为？

第 5 节 | 市场逆选择的原因

优胜劣汰是市场竞争法则，然而大千世界无奇不有，同时也存在大量“劣胜优汰”的现象，经济学称此为“市场逆选择”。

这里我要告诉读者，逆选择也不是市场失灵，而是“价格锁定”的结果。

格雷欣定律

较早关注逆选择的学者是格雷欣。格雷欣是英国女王伊丽莎白一世的顾问，也是银行家。在他所处的时代，货币实行双本位制，黄金与白银皆作为货币流通。格雷欣发现，当一种货币贬值时，另一价值较高的“良币”会被储藏，而价值较低的“劣币”却充斥市场。

这种“劣币驱逐良币”现象，即为逆选择，也称“格雷欣定律”。

逆选择的另一个著名例子，是阿克洛夫的“旧车市场模型”。旧车市场上，由于买者与卖者信息不对称，卖者知道车的真实质量，买者却不清楚。买者为避免中计，往往只愿按旧车平均质量支付价格。

这样一来，卖者会将质量较差的车先沽出。结果是：质量差的车频频成交，而质量好的车却被挤出市场。

再一个例子是保险市场，原因也是信息不对称。不过与旧车市场不同，保险市场是卖方对买方的信息了解不充分。如医疗保险，保险公司对购保人健康状况不清楚，而购保人自己却清楚。迫于无奈，保险公司只好按历史上的出险概率制定一个均价。而按均价卖保险，买者当然大多是有病的人，没病的人往往不买保险。

就业市场也如此。几年前，一位在外企工作的朋友告诉我，外企裁员通常是先裁那些薪酬高的员工。赶上大裁员，薪酬越高，被裁的可能性越大。员工薪酬高，表明能力相对强，不然公司不会付给他比别人更高的工资。问题就在这里，能力强的员工被裁减，能力弱的员工被留下，于是，就业市场也出现了逆选择。

再比如婚姻市场。国内为何会有剩女？不要以为是剩女的条件差，相反多数都是因为条件好。经济学诺奖得主沙普利曾研究过婚姻市场，他假定：1. 男女人数相等；2. 对每个异性的偏好可排序；3. 可自由选择。沙普利说，若满足以上三点不会有剩女。

可事实并非如此。比如某女子对所有男性的偏好排了序，可她对排在第一的男子也不中意，而她又不肯降低择偶标准，结果别人嫁了，她却成了剩女。

原因是“价格锁定”

类似的例子举不胜举，如假冒商品挤出正牌商品，走私商品挤出进口商品，盗版软件挤出正版软件，等等。接下来我要解释的是，市场为何会出现逆选择？

对此学界有各种解释，但大多都是就事论事，并没有找到理论上的通解。而理论的魅力，并不在于解释某一个别现象，而是要解释一类现象。

市场出现逆选择的原因到底是什么呢？我的答案是“价格锁定”。当然不是说有“价格锁定”，就一定会出现逆选择；但反过来则可肯定，有逆选择，就一定存在“价格锁定”。价格不锁定，市场不可能出现逆选择。

上面提到的各类逆选择案例，表面上看原因各不相同，但深入分析都是因为“价格锁定”。

劣币驱逐良币，当年格雷欣指出的原因是，两种货币中由于有一种货币（磨损）贬值，当实际价值低于法定价格时，贬值的货币继续流通，价值相对高的货币会被储藏。而在我看来，货币市场出现逆选择，关键不在货币贬值，而在法定价格被锁定。若一种货币贬值后法定价格能及时调整，劣币不可能驱逐良币。

对旧车市场的逆选择，阿克洛夫认为是由于买卖双方信息不对称。事实上，对买卖双方来说，所有商品的信息皆不可能对称，可为何新车市场没有逆选择，而旧车市场却会出现逆选择呢？真正的原因，是买方锁定了价格。若卖方能按质量差别定价，买方怎会锁定均价？读者去查访一下，新车市场并不存在逆选择。

保险市场存在逆选择，也是因为保险公司锁定价格。保险公司面对众多客户，收集客户信息不仅难，而且成本也非常高。这样与其支付过高的信息成本，不如直接按平均出险概率锁定保费均价。

劳工市场的逆选择，是由于工资被锁定。经济不景气时，企业需要压低成本，但由于工资存在刚性，工资不能减，企业只好裁员。而高薪员工的工资高，一旦裁员这部分人自然首当其冲。假若员工集体同意减薪（价格未锁定），企业不裁员，劳工市场也就不会有逆选择。

最后看婚姻市场。解决剩女问题很简单，只要不锁定择偶标准（价格），婚姻市场必是靓女先嫁。

真正难以解决的，是假冒产品与走私产品，其逆选择不是因为价格锁定，而是非法经营，即使调低“真商品”的价格，也难以彻底杜绝，所以政府对贩假、走私等活动，应依法予以打击。

解锁价格的三个重点

市场上出现的各类逆选择，皆是“价格锁定”导致的结果。解决市场逆选择问题，关键是要设法解锁价格。有三个重点：

第一，企业应根据产品质量进行差别定价，防止价格锁定造成优质产品滞销；

第二，产品信息要公开透明，切不可用不真实或夸大其词的广告宣传欺骗顾客，否则消费者意愿价格一旦锁定，会导致产品优质不能优价；

第三，保险公司若利用大数据技术，针对不同顾客制定有差别的价格（保费），逆选择则可迎刃而解。

思考题

举例说明，市场出现逆选择的真实原因是什么？怎样解决逆选择问题？

第 6 节 ｜ 政府不能提供消费者剩余

自从马歇尔提出消费者剩余后，此概念在学界广为流传，真实世界也确实存在消费者剩余。有学者认为，政府管控价格能创造消费者剩余。然而事实表明，政府试图通过价格管制扩大消费者剩余的努力，往往事与愿违，损害消费者利益。

消费者剩余来自分工

按照马歇尔的定义，消费者剩余是指消费者通过商品交换取得的净收益，等于消费者购买某商品的意愿价格与实际成交价格的差额。

举个例子，你去农贸市场买苹果，你愿意支付的价格是 5 元 / 斤，而结果你仅花 4 元就买到了一斤苹果。那节省的 1 元钱，便是你的消费者剩余。

现实生活中，的确有消费者剩余这回事。经济学逻辑说，若不存在消费者剩余，人们不可能进行商品交换。那么消费者剩余从何而来？

学界流行的解释，消费者剩余是来自生产者让利。说实话，当年我读研究生时就对此说法有疑问：生产者以追求利润最大化为目标，市场上有人愿意出高价买他的商品，他怎可能卖低价呢？

用物物交换的例子可以证伪。有甲、乙两人分别生产粮食与布匹，由于没有货币，甲直接用粮食交换乙的布，此时甲与乙既是消费者，也是生产者。正因为他们既是消费者又是生产者，很难说清交换产生的净收益是来自买方让利还是卖方让利。

事实上，交换净收益并非来自谁的让利，而是来自分工。还是用第二章讲比较优势时用过的例子作解释：

假定甲生产 1 吨粮食成本是 800 元，生产 1 匹布成本是 900 元，总成本为 1700 元；乙生产 1 吨粮食成本为 900 元，生产 1 匹布成本为 800 元，总成本也为 1700 元。

如果 1 吨粮食可换 1 匹布，那么甲与乙按比较优势分工，甲生产 2 吨粮食，乙生产 2 匹布，然后甲用 1 吨粮食换乙 1 匹布，各自节省成本 100 元。这节省的 100 元，就是交换带来的净收益。

意愿价格的决定

在物物交换时，我们无从判定交换净收益是买方剩余还是卖方剩余，在货币出现以后，这个问题就不存在了。由于货币是一般等价物，市场上持有货币的一方可视为买方，而持有商品的一方为卖方。

这样，消费者剩余的界定也就明确了。接下来的问题是，消费者剩余大小由什么决定?

回到定义，消费者剩余等于买方意愿价格与实际成交价格的差额。这是说，消费者剩余大小取决于两个因素：买方意愿价与市场成交价。我们知道，单个买家或卖家均无法左右市场成交价，市场成交价要由市场决定。

若市场成交价已定，消费者剩余大小就要看买方的意愿价格。买方意愿价格越高，消费者剩余就会越大。

买方意愿价格由什么决定？马歇尔说，意愿价格的上限，等于他所放弃消费其他商品的最大效用，且随着边际效用递减，意愿价格会下降。

边际效用递减会令意愿价格下降是对的，但我认为上限是买方自己生产该商品的成本。如上例中甲生产布的成本是 900 元 / 匹，甲的意愿价格绝不会超过 900 元 / 匹，不然甲就会自己生产而不会购买别人的产品。

价格管制徒劳无益

有不少学者断定政府能提供消费者剩余，并用火车票作例子佐证。春运期间，一张从广州到北京的火车票，由于供不应求，买方的意愿价格为 600 元，而政府只准卖 500 元，这样就出现了 100 元差价。有人认为这 100 元，是政府所提供的消费者剩余。

其实，消费者很难享受到这 100 元差价，真正的受益者，是那些掌握票源的当事人和黄牛党。即便有人按 500 元买到了车票，100 元价差也会被排队的时间成本所抵消。

退一步说，即使没有黄牛党，这 100 元差价也不是消费者剩余。关键的一点是，政府定价不是市场成交价。虽然火车票按照政府定价也成交了，似乎政府定价就是市场（成交）价。

其实不是。若政府定价是市价，有了市价政府又何必定价呢？问题就在这里，若政府定价不是市价，而消费者的实际成交价是指市价，这样政府定价低于市价的差额并非消费者剩余，而是“行政租”。既然不是消费者剩余，当然不归消费者。

读者记住：消费者剩余是分工带来的收益，若没有分工，不可能出现消费者剩余。同时，由于消费者剩余等于买方意愿价与实际成交价之差，而实际成交价是市价，买方意愿价要受生产成本与边际效用的约束，其大小不可能人为改变。

再有，也是最重要的一点，政府定价不是市价，政府定价低于市价形成的价差是“行政租”，政府无论直接定价还是管制价格，对消费者皆徒劳无益。

思考题

何为消费者剩余？消费者剩余从何而来？政府为何不能提供消费者剩余？

延伸阅读 | “东北大米”现象解析

我老家在洞庭湖平原，从小吃南方大米长大，35年前来北京便改吃东北大米了。说实话，与东北大米相比，南方大米无论品质还是口感皆稍逊一筹。我以研究经济为职业，原以为东北大米会比南方大米卖得好，可3年前赴黑龙江调研，听

858农场干部职工说，东北大米卖到南方不仅优质不能优价，就连销售也很困难。

农场方面的解释

到底是怎么回事？农场一个销售人员给我的解释是：南方水稻一年种两季，产量相对高；东北水稻一年种一季，品质好但产量低，价格相对要高一些。正因为价格高，国家粮库一般不收储东北大米，而南方消费者也嫌东北大米价格高，购买者不多。他算了一笔账，四川大米在成都价格4元/斤，东北大米在成都卖5元/斤，即便有人买，扣除每斤1元运费，也体现不出优质优价。

读者听明白了吗？东北大米不能优质优价，是因为国家粮库和消费者都不愿多花钱买米。骤然听似乎不无道理，然而深想却有疑惑：国家粮库不买高价米好理解，因为储备粮日后要当陈米卖。可消费者怎会也不买高价米呢？据我所知，泰国“茉莉香米”10元/斤，价格高出东北大米一倍却在成都卖得好，此为何故？

对我提出的疑问，农场的张副书记作了如下解答。他说：泰国香米畅销南方市场，原因是香米特征明显，同时还有进口证和专业认证，人们容易识别。而东北大米与南方大米的样子差不多，东北人自己认得出，南方人却很难分得清。消费者担心买到假货，所以宁肯低价购买当地米也不愿多花钱买东北大米。

一语道破，东北大米在南方市场销售不畅，原来是买卖双方信息不对称。

从逆选择角度看

于是让我想到了经济学讲的逆选择。我们知道，市场竞争的结果是优胜劣汰，可有时也会出现劣胜优汰。以二手自行车买卖为例。在二手车市场，卖家若将所有旧车都刷上油漆，买家会怎样出价？买家看不出车的新旧程度，当然会尽量压低出价。若买家压低出价，而卖家却对车的新旧程度了如指掌，那么就会将最旧的车先卖出，这样市场也就出现了逆选择。

从信息不对称的角度看，大米市场与二手车市场确有相似之处。大米不仅存在品质差异，而且新米也不同于陈米。由于消费者对大米的差异无法识别，为了避免中计，他们不得不将价格锁定在自己认为合理的水平上。可卖家总比买家精，对卖家来说，既然大米优质不能优价，当然也不会将优质大米卖给消费者。

目前国内大米市场的现实，正好印证了上面的推断。听农场的同志讲，前几年东北大米本来已有几个不错的品牌，由于优质不能优价，有的粮商便将东北大米中掺入南方大米，或者用陈米冒充新米卖。几年下来，消费者并不认为东北大米好过南方大米，结果呢？不仅把品牌卖倒了，而且还让东北大米陷入了“价格越低，供给品质越差；供给品质越差，价格越低”的怪圈。

这样的结果令人遗憾。不过事已至此，当务之急是要研究如何亡羊补牢？让我们再次回到二手车市场，经济学说：二手车市场之所以出现逆选择，原因是信息不对称。

反过来理解：若要避免市场出现逆选择，必须让买卖双方之间信息对称。此推论在逻辑上肯定没有错，问题是在操作层面很难做到，即便能做到，所付出的交易成本（信息费用）也会非常高。

举例说吧。为了让市场信息对称，人们通常想到的是请权威机构（专家）给大米做鉴定，并将鉴定结果公之于众。我不否认这样做有助大米市场的信息对称，可同时也会带来两大难题：一是请权威机构（专家）做鉴定需支付相应的费用；二是权威机构做鉴定并不能保证粮商不再偷梁换柱，最终还是难以避免逆选择。

价格解锁："价格歧视"

逆选择起因于信息不对称，但关键却在价格锁定。我们在前面讨论过格雷欣定律，大多学者认为，"劣币驱逐良币"是人们关于金银货币磨损的信息不对称，其实不然，金银货币的磨损程度明眼人一看便知。货币市场出现逆选择，真实原因是货币磨损而法定价格不变。既然劣币与良币的价格（购买力）相同，劣币当然会充斥市场，良币会退出流通。

同理，国内大米出现逆选择，归根到底也是价格锁定。大米品质不同，价格一旦被消费者锁定，粮商则别无选择，也会先卖出质量相对差的大米。由此看，要改变市场逆选择，就必须打破价格锁定。对价格解锁经济学提出过两个办法：一是商品按质定价。比如将东北大米按品质分为甲、乙两等，甲等定价每斤 7 元，乙等定价每斤 5 元，由消费者自主选购，这样价格锁定即可解开。

价格解锁的另一方法，是“价格歧视”。同一产品为何可以定价不同？答案是消费者需求不同。同一本书，精装本比简装本价格高 30%，并不是精装本的成本高 30%，而是有人愿出高价买精装书。

留心观察，现实中人们收入不同，需求层次确实存在差别。一般地讲，低收入者追求经济实惠，高收入者追求消费品质。正因为人们需求层次不同，卖方才有可能实行“价格歧视”。

这里要指出的是，“价格歧视”虽不同于按质定价，但两者却可以结合进行。前面在讨论按质定价时我将东北大米分为甲、乙两等，甲等定价 7 元，乙等定价 5 元。若引入“价格歧视”，价差可拉得更大些，比如甲等每斤可提至 10 元，乙等可降至 4 元。

当然这只是卖方定价，价格高低最后还要看买方能否接受。不过有一点可以明确：卖方若希望优质优价，就得主动采取差别定价，若自己不拉开价格，价格就会被消费者锁定。价格一旦被锁定，市场将不可避免出现逆选择。经济规律如此，谁也无法抗拒，更无法改变。

第六章
等价交换是自由交换
不得强买强卖

◎ 分工与交换

◎ 政府征地困局

◎ 耕地流转趋势

◎ “限购”并非上策

◎ 加薪与限薪

◎ 三次分配的制度安排

第六章

等价交换是自由交换

不得强买强卖

商品是天生的平等派，必须等价交换。何为等价交换？是指所交换商品的价值量相等还是效用相等？古典经济学认为是指价值量相等，而新古典经济学则认为是指效用相等。效用是人们的主观评价，不同商品的效用，怎样衡量它们是否等价呢？

第 1 节 | 分工与交换

我 40 年前读经济学说史，知道经济学家对分工与交换的关系有不同看法。亚当·斯密认为是交换决定分工，而马克思认为是分工决定交换。说实话，这问题困扰我很多年。分工决定交换好理解，没有分工无须交换。难以理解的是，没有交换，人们怎可能形成分工呢？

自然分工与社会分工

举个例子解释。假定有张三、李四两人，他们同时都生产粮食与棉布。在这种情况下，由于两人生产的产品完全相同，彼此当然用不着交换。假若两人有了分工，张三专门生产粮食，李四专门生产棉布。而张三却需要棉布，李四需要粮食，两人以物换物互通有无，于是就产生了交换。

由此看，交换的前提是分工。

若倒转过来看。张三与李四分工后，张三只生产粮食，李四只生产棉布，假定没有市场交换（或不允许交换），张三不能从市场上买到他所需要的棉布，李四也不能买到他所需要的粮食。双方需求皆得不到满足，张三和李四就不可能形成稳定的分工。

正是从这个角度，所以当年亚当·斯密坚持说，是交换决定分工。

两种观点似乎都没错，问题出在哪里？几年前重读《资本论》我发现，马克思并不否认交换决定分工。他指出：分工有两个层面：一是自然分工（如家庭内的男耕女织），二是社会分工。

从人类历史看，是先有自然分工，然后才出现交换。而社会分工却出现于普遍交换之后，而且交换范围的大小，决定社会分工范围的大小。

区分自然分工与社会分工，令人茅塞顿开。可有了社会分工后，等价交换的含义是指什么？或者问：是 10 斤大米换 1

尺棉布等价？还是 2 尺棉布换 10 斤大米等价？

提出这个问题，与时下人们所关心的“反垄断”有关。经济学流行的定义，垄断是指厂商利用其市场支配地位操控价格的行为，政府应予以打击。

而我认为此定义值得商榷。厂商操控价格是垄断行为，但垄断行为是不是应该打击，关键要看它是否违反等价交换原则。

等价交换的前提

按照马克思的解释，等价交换是指相互交换商品的价值量相等。商品的价值量等于生产该商品所耗费的社会平均必要劳动时间。可问题是在交易之前，交换双方并不知道各自社会平均必要劳动时间是多少。通常的情形，是通过讨价还价而达成交换。事实上，这种通过自由协商达成的交换，就是等价交换。

等价交换有两个前提：一是买卖双方自由交换，不能强买或强卖；二是生产要素能够自由流动。若生产要素不能自由流动，比如某商品只允许你生产而不允许别人生产，别人不能与你竞争，当然只能由你操纵价格。这样的交换，显然不是等价交换。

明确了等价交换的含义，再说垄断价格。以技术创新企业为例，此类企业由于拥有关键核心技术，产品有觅价权（自主定价权）。企业觅价无疑是垄断行为，但技术产品觅价不会排斥竞争与要素流动，也就不违背等价交换原则。所以不能打击技术垄断，否则会抑制创新。

与技术垄断不同，行政垄断企业，则可能不是等价交换。此类企业的觅价权（自主定价权），并不是来自独特的核心技术，而是来自行政特许授权。此类企业若操控价格牟利，当然不是等价交换。

另外，当市场准入存在限制时，其他厂商不能参与竞争，供应商操纵价格，实际就是强买强卖。所以对行政垄断企业操控价格的行为，必须反对。

两点澄清

关于等价交换，有两个问题需澄清：

第一，怎样看待生产成本不同的商品以相同价格交换？还是用前面的例子：张三生产粮食的成本为每吨 80 小时，李四生产棉布的成本为每匹 100 小时。张三用 1 吨粮食换李四 1 匹棉布，两种商品成本不同，他们是等价交换吗？

前面多次讲过，价格不是由成本决定，而是由供求决定。张三用 1 吨粮食交换李四 1 匹棉布，比自己生产棉布可节省 10 小时成本；李四用 1 匹棉布交换张三 1 吨粮食，比自己生产粮食也可节省 10 小时成本。双方都有利可图，只要他们自由交换，就是等价交换。

第二，怎样看待生产成本相同的商品以不同价格交换？现实生活中确实有这种现象，生产成本相同的同一商品，商家却针对不同的消费者制定不同的价格。比如餐厅同样一道菜，成本完全相同，可卖给包厢内顾客的价格通常高于散座顾客的价格，这样做是否违背等价交换？

我在上一章讲过，餐厅老板的这种定价方法叫“价格歧视”。包厢菜价相对高，是因为人们收入不同，需求也不同：穷人更看重实惠，富人更看重面子。将同一商品以不同标识分开，用高价满足富人，用低价满足穷人，是商家的营销策略，若无强买强卖，也是等价交换。

思考题

等价交换的含义是什么？为何说在真实的市场里，自由交换就是等价交换？怎样看待不同成本的商品以相同的价格交换？

第 2 节 | 政府征地困局

地方政府曾因征地惹出不少麻烦。十几年前我赴南方讲学，目睹上百名农民在省政府门前静坐，并打出“还我耕地”的大字横幅。听信访部门朋友说，进京上访的农民中不少是因为耕地被占。当年温家宝总理强调：在耕地上要一寸都不放，一口都不松，寸土不让。

补偿不足只是表象

大多数人认为，地方政府征用农民土地引发冲突，是给农民的补偿不足。只要给农民多一些补偿，冲突便可化解。不能否认，补偿不足是诱因之一，而且也是事实。

中国人民大学的调研报告显示：2010—2012 年失地农民中，未得补偿的就有 12.7%，有补偿承诺但未兑现的占 9.8%，分期补偿的占 12.8%。也就是说，仅有 64.7% 的农民拿到一次性补偿，且标准普遍偏低，每亩平均仅 1.87 万元。

专家调查的数据，真实性不用怀疑。不过即便如此，这些数据也只是表象。假若追问：为何地方政府征地不给农民足额补偿？数据却不能给出答案。

问题的根源，在征地这种制度安排上。所谓征地，说白了就是政府凭借“行政权力”从农民手里便宜拿地。既然是征地不是买地，当然不会给农民足额补偿。要是能给足额补偿，地方政府直接向农民买地好了，何必多此一举去征地呢？

征地不是自由交换

地方政府征地不可能给农民足额补偿，足额补偿是土地值多少钱就给农民多少钱，是等价交换。换句话说，要给农民足额补偿，就得严格限制地方政府征地。

当然不是说土地一概不能征。按国际惯例，除了公益性用地，其他商业开发，政府一律不得征地。否则地方政府与民争利，农民当然要告你。

地方政府对征地乐此不疲，原因不外有二：一是追求GDP，把耕地转为工商业用地，GDP会增长更快，有了GDP也就有了政绩。二是增加地方财政收入，农业税免征之后，农业不再补充地方财政，而搞工业呢，地方不仅有税收，而且还有大把土地收入可以进账。

确定农民土地转让权

要化解征地冲突，必须改革现行征地体制。可从两个层面着手：

在立法层面，国家应尽早立法，釜底抽薪，让地方政府从土地转让中彻底退出。应明确规定，除了公益性项目，商业开发一律不准征地。政府只负责做土地规划，谁需要用地就让他自己向农民买。这样让农民与开发商协商定价，自主交易，即使吃了亏也不会怪政府。

在体制层面，确定农民交易主体地位。现在的难题是，在土地承包制下，农民尚不具备土地交易主体资格。土地承包只是给农民经营权而非产权。产权包含着三项权能：使用权、收益权与转让权。现在农民的承包权，只有使用权与收益权，并无转让权。

问题就在这里，农民没有转让权，自然不能进行土地自由交易。而要保护农民利益，国家还得将土地转让权界定给农民。

将土地转让权赋予农民，成都、枣庄早就做过试点，农民拍手叫好。重要的是，还能有效推动土地集中。虽说农民承包的土地可以转包，可由于转包有一定的年限限制，经营主不会改良土壤，更不会投资农田水利设施建设。有恒产才有恒心。这几年常听农民抱怨水利设施差，其实是与土地转包有关。

让谁守“耕地红线”

中国是人口大国，18 亿亩“耕地红线”必须守住。那么让谁守合适呢？前些年，国务院希望地方政府帮助守，可结果却不尽如人意。

早在 10 多年前我就说过，让地方政府守耕地，就好比是让老鼠守油瓶。有自身利益在，谁也不能保证地方官员不会监守自盗。

放眼中外，世上守护最有效的是私产。只要把耕地产权界定给农民，农民一定守得住。一旦农民有了耕地产权，地方政府就不能强征耕地。现行政策虽允许耕地占补平衡，但农民耕地若不让征，地方政府拿不到低价土地，自然也给不了开发商优惠价。没有优惠价，开发商也就不会像以往那样乱占耕地上项目了。

思考题

地方政府征地为何给农民补偿不足？你认为应该由谁来守 18 亿亩“耕地红线”？

第 3 节 | 耕地流转趋势

20 世纪 90 年代初，邓小平曾预言农村发展有两个飞跃：第一个飞跃，是实行家庭联产承包责任制；第二个飞跃，是发展适度规模经营。近年来耕地流转的势头，已经印证了老人家当年的洞见。

耕地集中三种模式

2008 年我写《徐庄土地合作试验》，观点很明确：推动耕地流转刻不容缓。中国近 20 亿亩耕地，有 8 亿农村人口，人均耕地仅 2 亩多，若不搞规模经营，农民在 2 亩多耕地上无论种什么都不可能致富。

10 多年过去了，目前各地耕地流转风生水起，归纳起来大致有三种模式。

第一种模式：公司 + 农户，即农户将耕地经营权流转给了龙头公司。

第二种模式：农户 + 合作社，即农户将耕地入股到村集体合作社。

第三种模式：农户 + 合作社 + 公司，此模式合作社只是中介，接受农民耕地流转后，又将耕地经营权整体流转给龙头公司。

据我观察，目前农民耕地流转的主要模式，是向龙头公司（工商企业）集中。之所以如此，一个重要的原因是农民缺资金，而规模经营需有大量资本投入。

有一次在南方农村调研，我看到当地农户以每亩 300—500 元的价格将耕地经营权转让给了龙头公司，曾问当地干部为何转让价格如此低？他说：农民自己搞不了规模经营，若分散经营，每亩年收入也就 300—500 元。

保护“不转让权”

照这位干部的说法，农民转让土地经营权并未吃亏，可在调研过程中，一路上我不断听到有基层干部抱怨，说现在耕地流转难度大，不少农户不愿转让。为了让农民转让，县里还派干部下乡驻村，一家一户劝说农民。

一语道破，原来目前农村耕地流转并不是完全出于农民自愿，而是由地方政府在背后推动的。

农村耕地实行“三权分置”改革后，耕地所有权归集体，承包权和经营权归农户。在经济学里，承包权和经营权相当于产权。具体说，产权是指使用权、收益权、转让权。其中转让权包含“转让”或“不转让”两种权利。这是说，保护耕地产权，不仅要保护农民的“转让权”，同时也要保护农民的“不转让权”。

保护农民的“不转让权”，实质就是保护农民的市场主体地位。说得通俗些，只有保护农民的“不转让权”，农民才能够与龙头公司平等协商转让价格。如果价格谈不拢，比如龙头公司出价过低，农民不会转让；若农民要价过高，龙头公司也不会买。这样双方既不强买也不强卖，耕地转让才能等价交换。

需要讨论的是：农民不愿转让耕地经营权而地方政府却要求转让，是否侵害了农民的“不转让权”？

有位乡干部介绍说，农民将耕地流转给龙头企业后，不仅得到了耕地转让费，还能就近到龙头企业打工，每月拿到1000元左右工资，年收入可达上万元。听得出，这位乡干部认为耕地转让对农民有利。

乡干部这样看，你猜农民怎么看？做入户调查时有农民说：在村里打工能赚工资，到城里打工也一样挣工资。龙头公司支付的耕地流转费每亩不足500元，而企业用流转的土地搞规模经营，每亩收益在5000元以上，如果耕地由我们自己集中，请农业技术专家当顾问，每亩年收益绝对不止500元。后来我在吉首市隘口村考察农民自己成立的合作社，每亩收益达到了7000元。

应以农民为主体

搞规模经营需要基础设施投资和引进科技，农民自己没有钱怎么办？我所看到的，凡是以农民为主体搞规模经营的地区，都是用耕地经营权抵押从银行贷款。可此做法目前只是在少数地区试点，面上并未推开。

对耕地经营权不能抵押，政府当初作此规定，据说是农民没有耕地所有权。可国家法律明文规定：资产使用权与收益权皆可用于抵押，如国有土地使用权、工商企业特许经营权、高速公路收费权等，也都是银行认可的抵押物。

国有土地使用权和工商企业的经营权可以抵押，为何农民耕地经营权不能抵押？有一种解释，说如果允许农民把土地经营权抵押给银行，一旦农民不能按期归还贷款，将会导致农民失地。

这种担心纯属杞人忧天。农民抵押给银行的只是经营权，即便还不了贷款，银行处置的也只是经营权，农民并未丧失承包权。

再说，农民若将耕地经营权流转给企业，也会失去耕地的经营权。对农民来说是一回事。不同的是，农民将耕地流转给企业，是真正失去经营权；而抵押给银行，只是有可能失去经营权。

耕地经营权能否抵押融资，关键是在银行。目前银行对耕地经营权抵押顾虑重重：一方面，是现行政策规定银行处置耕地经营权必须征得农民同意，否则不能处置；另一方面，是没有全国性的耕地经营权流转市场，虽然各地已建立了区域性流转平台，但交易主体不多，银行难以通过这样的平台及时转让耕地经营权。

现在看来，推动以农民为主体的规模经营，必须允许农民用耕地经营权抵押融资。为此，国家应尽快修订相关法律法规，确立耕地经营权抵押的合法性。同时要加快建立全国性耕地经营权流转市场，一旦出险，以便银行转让耕地经营权。另外，可由财政出资设立风险基金，为金融机构适度分担或缓释贷款风险。

思考题

你认为实行耕地规模经营的主体应该是谁？农民土地承包权可否用于融资抵押？为什么？

第 4 节 | “限购”并非上策

前些年有地方政府对某些商品实施“限购”。比如为缓解交通拥堵，北京、上海等城市推出了汽车“限购”；为了抑制房价，推出了房产“限购”。曾有媒体报道，为了规避房产“限购”，2016 年下半年，上海到民政部门登记离婚的人络绎不绝，高峰期队伍排到街上去。结果呢？房价未控住而离婚率却飙升。

对“限购”褒贬不一

经历过计划经济的读者，对政府行政“限购”应该司空见惯。1979 年我上大学时，大米、棉布、白糖等还一律凭票（计划凭证）供应。若是有钱没有票证，商店绝不会卖给你。因为当时商品供应短缺，“限购”是不得已而为之，所以当时并没有人批评。

记得当年北京市推出汽车“限购令”后，立即议论四起。

有人拍手叫好，有人愤愤不平。起初我对汽车“限购”并未在意。后来参加北京市人代会，听到不少人大代表对汽车“限购”怨声载道。

当时人们针对的还不是汽车“限购”本身，而是认为“摇号买车”不妥。比如一个三口之家已经买了两辆车，而另一家庭一辆车也没买，现在凭身份证摇号，由于中签率太低，对没买车的家庭明显不公平。

第二年参加北京市人代会，会上又有人对汽车“限购”提出疑问，指出此举弊大于利。有专家估算，若“限购”不立即放开，北京汽车销售收入每年将减少 600 亿元，财政收入每年减少 60 亿元。随着大批 4S 店关门，很多人会下岗，最后还会导致汽车厂工人失业。

是否只能“限购”

治堵是否只能“限购”？或者问：“限购”是否就是最好的办法？汽车“限购”对治堵肯定有助，但有两个问题解决不了：第一，北京早已车满为患，即使不再增加新车还是会拥堵；第二，“摇号”虽是机会平等，但不分轻重缓急，有人急需用车而总也不中签怎么办？

这里有两组利益需要权衡：一是有车群体与无车群体的利益，二是有车群体与正欲买车群体的利益。

经济学讲资源配置，最优状态是大家熟知的“帕累托标准”。该标准说，资源（福利）配置的最优状态，是在某种既定资源配置状态下，任何改变都不可能使至少一个人状况变好，而不使任何人状况变坏。

从这个角度看，“限购”固然照顾了无车群体的利益，也照顾了有车群体的利益，但却限制了想买车群体的利益，用“帕累托标准”衡量，限购并非最优配置。

取消“限购”如何

政府对购车不加限制又如何？想买车的人当然皆大欢喜，但不买车的人就得承受交通拥堵。由此看，不论政府是否“限购”，都会伤及一些人的利益。说得专业点，都不是资源配置的最优状态。

政府该怎样处理才对？我的看法，政府不必“限购”，而且“限购”原本就不是治堵的唯一选择。起码的一点，市场经济要求等价交换，而等价交换的前提是买卖自由，政府用行政办法“限购”算怎么回事？

有学者曾为治堵献计献策：一是对上下班等高峰期的机动车辆收费，二是错开上下班时间。应该说，这两个办法皆可取，不过操作上会有困难。

比如高峰期怎么收费？是否要在城里再设收费站？那样无异于雪上加霜，交通会更拥堵。若用电子系统收费，又得有一笔不菲的投资。至于错开上下班，车辆虽能分流，可上下班时间不同，政府运转会多有不便。

治堵只需一招

交通治堵其实只需一招：大幅度提高停车收费。曾与朋友讨论过这个问题。有朋友问，北京停车不是早有收费吗？为何交通还是拥挤不堪？我的答复：因为收费标准不够高。

设身处地想，假如你开车上班，停车费每小时 5 元，一天 40 元，汽油费 10 元，总共 50 元，如果打出租车需 100 元，你会自己开车。但若停车费每小时从 5 元提高到 15 元，一天仅停车费就是 120 元，你还会自己每天开车上班吗？

那次在北京市人代会上，有代表提到一种情况，说有些政府机关或商厦设有内部停车场，即便提高收费标准，人家也未必执行。比如有些商场为招徕顾客，停车场至今仍然是分文不取。

此事的确有些棘手，但并非不能解决。我想到的，是对停车场征重税。只要收税够重，“免费停车”肯定持续不了。而且还可一石二鸟：不仅减少人们驾车出行，还能用税收收入改善公共交通。在某种意义上讲，这也让有车群体对无车群体提供了补偿。

牵牛要牵牛鼻子。城市治堵关键在“限用”，而不在“限购”。若用车成本大幅提高，人们用车必减少，而用车被约束了，买不买车消费者自会盘算，哪里用得着劳政府大驾限制人们买车呢！

思考题

请你从等价交换的角度对地方政府推出的“限购”政策发表评论，并指出其利弊。

第5节｜加薪与限薪

在市场经济条件下企业自主用工，劳动者自主择业，是企业与劳动者的交换行为。工资是劳动力价格，按照等价交换原则，工资（薪酬）高低应由用工企业与劳动者共同决定。可政府一方面提高最低工资标准，同时又对国企高管层限薪，此为何故？

从下岗返乡到“民工荒”

2008年美国次贷危机引发国际金融危机，受其冲击，国内有2000万农民工下岗返乡。2009年，政府还在为农民工下岗头痛不已，可2010年春节一过，却突然出现了“民工荒”。仅隔短短几个月，企业怎会招不到人？难道真的是国内劳动力短缺？

学界一片惊呼：说国内劳动力流动已出现“刘易斯拐点”。并且有人断言，改革开放30年，随着农业劳动力不断转向工业，工业部门的迅速扩张已将农村剩余劳力吸收殆尽，劳动力供给已从过剩转为短缺。是这样吗？我并不这么看。不是说中国不会出现“刘易斯拐点”，这个拐点很快会到来，但当时并不是。

2008年冬天，面对大规模农民工返乡，国务院严阵以待，明令地方要妥善安置。举措有三条：一是加大基础设施投资吸纳就业，二是组织农民工职业培训，三是鼓励回乡创业。很显然，这些举措虽然有用，却治标不治本。

投资基础设施能扩大部分就业，可都是临时就业；职业培训可减缓就业压力，也不能代替就业。至于回乡创业，我曾赴江苏、江西等地考察过，创业成功的有，但凤毛麟角。事实上，当时农村仍存在大量剩余劳动力，怎能证明已经出现“刘易斯拐点”呢？

原因是工资过低

劳动力供给不短缺，为何出现“民工荒”？卖方有商品而不供应，用经济学逻辑推理，一定是买方（企业）出价不够高。是的，农村劳动力剩余而企业招不到人，工资过低肯定是重要原因。

要知道，农民工的角度与企业的角度不同，工资是否够高，不单是纵向比较，同时还会从成本看。比如上年月薪2000元，今年2200元，月薪多了200元，但若劳动力成本（生活费用）每月增加300元，进城务工的净收益就不是多了，而是少了。

作这样的判断，并非我自己想当然。曾在包头市与返乡农民工座谈，算过账。他们说，2009 年房价上涨，城里房租也水涨船高，一线城市差不多涨了 20%，而且今后可能会更高。再加上各类生活品价格回涨，进城打工的成本越来越高。所以他们担心自己的工资增长跟不上物价上涨，进城务工将会得不偿失。

不要以为农民不懂经济，他们比较的还不仅是进城的生活费用，而且也考虑到了务工的机会成本。农民进城务工的机会成本，是留在农村可得到的最高收益。的确，农民打工的机会成本比 20 年前高了许多。按政府刚公布的数字，2022 年农民人均可支配收入突破了 20000 元，而 20 年前不过 1000 多元。

需要提点的是，农民留在农村的最高收益，不单是种地的货币收入，同时也包括与父母子女朝夕相守的天伦之乐。天伦之乐虽不能直接用货币表示，但说它是农民务工的机会成本绝不会错。

最低工资的杠杆效应

早在 2008 年，国家就修订了劳动法，并适度提高了最低工资标准，可企业对提高最低工资标准普遍有抵触。说来也难怪，当时面对国际金融危机冲击，企业困难重重，提高法定最低工资标准后，企业只好加大裁员。

国家修订劳动法的初衷，本来是要保护劳动者利益，可结果却导致大量农民工提前下岗返乡。最低工资叫好不叫座，国家为何要提高最低工资标准？

众所周知，企业初次分配将收入分成三块：工资、利润与国家税金。当收入总量一定时，内部分配则此长彼消。在初次分配中，若要提高工资比重，利润或税金就得减少。减少利润，必抑制投资、增加失业，因此，利润不能减。若企业利润不减，工资要提高，办法只能政府减税。

然而难题在于，政府减税后，企业不给职工加工资怎么办？政府反复权衡，想到的办法是提高最低工资标准。道理很简单：最低工资标准有杠杆效应，最低工资提高，所有职工工资都得提高。

比如张三是普通职工，月薪2000元；李四是技工，月薪3000元。假定将法定最低工资提高到3000元，张三的月薪则从2000元涨至3000元，李四的工资就得高过3000元。否则，李四会辞工走人。技术工人留不住，企业竞争力必然降低。两害相权取其轻，企业会选择加工资。

对提高最低工资标准，至今社会上仍有争议。反对者说，提高最低工资标准会挤占企业利润，增加失业，对普通职工不利。此推论逻辑上没有错，但有一个隐含前提，那就是政府不减税。

假若政府减税，提高工资不会挤占利润。企业毫发不损，怎会不用政府减税留下的资金给员工加工资呢？由此分析，提高最低工资标准后能否带动全面加薪，关键在于政府能否提前减税。

限薪是权宜之计

国企高管层年薪以前动辄数百万元，甚至上千万元，引起普遍非议。2013年政府出台限薪令，社会各界一片叫好，说明此举深得人心。

对国企高管限薪是长久之策还是权宜之计？应该是权宜之计。企业高管的年薪，是管理企业的报酬。按等价交换原则，年薪要按管理者的贡献定。贡献越大，年薪也应越高。

假如年薪按企业利润3‰提，企业利润1亿元，年薪为30万元，利润3亿元，年薪则为90万元。可若将年薪封顶，最高只能拿70万元，这无疑是对经营者的贡献也设定了上限。

国企高管层薪酬的症结，并不在年薪高低，而是在年薪制度设计有缺陷。最大的问题，是由高管层自己给自己定年薪。

国企不同于民企，民企董事会可以定年薪，因为董事都是出资人，拿自己的钱发工资，有利益约束不会乱来。可国企高管却不是出资人，若年薪由董事会定，用国家的钱给自己发工资，当然多多益善。

蹊跷的是，年薪虽由董事会提方案，但董事会也并非一手遮天。按规定，方案最后还得拿到国资委批准。国资委由国务院授权，大权在握为何不严加把关呢？

曾与国资委的朋友讨论过，他们说国资委权力不小，可对企业来说，国资委是局外人。由于信息不对称，怎能轻易否决呢？董事会敢将方案提交，一定有理有据，国资委总不能故意卡住不批吧？

解决上述难题，可借鉴经济学的“分粥原理”。一群人分粥，如何避免苦乐不均？办法是不让掌勺分粥的人先取，而让其他人有优先选择权。

若将此引入年薪管理，年薪高低仍由公司董事会定，但谁做高管，必须公开招聘，若条件相同，外部竞聘者优先。如此机制一变，高管自不会漫天要价。

用岗位竞争代替行政限薪，企业所支付的年薪与高管层的贡献则是等价交换。而且经验表明，复杂问题简单处理往往有奇效。政府与其直接对高管限薪，不如将高管职位拿出来公开竞争。

思考题

你对提高企业职工法定最低工资标准怎么看？怎样看待国企高管层限薪？有何改进建议。

第 6 节 | 三次分配的制度安排

亚当·斯密在1759年出版的《道德情操论》中说，“同情心”和“功劳感”是人类与生俱来的情感特性。正因为人类有这种特性，才有人为慈善公益事业慷慨解囊。从分配角度看，捐助慈善可改变收入结构，却又不同于“初次分配”与“再分配”，故可定义为“三次分配”。

体现“自愿”原则

“三次分配”概念，最早是由国内学者提出的，后来写进了党的十九届四中全会决定。之后，中央财经委员会又召开会议强调：构建初次分配、再分配、三次分配协调配套的基础性制度安排。

学界有一种流行解释：初次分配是企业内部按生产要素的贡献分配，体现“效率”原则；再分配是政府通过税收和转移支付调节贫富差距，体现“公平”原则；三次分配则是人们主动捐助，体现“自愿”原则。

骤然听，以上解释不无道理，然而仔细推敲，却似是而非。其实，“效率、公平、自愿”三者并非对立，而是相辅相成。初次分配按贡献分配，怎能说只体现效率而不体现公平呢？难道按贡献论功行赏不公平？

政府通过再分配调节收入差距，不仅体现公平，同时也体现效率。早在 100 年前，英国经济学家庇古提出“收入均等化定理”，说一元钱的效用对穷人要比对富人大，将富人的部分收入转移给穷人，可提升社会整体福利。

说三次分配体现“自愿”原则是对的。不过，这并不意味着三次分配就不考虑公平与效率。也许有人说，人们捐助慈善公益事业会考虑公平，但不会考虑效率（利益）。这种说法肯定不对。人的行为选择，皆是在特定约束下追求利益最大化。捐助作为一种行为选择，当事人怎可能不考虑效率（利益）呢？

分配也需等价交换

市场经济是交换经济，分配也是交换，而且也需等价交换。从交换的角度看，初次分配，就是给不同要素的使用权定价。企业若希望某种要素发挥更大作用，那么就得为其支付更高的对价。

再分配也是如此。人们若希望政府提供公共服务，就得依法给政府缴税。征税之所以具有强制性，正是因为你享受了公共服务，必须支付对价。

对人们自愿的捐助行为是否需要支付对价？对此学界看法不一。我的观点，若要引导人们的捐助行为成为常态，就得有支付对价的制度安排。

毛泽东同志有一句名言：一个人做点好事并不难，难的是一辈子做好事。要是没有相应的激励与约束，赏罚不明，很难让人一辈子做好事。若有了支付对价的机制，便可对捐助人形成有效激励。

曾有学者建议，国家应尽快出台财产税法和遗产税法，认为此举可强化富人的捐助意愿。

我赞成开征财产税和遗产税，但目的不能定位于逼富人捐助。理由有三：第一，政府征税属于再分配，不是三次分配；第二，用征税的办法逼富人捐助，税率要足够高才会起作用；第三，征税是一把双刃剑，税率过高会影响人们预期，抑制人们创造财富的动力。

为捐助人支付对价

中央强调发挥三次分配的作用，并不是“均贫富”，而是借助一定的制度安排，激励人们自愿捐助。现实生活中，激励人们捐助的办法很多，但万变不离其宗，关键是要为捐助人支付对价。

我这里所说的对价，当然不是给捐助人支付货币，而是有针对性地满足捐助人的需求。

捐助人的需求是什么呢？马斯洛将人类需求分为五个层次：生理需求、安全需求、归属需求、尊重需求、自我实现需求。归纳起来，这五个层次的需求可分为物质需求与精神需求。一般地讲，低收入者更看重物质需求，中高收入者更看重精神需求。

根据边际效用递减规律，随着人们财富增多，财富的边际效用会递减。当财富积累到一定程度，人们就会用自己的财富去换得精神需求（社会尊重）。

邵逸夫是香港著名电影制作人，我尊重他并不是因为看过他制作的电影，而是他为我母校捐建图书馆。今天内地许多高校都有“逸夫馆”或“逸夫楼”，教学设施用捐助人的名字命名，是为了满足捐助人“获得尊重”的需求。

美国慈善业之所以发达，一个重要原因是美国人信奉基督教，希望下辈子能进天堂。基督教教义讲，基督徒来世要进天堂，今世就得努力挣钱、努力省钱、努力花钱。努力省钱是指自己消费要节俭，而努力花钱，是指对慈善捐助要慷慨。美国企业家热衷慈善，是因为他们有来世进天堂的精神需求。

中国文化传统不同，国内企业家慈善捐助，所希望得到的对价是“社会荣誉”（功劳感）。现在的问题是，怎样赋予捐助人对等的荣誉？

有三点建议：第一，将“慈善家”称号分出不同层级，并由国务院制定统一标准；第二，不同层级的“慈善家”称号由各级人民政府授予，其他机构不得滥用；第三，营造崇尚“慈善家”的舆论氛围，让“慈善家”有功劳感。

思考题

如何构建三次分配的制度安排？是否应为助力慈善公益事业的企业家支付对价？

第七章
繁荣来自竞争
垄断与竞争并存

◎ 市场竞争及其推论

◎ “完全竞争”是理论假设

◎ 反垄断不能简单“反大”

◎ 不能反对技术垄断

◎ 集中采购应加大竞争

第七章
繁荣来自竞争
垄断与竞争并存

市场经济必须鼓励竞争，没有竞争，市场机制发挥不了作用。比如政府让某企业享有特权而排斥其他企业竞争，或者政府给予某企业政策优惠让其他企业无法与之竞争，长此以往，一国经济会失去活力。

第 1 节 ｜ 市场竞争及其推论

从市场交易的行为主体看，竞争可分为三类：一是卖家与卖家之间的竞争，二是买家与买家之间的竞争，三是买家与卖家之间的竞争。这三类竞争，构成了整个市场交换活动的全景图。

卖家与卖家竞争

卖家间竞争暗含两个前提：一是竞争者销售的是同一商

品，不然一家卖鞋、一家卖袜，所卖商品不同不会形成竞争。二是商品供过于求，若非如此，商品供应短缺，消费者纷纷抢购，卖家间也不会有竞争。

所谓卖家与卖家竞争，其实就是“竞卖”，卖家都希望自己的商品能先于对手卖出去。

在供给过剩的情况下，商家怎样才能先卖出自己的商品呢？或者卖家间究竟在竞争什么？若看营销手法，卖家各有绝招，但最终竞争的是“成本”。比如同样一件衬衣，甲的成本低于乙，于是甲的卖价为200元，乙的卖价为300元，这样两者竞争甲必是赢家。

从卖家之间的竞争可推出的政策含义是，政府若放手让卖家竞争，市场上商品必价廉物美。反过来，若质次价高的商品充斥市场，则一定是卖家之间缺乏竞争。

人们抱怨看病难、看病贵，其根本原因是现行医药体制抑制了竞争。在病人与医院之间，病人是买家，医院是卖家，目前医药一体，医院既看病又卖药，受利益驱动，当然会让病人小病大治，本来10元钱药就能治好病，医生可能给开上千元的药。

假若让医药分家，医院只看病不卖药，让医院与医院竞争比“服务质量”，让药店与药店竞争比“价格”，药价一定会降下来。

买家与买家竞争

卖家间竞争是因为商品供过于求，买家间竞争则正好相反，是因为商品供不应求，市场上有多人想买同一商品，买家间才会形成竞争。

买家竞争比什么呢？一是比排队（先来先买），如国内春运火车票竞买；二是比行政职级（或年龄、工龄长短等），如某些政府单位福利住房分配；三是比出价，典型例子是古董文物拍卖。

在市场经济下，通行的竞买规则是出价。可问题是为何会存在很多“价外”规则呢？有学者解释，是出于公平考虑。而我不这么看。至少富人与富人比出价不存在不公平，穷人与穷人比出价也不存在不公平。

所谓的公平考虑，我理解针对的是穷人与富人比出价。很多人以为，让穷人与富人比出价只对富人有利，对穷人不公平。真的是这样吗？

公平是一种价值判断，利益站位不同，对公平的判断也不同。相对而言，富人更有钱，穷人更有时间，若比出价对穷人不利，但不比出价而比排队，则又对富人不利。

面对这个两难选择，多数经济学家主张效率优先、兼顾公平。若以效率为先，当然是比出价。比如春节期间火车票，若比出价，铁路公司可更多盈利，盈利后可多修铁路，增加运力。若比排队，虽然短期对穷人有利，但排队所耗费的时间并不创造财富，“买票难”的问题会年复一年拖下去。长期看，对谁都不利。

卖家与买家竞争

卖家与买家存在竞争吗？曾问过不少朋友，多数人认为不存在，而我认为存在，不然买家与卖家怎会有商业谈判？双方坐在一起协商到最后签约，实际是在竞争。

他们争什么呢？当然是争各自的权益。卖方供应了商品，会要求买方支付合理价格；买方支付了货款，会要求卖方提供物有所值的商品。

由此看，买卖双方所竞争的是等价交换权。读者已经知道，等价交换是自由交换：买方不得强买，卖方不得强卖，更不能由政府定价。否则竞争被限制，必造成交易主体间收益权不对等。

以往工农产品价格“剪刀差”让农民吃亏，症结就在政府限制了农产品价格。今天煤炭价格放开而电价被控制，形成了发电企业与用电企业的不等价交换。发电企业出现“政策性亏损”，原因就在于此。

三点推论

如果将上述分析进一步引申，在政策层面则可得出三点推论：

第一，如果希望市场提供价廉物美的商品，就得鼓励卖家竞争，为此政府必须改革妨碍竞争的体制机制。

第二，鼓励买家竞争可提高配置资源效率，为此政府应充分尊重出价规则，照顾穷人是政府应承担的责任，不能推给市场。

第三，定价事关买卖双方的权益，除公共品外，一般竞争品的价格只能由供求决定。

思考题

市场经济为何要鼓励公平竞争？结合你自己的生活经历谈谈对市场竞争的认识。

第 2 节 | “完全竞争”是理论假设

在很多人观念里，但凡垄断都排斥竞争。英国经济学家马歇尔也持这种看法。为何垄断会排斥竞争？马歇尔的解释是：由于此类企业规模过大，市场占有率过高，因而取得了“市场支配地位”，企业一旦拥有“市场支配地位”，就会排挤、碾压中小企业。

垄断与竞争可并行不悖

我之前也赞同马歇尔的解释。大约 25 年前读英国经济学家罗宾逊 1933 年出版的《不完全竞争经济学》，便对传统的反垄断理论产生了疑问。

比如：现实生活中的市场是“完全竞争”还是“完全垄断”？市场占有率高是否就具有“市场支配地位”？市场占有率高的企业是否真能实行掠夺性定价？

长期以来，人们认为竞争与垄断是两种对立状态。要是作纯理论分析，当然可以这样看。可现实中的市场，却并不是“完全竞争”，也不是“完全垄断”，而是垄断与竞争同时并存。

根据定义，“完全竞争”有 4 项约束：市场有大量买者与卖者，谁也不能独立定价；产品同质、没有差异；信息充分且对称；要素自由流动。

显然，“完全竞争”只是一种理论假设，真实世界不可能存在。举浙江义乌小商品批发市场的例子，10 多年前我曾去义乌考察，看到多家商铺批发打火机，而其中一家卖防风打火机，价格高出其他商铺打火机的一倍。同样是打火机，价格为何会有差异？原因是产品有差异。产品存在差异，当然不是“完全竞争”。

相对普通打火机，防风打火机的技术含量确实要高些，也正因如此，生产商才有一定的定价（垄断）权。不过，这并不意味着该厂商就能垄断市场。

从需求角度看，由于市场有大量的替代品，若防风打火机定价过高，会有消费者放弃购买，转去购买替代品；从供给角度看，防风打火机“价高利大”，其他厂商也会生产，会使竞争更激烈。

由此可见，现实生活中竞争与垄断并不完全对立。一方面，由于产品存在差异，所有竞争性企业皆有可能存在某种程度的垄断；另一方面，由于市场上存在大量生产者，垄断企业也同样要面临竞争。

市场份额与“市场支配地位”

有学者说，反垄断主要是反对企业利用“市场支配地位”排除竞争的行为。怎样判断一个企业是否利用了“市场支配地位”？或者问，哪些企业能拥有“市场支配地位”？目前学界主流的看法，是根据经营者市场份额判定：市场份额越大，市场支配能力就越强。

目前反垄断法就是这样判定的：若一个经营者在相关市场的市场份额达到二分之一，两个经营者在相关市场的市场份额合计达到三分之二，三个经营者在相关市场的市场份额合计达到四分之三，则可推定具有“市场支配地位”。

不能否认“市场支配地位”与市场份额有关，但这样推定却过于武断。

由市场份额推定“市场支配地位”，背后的逻辑其实就是“反大”，而且上面所说的相关市场在操作上很难界定。即便按欧美流行的 SSNIP（Small but Significant and Not-transitory Increase in Price）方法能够界定相关市场，问题是国内某企业市场份额如超过 50%，就一定要反对吗？今天市场竞争是全球竞争，那样做岂不是令亲者痛而仇者快？

关于掠夺性定价

还有学者说，拥有“市场支配地位”的企业，往往会掠夺性定价。此观点也不完全对。企业的“市场支配地位”主要来自两方面：一是政府特许经营授权，二是关键核心技术。前者为行政垄断，后者为技术垄断。

行政垄断由政府授权，别人无法竞争，确有可能掠夺性定价。比如国内的烟草专卖，若国家不限价，价格肯定比现在高得多。

可是“技术垄断”企业不同，虽可以自主定价，可由于市场存在大量的竞争者或潜在竞争者，不可能掠夺性定价。若某企业无视市场供求将价格定得过高，产品需求会减少，反而会让竞争对手乘虚而入，令自己被动。反过来，若为了打击竞争对手而低于成本定价，则无异于“自杀”：产品销售越多，亏损会越严重。

历史上，低于成本定价的案例有，但并不多。20 世纪初，美国烟草公司与标准石油公司曾尝试过，结果皆以悲剧收场。读者想想，企业竞争怎能靠亏损取胜呢？

仍以打火机为例，假定你生产防风打火机，我生产普通打火机，若你为了打压我，将产品低于成本定价，你猜我会怎样做？我会立即买进你的产品，而等到你无力支撑时再高价卖出，继续生产我的产品。

市场不是“完全竞争”，也不是“完全垄断”，而是垄断竞争并存，因此不宜用市场份额判定企业是否具有“市场支配地位”，更不能认定企业市场份额大就一定会排斥竞争。

思考题

为何说“完全竞争”是理论假设，而真实市场是垄断与竞争并存？请举例说明。

第 3 节 | 反垄断不能简单“反大”

今天世界上很多国家都颁布了反垄断法，而且矛头皆指向大企业。立法者为何认为企业规模大就是垄断？让人感到困惑的是，西方各国政府无不希望国内企业做强做大，同时却又反强反大，岂不是让企业无所适从？

规模大未必排斥竞争

市场经济奉行的基本规则，是公平竞争，政府应该反对的垄断，并不是“大”，而是不正当竞争。若有企业欺行霸市，对这种不遵守市场规则的行为，无论规模大小都应打击。换句话说，反垄断不能只针对大企业，也不能认为企业大就会妨碍竞争。

大约 20 年前，我曾用三个月时间研读美国经济史。说是研读，研究其实并不深，主要是读。不过，对美国的反垄断法，倒是作过一些思考。我发现，美国反垄断起初也是针对大企业，只是到了新世纪前后，他们才调转枪口不再“反大”，而转向反不正当竞争。

为何前后会发生如此大的改变？回答此问题，需了解美国出台反垄断法的背景。

19 世纪下半叶，美国出现了一些巨型企业。这些企业凭借其“市场支配地位”，碾压中小企业，盘剥消费者，引起社会各界强烈不满。在强大舆论压力下，美国国会启动了反垄断立法程序。

1890 年，美国国会以压倒性多数票，通过了第一部反垄断法——《谢尔曼法》。《谢尔曼法》作为母法，与后来的《克莱顿法》和《联邦贸易委员会法》一起，构成了美国反垄断法的基础。

可想而知，美国在那样的背景下推出反垄断法，目标当然是“反大”，而且重点是针对以下三类行为：

一是大企业为了获取暴利相互勾结而达成幕后协议，通过控制产量来抬高价格；

二是大企业虽不与同行大企业勾结，但规模大到足以主宰市场，通过大幅度降价排挤中小企业；

三是大企业将同一商品以不同价格卖给不同消费群体，也就是经济学所说的“价格歧视”。

执行层面难以明确

对哪些行为属于违法，反垄断法似乎作了界定，可在执行层面却并不明确。比如对企业究竟多大会面临制裁，法律并无相应的条文解释。法律之所以不作解释，是因为立法机构难以解释。

比如某企业产品在当地市场的占有率虽然很高，但从国际市场看，却可能微不足道。而大企业提价或者降价，原因可能非常复杂，也不好一概认定是违法。

对于“反大”，有不少经济学家提出过批评。第一个力挺大企业的经济学家是熊彼特。他在 1911 年出版的《经济发展理论》中指出：“不断的创新，就像是跳动的琴弦，演奏着经济成长的美妙乐章，而拨动琴弦的正是那些领导市场的巨型公司，我们有何理由去指责我们的乐师呢？”

后来以斯蒂格勒为代表的芝加哥学派，也持相同的观点，认为生产资源集中在大企业，有利于提高规模经济效益和生产效率，政府应减少对大企业的干预。

不过在《谢尔曼法》颁布后的近百年里，美国一直是“反大”。1911 年，最高法院宣布，美国烟草公司和标准石油公司因“欺行霸市”，违反了反垄断法，勒令两公司解散，各自拆分为若干独立的公司。1945 年，美国铝公司又被判决触犯反垄断法。该公司其实并无不当竞争行为，只是法院认为它“独占 90% 的市场，实在太大了”。

美国政府一反常态

转折点在 20 世纪 70 年代。当时美国遇到了前所未有的危机。政治上，美国在西方世界一呼百应的威风已不复存在；经济上，昔日逆来顺受的“小羔羊”，当时已成为强有力的竞争对手；军事上，苏联又摆出咄咄逼人的架势。

面对这种局面，美国国内对反垄断产生了争论。恰逢此时，芝加哥学派得势，其代表人物在政府担任了要职，天时地利人和，美国调整了反垄断政策。

此后的20多年，美国基于提高企业国际竞争力的考虑，政府一反常态，不仅不再“反大”，反而对大企业“兼并”推波助澜。

1997年，波音公司与麦道联姻，组成了航空业“巨无霸”。1998年，埃克森与美孚两兄弟在分离了87年之后，再度聚首。1999年，美国国民银行与美洲银行合并，缔造出了新的金融帝国。

这里要解释的是，1997年，美国司法部将微软推上被告席，最后法院裁决将其一分为二。给人的感觉美国似乎还是“反大”，实则不是。司法部状告微软并非因为微软规模大，而是它阻止其他软件供应商进入市场，妨碍公平竞争。

当年美国司法部副部长明确讲：“法律不会阻止你垄断，但是，如果你滥用垄断权力，法律就会坚决制止。”读者要仔细琢磨这句话，的确，垄断不等于滥用垄断权力。

垄断可分为三类：行政垄断、自然垄断、技术垄断。毫无疑问，前两类垄断会在一定程度上限制竞争，容易滥用垄断权力，故需盯紧看严。可技术垄断不同，一家企业技术创新并不能排斥其他企业创新。尊重创新企业的自主定价权，可以激励创新。

美国反垄断转向，给我们两点启示：第一，不能简单根据企业规模定义垄断，反垄断并不是“反大”。美国曾有过教训，是前车之鉴。第二，反垄断应重点反不正当竞争，不可将创新企业的觅价当作滥用垄断权力予以处罚，要防止反垄断扩大化伤及无辜。

思考题

反垄断为何不等于“反大”？市场占有份额与垄断是何关系？垄断与滥用垄断权力有何不同？20 世纪 70 年代后，美国反垄断为何不再“反大”？

第 4 节 | 不能反对技术垄断

技术垄断企业是否会阻碍效率更高的新技术进入市场？对此经济学家一直有争议。1985 年，著名经济学家保罗·戴维在《美国经济评论》上发表论文，以“键盘”为例对上述问题作了论证。他分析所得出的结论是，技术垄断容易让用户对旧技术形成路径依赖，排斥技术创新。

旧键盘与新键盘

19 世纪 70 年代，当时的打字机生产工艺尚不完善，字键击打后弹回速度较慢，若击键过快，字键会绞合在一起而造成堵塞。后来有位叫肖尔斯的编辑设计了一种键盘，将使用频率高的“O”“S”“A”，让最笨拙的无名指或小拇指击打，而使用频率低的“V”“J”“U”，却放在最灵活的食指之下。如此一来，便降低了打字员的击键速度，绞键问题迎刃而解。

“QWERTY”键盘进入市场后，大受用户欢迎，并于1868年获得了专利。可到了20世纪30年代，随着生产工艺的进步，字键弹回速度大大加快。于是德沃夏克将字母重新排列，设计了一款新的简易键盘（Dsk），可提高打字速度，且于1936年也申请了专利。可没想到，新键盘并不为多数人所接受，市场上无法推广。

新键盘的打字效率更高，市场为何难以推广呢？据保罗·戴维分析，有两方面原因：一方面是打字员习惯了使用旧键盘，不愿再学习使用新键盘，而且办公室也不配置新键盘打字机。另一方面，办公室不配置新键盘打字机，是因为找不到受过训练的打字员。而追根到底，是旧键盘的市场占有率过高，形成了垄断。

然而也有学者不赞成戴维的观点，认为新键盘不被普遍采用，是新键盘并不比旧键盘具有优势。如微软创始人比尔·盖茨曾反驳说：“英文打字机和计算机键盘上的字母按‘QWERTY’顺序排列，并没有一条法律要求必须这样做，可大多数用户却执着于这种标准。只能说明，这样的排列比其他排列更加行之有效。”

实验数据不是重点

对此戴维解释说，新键盘优于旧键盘是有实验数据支持的。据他介绍，美国海军部曾分别做过两组实验：让打字员使用新键盘，每分钟可打 108 个字，而使用旧键盘，每分钟只能打 56 个字。

他由此得出结论说："如果将旧键盘比作是牛，那么新键盘则是吉普车，无论对牛怎样刺激，速度也不可能赶上吉普车。"

戴维的分析有理有据，可宾夕法尼亚大学教授斯特朗却提出了疑问。理由是，海军部那次实验是在德沃夏克指导下进行的，而他不仅拥有新键盘的专利，而且还从卡耐基教育委员会获得了 13 万美元资助，属利益当事人，实验数据的可信度不高。

后来，斯特朗也组织过实验，每 10 人一组，结果显示，使用新键盘的一组与使用旧键盘的另一组相比，打字速度并无明显优势。

不知读者怎么看，德沃夏克虽是新键盘的专利拥有人，但我认为他不会数据造假。同时，我也相信斯特朗的实验数据是真的。两人实验的结果不同，原因是打字速度的快慢，不单取决于打字机，也取决于打字员。

不能否认，人们在学习打字方面的禀赋是有差异的，若让禀赋差的人使用新键盘，让禀赋高的人使用旧键盘，新键盘的优势自然显现不出来。

其实，新键盘打英文字更快，这一点早有定论，用不着做实验，而且实验数据也不是重点。当初肖尔斯设计“QWERTY”键盘的初衷，就是为了减缓打字员的击键速度，事实证明也能达到这一目的。德沃夏克改变了旧键盘的字母排列，将使用频率高的字母放在更灵活的手指之下，打字速度无疑要比旧键盘更快些。

新键盘推广难的原因

新键盘难推广，并非垄断企业锁定旧技术，因为它们不可能也无法锁定旧技术。可证伪的例子是：30 多年前，“大哥大”（模拟手机）的市场占有率非常高，可当智能手机推出后，“大哥大”很快就被替代。请问，原来生产“大哥大”的企业为何不锁定旧技术？不是它们不想锁定，而是锁定不了。

新键盘为何不能替代旧键盘，应从用户与供应商两个角度分析：

从用户角度看，自 1946 年电脑问世后，人们改用电脑打字，可电脑并非只是用于打字，同时也用于工程设计、数据处理、财务管理等。对多数用户来说，打字并非最重要的功能，除了专业打字员，一般用户也不看重打字速度。比如我用电脑写文章，写作速度不快，可我从不觉得是自己打字慢，而是思考得慢。

从供应商角度看，电脑生产商不采用新键盘，有节省成本的考虑，但主要是考虑键盘的通用性。新键盘打英文的速度虽然快，可打中文却不见得快。英文使用频率高的字母，与汉语拼音使用频率高的字母不完全相同，法语、俄语、日语等也是如此。电脑生产商要满足全球用户需求，当然没必要改用新键盘。

戴维的文章发表迄今已30多年，有经济学者指出，“新键盘优于旧键盘”不过是戴维为人们编造的神话。的确，新键盘在英文打字方面有优势，但通用性方面却明显不足。换句话说，目前电脑生产商之所以不采用新键盘，真正的原因，并不是它们想锁定旧技术，而是新键盘本身不具有足够的市场推广价值。

不仅键盘是如此，企业判断其他技术是否先进，也不会只看技术新旧，而会重点看是否具有更高的市场推广价值。受优胜劣汰竞争规律的约束，技术垄断企业不可能拒绝使用先进技术。为了取得竞争优势，它们会不断创新技术。

思考题

技术垄断会阻碍新技术进入市场吗？你认为新技术推广难最主要的原因是什么？

第 5 节 | 集中采购应加大竞争

我赞成政府集中采购，但现行采购办法亟待改进。10 多年前，我曾撰文呼吁政府集中采购不应限制竞争，文章刊出后应者寥寥。很多人认为，政府集中采购是为了预防腐败，投鼠忌器，不愿参与讨论。事实上，集中采购并不是预防腐败的制度安排。

最早起源于欧洲

从历史上追溯，政府集中采购最初起源于欧洲。1782 年，英国就成立了“文具公司局”，专门负责采购政府办公用品，德国、法国也是较早实行政府集中采购的国家。1861 年，美国国会通过法案，明令联邦政府采购必须履行招标程序。

不过，当初欧美国家推行政府集中采购，目的并不是预防官员腐败，而是节省财政开支，支持科技创新和扶持中小企业。

相对于分散采购，集中采购可以增加政府参与市场议价的筹码。政府采买的数量越大，供应商的销售费用越低，供应商当然要给政府一定的价格优惠。读者想想市场何以存在批发价与零售价？明白了其中的道理，也就理解了政府为何要集中采购。

节省财政开支是一方面，政府集中采购还有一个更重要的目的，即支持科技创新与扶持中小企业。欧美国家政府采购法皆明文规定，在同等条件下，政府应优先采买本国科技企业和中小企业的产品。

亚洲的日本、韩国也如此，日本为扶持中小科技企业推出了三大举措：一是政府在采购报价、信息披露和社会服务方面提供便利；二是分拆合同，降低采购项目的标的；三是制定面向中小科技企业的采购目标。

不能代替监督

20 世纪末我国引入集中采购后，人们认为集中采购可以防止腐败，而大量事实并不支持这一看法。以往政府分散采购出现过腐败，集中采购也同样出现过腐败。读者应该还记得曾经轰动一时的“刘志军案”，工程采购皆集中招标，可贪腐数额之大，令人触目惊心。

再看近年来被查处的贪腐官员，但凡贪官插手的工程采购大都是集中采购，手续一应俱全。你知道为什么？因为贪官们不蠢，他们越是心中有鬼，就越是需要掩人耳目，绝不会在“程序”上留下纰漏而授人以柄，相反他们会将程序搞得天衣无缝。

事实上，政府采购会否出现腐败，与分散采购还是集中采购无关。经济学逻辑说，花自己的钱办自己的事，既讲节约又讲效果；花公家的钱办公家的事，既不讲节约又不讲效果。政府采购显然属于后者，所以防止腐败的关键，要靠强有力的监督。集中采购不能代替监督，政府采购的集中度越高，就越需要监督。

目前有个令人费解的现象。通过政府集中采购的商品价格往往普遍偏高，有的甚至高于市场同类商品的零售价格。举一个我知道的例子，前几年某机关办公楼更换门锁，同一品牌的门锁，市场价格是1200元，结果通过采购平台集中采购，价格却高达2000多元。购买数量越多，价格反而越高，岂非怪哉！

另一个例子，福建寿宁县龚先生的堂嫂因喉咙长瘤住进县医院，医院开出硫酸软骨素注射液，价格每支28.92元。可龚先生发现县医药超市的零售价每支0.45元，同一品牌的药品，医院价格高出超市63.3倍。于是他告到县医药局，可经查证，医院使用的是省集中采购药品，价格被认定合法，此事也就不了了之。

供应商目录限制竞争

出现上面这种怪象，原因有二：一是有人从中吃了回扣，二是集中采购制度存在缺陷。若第一种情况不存在，则一定是第二个原因。

集中采购有何缺陷？我的看法，是现行采购制度限制了竞争。同质商品竞争主要是价格竞争，优质优价的商品可以先卖出。若放手让供应商竞争，集中采购价格怎可能高于市场零售价格呢？

我说集中采购限制竞争，是指政府编制的供应商目录不利于竞争。应该说，政府最初选择供应商时是有竞争的，可说是优中选优。问题在于，企业一旦进入供应商目录，产品就会皇帝女儿不愁嫁。相反，那些未进入供应商目录的新兴科技企业，哪怕产品质量更好或者价格更低，政府机关也不能自行采买。

有人说，政府编制供应商目录，是为了降低集中采购的交易成本。这样说没错，但此举却弊大于利。之前我在南方调研曾听到不少企业主抱怨：政府是大买家，而中小科技企业尤其需要政府扶持，可政府编制的供应商目录一定几年不变，他们很难进入。进不了供应商目录，也就得不到政府扶持。

要解决这个难题，办法有三：第一，政府采购要有面向中小创新企业招标的刚性规定；第二，明确供应商目录是指导性的而非指令性的，若目录内供应商报价过高，应允许向目录外的供应商采购；第三，政府采购价格若明显高于市场价，要对相关责任人严肃追责。

思考题

你认为集中采购能避免腐败吗？目前集中采购的产品价格偏高的原因为何？应该怎样改进？

延伸阅读 | 战后德国的崛起

为了充当世界霸主，二战期间希特勒攻城略地，四处出击，结果害人害己，赔了夫人又折兵。根据1945年波茨坦会议公告，以柏林墙为界，德国被一分为二，东部由苏联管理，不久便建立了民主德国，西部则由英法美控制，成立了联邦德国。

艾哈德倡导竞争

二战后的西德成了欧洲的二等公民，国家负债累累、货币贬值、物价飞涨，生产能力急剧下降，国民生产总值不到战前的一半，一些大城市几乎被炸成废墟。据当时铁路部门估算，每天用10列50节车皮的火车运输，柏林市的碎瓦乱石，也得运16年。

1946年冬天，是20世纪最寒冷的冬季，西德人民饥寒交迫，生活窘迫，苦不堪言。人均食品供应量，只有战前的五分之一。食物严重匮乏，威胁着国民的健康，浮肿、软骨病、肺结核，就像是一场场瘟疫，至今仍让德国人谈之色变。

贫困交加的人们迫切需要食品和医药，他们渴望经济复苏，盼望有朝一日能恢复昔日的辉煌。随着战争的失败，希特勒的战时经济管制终于走到了尽头。历经这场民族浩劫，人们反计划的情绪十分强烈。

时势造英雄，一直从事经济工作的艾哈德提出了一套独具特色的方案。他认为，要增加国民财富，用武力去强占他国领土，劳民伤财不说，弄不好还会竹篮子打水一场空。而用物美价廉的商品占领世界市场，既省时省力，又方便快捷。所以，他主张靠“自由竞争”来繁荣市场，靠“国家干预”去维护社会秩序。

首相阿登纳的想法与他不谋而合。于是，艾哈德很得赏识，被任命为经济部长，全权主理战后经济重建事务。艾哈德也不负众望，在任期间，他凭借手中的权力，坚定地推行所谓“社会市场经济”体制。

在联邦德国成立前，英法美成立了占领局，管理西德的大小事务。由于物资供应短缺，该机构实行配给制和价格管制。但管制过细，就像一个个紧箍咒抑制了人的创造力，德国人只能待在家中，等待那份可怜的配额。要让人们充分施展才华，必须放松管制。

1948 年 7 月，艾哈德当机立断，把数百条经济管制如物价限制、票证配给等，通通扔进了废纸篓，同时税率也大幅削减。此举一出，使原本绝望的人们又看到了曙光。

立法保护竞争

在大海中，鲨鱼是其他鱼类的天敌，要使水域中鱼自然成长，养鱼人就得防着鲨鱼。同样，竞争和垄断也是冤家。1957 年 7 月，西德政府为保护竞争，颁布反对限制竞争法（即《卡特尔法》），该法后来成了市场经济的“大宪章”：规定未经审批，大公司不得合并；禁止企业产销联盟，统一定价。

为严格执法，国家专门成立卡特尔局，该局铁面无私，从

1968—1982 年，共处理了 338 起妨碍竞争事件，每年罚款达 1000 万马克。

反垄断给竞争者提供了广阔的生存空间，但要让优胜劣汰规律起作用，还得防止恶性竞争。西德政府先后通过了反不正当竞争法、折扣法、关于附加赠送物品法、商标法，严禁坑蒙拐骗，并规定商品折扣不得超过 3%。买一送一时，二者间的价值相差不能太小，如卖汽车时可送小配件，但不能送摩托车。

艾哈德形象地解释：经济活动如同比赛，政府就像裁判，制定比赛规则、维护赛场秩序，但它严守中立，既不做教练员，也不当运动员。竞争虽可提高效率，却不能兼顾公平，它往往会导致两极分化。

与一般的市场经济不同，西德“社会市场经济”更富有人情味，强调全体成员共享经济繁荣的成果。在社会保障上，政府不惜血本，此项支出占国民生产总值的三分之一，因此在西方国家中，其贫富差距最小。

政府遵章守法

德国历史上，因战争引起的通胀曾让人受害不浅，政府顺应形势提出：“宁要低通胀下的适度增长，也不要高通胀下的高增长、高就业。”要实现这个目标，国家可以用财政、货币政策调节，但不能给企业下硬指标。政府不是“太上皇”，也应遵章守法。

为此，西德政府和议会还修订、出台了上千项经济法规。比如劳资协议法明确规定：工资和劳动条件，必须由劳资双方自主协商决定。在对待劳资纠纷的谈判中，政府不得带有任何倾向性。

20世纪50年代，西德国民生产总值年平均增长7.5%，远高于美国的2.2%、英国的3.2%、法国的4%，被称为增长的“黄金时期”。而且高增长并没有导致高通胀，70年代，西方国家通胀率达两位数，西德仅5%左右。从二战后饥寒交迫到生活富足，西德仅用了20多年。

艾哈德就像一位艺术大师，将秩序融于自由竞争之中，并汲取二者精华，带领联邦德国战后重建如鱼得水，发生了天翻地覆的变化。联邦德国的经济成功，也被誉为“世界经济史上的奇迹”。

第八章

产权决定竞争规则

交易费用决定产权界定

◎ 产权不同于所有权

◎ 产权与产品所有权

◎ 产权结构与行为选择

◎ 稀缺资源争用规则

◎ 数据产权的界定

◎ 行政责任的划分

第八章
产权决定竞争规则
交易费用决定产权界定

市场竞争的必然结果，是优胜劣汰。可究竟谁优谁劣，则取决于市场竞争规则。经济学家研究证明：产权制度安排要以交易费用为依归，而在不同的产权制度下，竞争规则会各不相同。

第 1 节 ｜ 产权不同于所有权

产权问题在国内一直有争议。为避免争论，当年邓小平同志说不要问姓“资”姓“社”。老人家一言九鼎，为后来国企改革赢得了时间。可时至今日仍有人将产权等同于所有权，甚至说国企产权归国家，明晰产权莫非要搞私有化？这显然是没弄清所有权与产权的区别。

借贷资本促成分离

在现代经济学里，产权与所有权是两个不同的概念，所有权是法权，指的是财产归属。而产权则是指除了归属权之外的其他三项权利，即使用权、收益权与转让权。

今天人们将所有权与产权混为一谈，也是事出有因。在人类社会早期，所有权与产权确实融为一体，若某人拥有财产所有权，也就拥有了产权。

不过这是早期的情形，今非昔比，当借贷资本与现代公司产生后，产权与所有权就分离了。典型的例子是银行。大家知道，银行的信贷资金主要来自储户存款，资金所有权仍属于储户，既然资金的所有权属于储户，可银行发放贷款为何可以不征得储户同意呢？原因是银行通过支付利息从储户那里购得了资金产权。

产权源自所有权，也可独立于所有权。从这个角度看，所谓明晰产权并非是改变所有权，而是明确财产的使用、收益、转让权。这是说，明晰产权与所有权是否私有无关。也许有人问，既然不改变所有权何需明晰产权？对此经济学的解释是，财产无论公有还是私有，所有权清晰，产权也可能不清晰。

请看下面的例子：

张三与李四相邻而居，北边的院子是张三的私产，南边的院子是李四的私产。有一天，张三在自家院子里焚烧垃圾，北风将烟尘刮进李四的院子，起初李四好言劝阻，可张三置若罔闻，结果两人大打出手。为何如此？是产权不清晰。

当初张三建房时，法律并没规定在院子里不能烧垃圾，而李四建房时，法律也没承诺他有不受污染的权利。可见，南北两个院子虽分别为张三和李四的私产，所有权很清晰，而产权却不清晰。

产权界定看交易费用

产权不清晰，会引起相关当事人的冲突，要避免冲突就必须明晰产权。产权应该如何界定呢？

科斯定理说："若交易费用为零，产权界定清晰，无论产权界定给谁，皆不影响经济的效率。"

这里的交易费用，是指利益各方为达成某项交易而产生的协调费用。如用于谈判、通信方面的花费，请客送礼的开销，调解纠纷的行政费用或法律诉讼费用等。

假如科斯定理的前提成立，推论肯定成立。说我亲眼所见的例子。多年前，我曾赴湖北某纺织企业调研，见厂门口有10多人静坐，问原因，工厂主事人告诉我，静坐的都是周边居民，他们认为生病是工厂的烟尘所致，要求厂方给他们报销医药费。

按照科斯定理，解决此纠纷并不难。如果政府能明确界定居民有不受污染的权利，工厂就得自己安装除尘器；相反，如果明确界定工厂有排放烟尘的权利，那么居民就得集资替工厂安装除尘器。

问题是，交易费用为零是个理论假设，除了鲁滨孙一人世界，现实中几乎不存在。还是上面的例子，假如政府把产权界定给工厂，居民花钱给工厂安装除尘器，可工厂的头头说，你们安装除尘器可以，但还得给工厂一些好处费，于是就产生了交易费用。

好处费属于交易费用，若交易费用过高，后果有两个：一是居民维持现状，继续承受污染；二是居民不堪忍受，到工厂要求解决问题。

很明显，一旦有了交易费用，产权界定必受交易费用的约束。或者说，产权如何界定必须顾及交易费用的高低。

近年来政府之所以要求企业节能减排，从产权角度看，实际就是限制企业的排污权，而把不受污染的权利界定给居民。政府这样做，一方面是为了保护环境，另一方面，也是考虑交易费用。把产权界定给居民，交易费用比把产权界定给工厂要低得多。

类似的例子：交通法规定，机动车在人行道撞伤行人要负全责；在机动车道伤人，也得承担一定的责任。为什么？因为把产权（安全保障权）界定给行人，不仅交易费用低，而且可减少交通事故。

还有，国家规定不许强行拆迁民宅，也是保护民宅的交易费用低。如果民宅不受保护，允许强行拆迁，引发的社会矛盾会层出不穷，政府管理的交易费用将不堪设想。

相反的例子，是农民的耕地产权。国家说，农村土地承包经营权长期不变。可现行土地的转让权并未界定给农民，所以强征农民土地的事时有发生。农民不服，于是就上访，有的地方甚至还闹出了人命。

假如国家能明确规定土地产权（包括转让权）归农户，卖与不卖或按什么价格卖，一切均由农民做主，政府处理土地纠纷的交易费用会大大降低。

四点结论

第一，产权有别于所有权，明晰产权不等于要改变所有权。

第二，公有制产权不清晰，私有制产权也同样不清晰，因此产权改革未必要搞私有化。

第三，产权包含使用权、收益权、转让权，明晰产权就是要将此三权予以界定。

第四，产权如何界定，最终应以节约交易费用为依归。

思考题

谈谈你对所有权与产权的理解，两者为何会分离？界定产权的依据是什么？

第 2 节 | 产权与产品所有权

邓小平在南方谈话时指出："市场经济不等于资本主义，社会主义也有市场。"当时有人质疑说，马克思明确讲"私有权是流通的前提”，中国以公有制为主体，怎能产生商品交换？某些西方国家至今不承认中国的市场经济地位，理由也是我们以公有制为主体。

私有权是流通的前提

商品交换有两大前提：一是分工，二是产权保护。没有分工，大家生产的产品相同当然用不着交换；若产权不受法律保护，将别人产品无偿占为己有不受惩罚，弱肉强食也不会有交换。正因如此，经济学才将产权保护作为交换的前提假设。

这道理好理解，无须多解释。需要与读者讨论的是：从交换角度看，保护产权是否就是指保护财产私有权？正本清源，还是从马克思说起吧。

马克思在《1857—1858 年经济学手稿》中确实讲过“私有权是流通的前提”，在《资本论》第一卷中马克思还说，交换双方“必须彼此承认对方是私有者”。

有人推定，马克思认为交换的前提是私有制大概就是根据以上论述，不过我要指出的是，此推定是对马克思的误读，并不符合马克思的原意。

首先，马克思从未说过交换产生于私有制，相反他认为是产生于公有制。他在《政治经济学批判》第一分册中写道：“商品交换过程最初不是在原始公社内部出现的，而是在它的尽头，在它的边界上，在它和其他公社接触的少数地点出现的。”

在《资本论》中，他也表达过相同的观点。原始社会是公有制，这一点马克思怎会不清楚呢？

其次，马克思讲作为流通前提的私有权，也不是指生产资料私有权。比如他在《资本论》第一卷中说："商品不能自己到市场去，不能自己去交换。因此，我们必须找寻它的监护人，商品占有者。"而且还说："商品是物，所以不能反抗人。如果它不乐意，人可以使用强力，换句话说，把它拿走。为了使这些物作为商品彼此发生关系，商品监护人……必须彼此承认对方是私有者。"

显然，马克思这里讲的私有并非生产资料私有而是产品私有。

明确产品所有权

生产资料私有与产品私有的确不是一回事。以英国的土地为例，土地作为重要的生产资料，英国法律规定土地归皇家所有，但土地上的房屋（产品）却可归居民私有。正因如此，所以房屋才可作为商品用于交换。

可见，产品能否交换与生产资料所有权无关，关键在产品是否私有。只要产品私有，生产资料无论归谁，产品皆可交换。

商品交换的前提是产品私有，照此推理，公有制基础上的商品交换也同样要求产品私有。问题是生产资料公有，产品怎样才能私有呢？

前面分析过，产权不同于所有权，借贷资本出现后两者可以分离。往深处想，产权的最终体现，是产品占有权。而所谓界定产权，其实就是明确产品所有权。

以农村改革为例，当初将集体土地产权承包给农民后，交足国家的、留足集体的，剩下的产品就是农民自己的。再比如国企的厂房、设备等生产资料归国家所有，而企业之所以能将产品用于交换，也是因为国家将产权委托给了企业，让企业拥有产品所有权。

私有并非一人占有

细心的读者也许会问，农村土地承包后产品归农民私有，可国有企业产品归全体职工所有怎能说私有呢？

事实上，当年马克思讲产品私有，并非指一人独自占有，而是说产品要有不同占有主体。占有主体可以是一个人，也可以是一群人。比如原始社会部落间的交换，占有主体就不是部落首领，而是部落的全体成员；合伙制企业的产品私有，也非某人独自占有，而是合伙人共同占有。

最后的结论是：第一，商品交换的前提不是生产资料私有，而是产品私有；第二，产品是否私有与生产资料所有权（公有或私有）无关，关键在产权如何界定；第三，只要明确界定产品所有权，便可产生商品交换，公有制与市场经济并不冲突，可以兼容。

思考题

马克思说“私有权是流通的前提”，你认为马克思在这里所说的私有权，是指生产资料私有还是指产品私有？请说明理由。

第 3 节 ｜ 产权结构与行为选择

我们再来讨论不同产权结构安排与人们行为选择是何关系。我在第一章曾经讲过，研究行为选择要运用需求定律。该定律指出，人们所有行为选择皆是在成本约束下追求收益最大化。

关于“收益”与“最大化”

根据需求定律，如果将产权作为约束条件，便可推断出在不同产权结构安排下人们行为选择的一般规律。不过在展开分析之前，还需对“收益”与“最大化”两个概念作进一步解释。

顾名思义：收益要比利润的外延更宽，收益不仅指利润，也指非经济收益。利润最大化是收益最大化，但不能反过来说，收益最大化就是利润最大化。

人们面临约束不同，追求最大化的目标会不同。比如企业家追求的是利润，教师追求的是学术声誉，而官员追求的则是政绩。对解释人的行为，收益最大化显然比利润最大化更实用。

何为“最大化”呢？经济学讲最大化，是指以最小成本获取最大收益。这是说，最大化要从成本与收益两个维度去考量，既不能只考虑收益而不计成本，也不能只考虑成本而无视收益。

产权结构安排

若将产权作为约束条件，人们为了收益最大化会怎么做？回答这个问题，当然要看产权结构如何安排。

产权是指使用、转让与收益分享权。若将转让也看作使用，则产权等于使用权加收益分享权。这样，产权结构便有以下四种组合：

组合一：有使用权，也有收益分享权。我想到的例子是中国农村的耕地。宪法规定，农村土地归集体所有，而20世纪80年代末的农村改革将土地产权承包给了农民，而且确定30年不变。这就意味着30年内农民不仅拥有了土地使用权，同时也拥有了收益分享权。

组合二：有使用权，无收益分享权。这方面的典型例子是改革前的国有企业。国有的生产资料企业可以使用，但利润却要全额上缴。当年国企改革之所以从利改税起步（改上缴利润为上缴税收），目的是让企业缴税之后可以留存利润，界定给企业收益分享权。

组合三：无使用权，但有收益分享权。比如 20 世纪 90 年代国内出现过一个非常特殊的群体，老百姓称之为“官倒”。他们倒卖土地、钢材以及各种紧俏物资的批文。其实，他们并不具有这些物资的使用权，也无须使用，而是凭借特殊身份或权力通过倒卖批文从中渔利。

组合四：无使用权，也无收益分享权。其代表性的例子是社会福利或公益机构，这些机构可接受社会捐赠，但捐赠品只能用于那些需要救助的人，机构工作人员自己既不能使用捐赠品，也不能利用捐赠品谋取个人收益。

行为选择规律

以上是产权结构的四种组合，这里要提示的是：若说某人（或机构）对某资产有使用权，表明他使用该资产就是花费自己的成本；若说某人拥有收益分享权，则表明他是在为自己办事。

这样根据上面四种组合，便可导出花钱与办事的四种类型：组合一是花自己的钱办自己的事，组合二是花自己的钱办别人的事，组合三是花别人的钱办自己的事，组合四是花别人的钱办别人的事。

此一转换很重要，有了此转换，对人们的行为选择规律便有以下推论：

推论一：花自己的钱办自己的事，既讲节约又讲效果。媒体有报道：某政府部门处长装修机关办公楼吃回扣，结果被人发现，受到处分甚至判刑。可我们从未听说有人因为自己家里装修吃回扣而被纪检处理。何故？自己家里装修是花自己的钱办自己的事，自己吃自己回扣岂不是发神经？

推论二：花自己的钱办别人的事，只讲节约不讲效果。有件事我从前一直不解，政府曾重拳打击假冒伪劣，可为何市场上假茅台屡禁不止？后经多方查访，才知是有人要用假茅台送礼，对假茅台有需求。人们为何要用假茅台送礼呢？因为送礼是给别人花自己的钱。只要够便宜，好不好喝可以不管，能不能喝也可以不管。

推论三：花别人的钱办自己的事，不讲节约只讲效果。中央出台“八项规定”前，公务消费有人敢一掷千金、一掷万金，而“八项规定”后高消费为何悄然降温？原因很简单，之前是花公家的钱办自己的事，现在审计部门卡住了财务报销，堵住了公款消费的后门。

推论四：花别人的钱办别人的事，既不讲节约又不讲效果。前面讲到的办公楼装修就是花别人钱办别人事的例子，现实中类似的例子很多，道理也好懂，这里不再解释。

以上推论对国企改革的启示是：第一，对所有权与产权可以分离的企业，最好将使用权与收益权一并界定，让企业既讲节约又讲效果；第二，若由于特殊原因不能将使用权与收益权完全界定给企业，那么就得严格监督。

思考题

产权结构安排如何约束人的行为选择？对深化国有企业改革有何启示？

第4节 | 稀缺资源争用规则

“资源稀缺”是经济学的另一个重要假设。所谓稀缺资源，是指那些多胜于少、有胜于无的物品。这一类资源有个显著特点，即使用者之间存在竞争。问题是稀缺资源应该怎样配置呢？

只研究稀缺资源配置

世上并非所有资源都稀缺，江上清风、山间明月也是资源，却可取之不尽、用之不竭。这一点并非经济学家不清楚，恰恰相反，正是因为有些资源不稀缺，所以经济学才限定，只研究稀缺资源配置。

既然经济学研究的是稀缺资源配置，那么在资源供不应求的情况下，有限的资源应优先配置给谁？此问题显然与资源配置的规则有关。

以自行车比赛为例。比赛要分胜负，就得定规则，自行车比赛规则有两种：一是看谁骑得快（比速度），二是看谁骑得慢（比车技）。若采用第一种规则，年轻人胜出的机会多；但若采用第二种规则，中老年人也可能会胜出。

资源配置也如此，稀缺资源谁先能得到，要看配置规则怎么定。配置资源的规则很多：竞价购买是一种规则，排队购买或者抓阄是一种规则，公众投票也是一种规则。面对这些规则应该如何选择？或在何条件下选择何种规则呢？

产权决定规则

有一种流行说法，资源配置的最佳规则是竞价。此观点不能说不对，但并不全对。其实，资源配置规则的选择要受产权制度的约束。产权私有的资源，可通过竞价配置；但若资源产权公有，竞价就不是唯一的规则。比如公共图书馆座位，无论中国外国，恐怕找不见一个竞价配置的例子。

产权私有的资源可以竞价，是因为竞价比其他规则更有效率。比如市场新推出了一款空气净化器供不应求，如果不竞价，你认为净化器应先卖给谁？

当然可以让消费者排队购买，可排队要浪费消费者大量时间。若按消费者需求程度卖，有人说家里有小孩需要净化器，有人说家里有老人更需要净化器。到底谁更需要，恐怕你很难甄别。相对而言，竞价是可取的办法。

通过竞价配置私人资源，有三大好处：第一，节省排队时间。排队不创造任何财富，对社会来说纯粹是资源浪费。第二，避免寻租。商品短缺若不允许竞价，难免会有人托关系、走后门，各类寻租行为会层出不穷。第三，增加社会财富。竞价配置是让出价高者得，这样企业利润增加后会扩大生产、增加产品供应。

私有产权资源可以竞价配置，公有产权资源如何配置，却不能一概而论。

前面说过，竞价不是资源配置的唯一规则，但这并不是说公有资源就不能竞价。事实上，国内公有（产权）资源竞价配置的例子也不少。国家宪法规定：城市土地归国有，属公有产权，而城市土地出让一律采用招拍挂，招拍挂不是竞价是什么？

公有产权资源配置

从功能看，公有产权资源可分两类：一类是经营性资源，另一类是非经营性资源。经营性资源包括城市土地、国有企业的经营性产品以及政府提供的经营性基础设施等。由于此类资源具有商品性质，可以采用竞价规则，而除此之外的非经营性资源，由于具有社会福利属性，则不宜采用竞价规则。

非经营性资源应该采用什么规则？在我看来，此类资源配置规则的选择，应遵循两大原则：一是公众福利最大化，二是交易费用最小化。公众福利最大化，是指资源要尽可能让更多的人共享；而交易费用最小化，是指规则的执行成本要尽可能低。

落实到操作层面，还需要根据使用特点对非经营性资源进一步细分。至少可分为三类：一是使用上不存在排他性的资源，二是使用上有排他性但不存在负外部性的资源，三是使用上有排他性同时具有负外部性的资源。

第一类，是纯公共品。其典型物品是航道上的灯塔。由于灯塔的使用不排他，一个人使用不妨碍别人同时使用，使用人数的多少也不会增加公共品的成本，而且不会因为使用上的摩擦增加交易费用，故此类资源的配置无须竞价，让消费者各取所需。

第二类，是准公共品。其代表性资源是上面提到的公共图书馆座位。此类资源使用上有竞争，但一个人使用不会给别人造成伤害，没有负外部性。这类资源的配置既可以排队，也可以抓阄。到底选择排队还是抓阄，要看采用何者交易费用更低。

第三类，也是准公共品。这方面的资源主要是公共休闲场所。一般来讲，公共休闲场所可自由使用，但由于某些使用行为（如在公共场所燃放烟花）有可能妨碍旁人，有负外部性，此类资源让谁使用或不让谁使用得尊重民意。民意怎样体现？最直接的办法是投票，若投票成本过高，政府可作民调，民调其实也是投票。

思考题

产权与资源配置规则是何关系？私有产权资源与公有产权资源的配置规则有何区别？

第 5 节 | 数据产权的界定

商品要进入市场交换，前提是要明确界定产权。若产权不明确，没有监护人，则意味着该商品可以免费享用。假若商品可免费享用，人们当然不会去花钱购买。同样的道理，发展数字经济，数据作为生产要素也需界定产权，否则数据产品也无法交易。

数据产品的特殊性

对界定数据产权的重要性，今天人们并无异议。难题在于：数据不同于一般的有形商品，并且数据可同时供多个用户使用而不排他。相对于有形的产品，界定数据产权要复杂得多，也困难得多。

举个例子：张三从网上购买了一块名表，价格 10 万元。平台企业将张三的购买行为记录下来，便形成了数据。请问此数据的产权怎样界定？是归张三还是归平台企业？难点是，要是没有张三的购买行为，不会产生数据；若平台企业不记录，也不会有这个数据。

读者不要以为讨论此问题是小题大做。的确，一个孤立的数据没多大用处，但若将它们累积起来变成大数据，则用途无穷。比如根据客户交易数据，银行可建立征信系统，降低信贷风险；平台企业则可根据客户偏好，针对性地推送商品。

经济学研究现实问题，通常需从个案入手，然后由个案推导到更复杂的层面。比如以个案为样本，对数据的产权作科学界定，并从中提炼出产权界定的一般规则，此类难题则可解决。若将张三替换为工商企业，产权界定的规则也同样适用。

绕不开科斯定理

回到前面的例子。对张三购买名表的数据产权归谁，每个人的利益站位不同，答案往往不同。但如果借助经济理论作分析，也许大家能达成共识。问题是借助什么经济理论？研究产权界定，绕不开科斯定理，让我们先来看看科斯是怎样分析的。

科斯定理说："只要交易成本为零，将产权界定清晰，产权的初始分配与经济效率无关。"此为何意？

换一个更通俗的表述是：假若界定产权不存在交易成本，那么将产权最初界定给谁不重要；只要对产权作了界定，市场便能引导资源配置达到高效率。

当年科斯提出此观点后，曾遭到众多学者的质疑。有人说，现实中交易成本不可能为零，科斯定理不成立。其实这是对科斯定理的误解。科斯的意思是：若交易成本为零，无论产权怎样界定都不影响经济效率；而若交易成本不为零，则会影响经济效率。

交易成本不可能处处为零，所以科斯才强调要重视产权界定。他举过一个经典的例子：甲与乙两家相邻而居，甲家养牛，乙家种小麦，不料有一天，甲家的牛吃了乙家的小麦，乙要求甲予以赔偿，而甲却不肯赔偿，于是两人产生了纠纷。

甲与乙之所以产生纠纷，原因是产权没有明确界定。假若政府明文规定，甲有自由放牛的权利，甲则无须给乙赔偿；相反，若规定乙的麦地具有不被牛进入的权利，那么甲就得赔偿乙的损失。由此看，避免纠纷的关键，是明确界定产权。

也许有人要问：既然产权界定如此重要，可科斯为何说产权的初始界定与经济效率无关呢？我的解释，是因为科斯假定交易成本为零。而他作此假定，目的是要推出产权界定的第一个规则，即“谁使用效率高，产权就界定给谁”。

不妨设想一下，假若养牛的与种小麦的不是两个人，而是乙自己，他是否会让牛吃小麦？乙与甲不存在利益冲突，即界定产权的交易成本为零，此时乙只需权衡种小麦与养牛的收益：若种小麦的收益高于养牛，他不会让牛吃小麦，反之则可让牛吃小麦。

当然这是乙一个人的选择。若回到之前的设定，甲与乙分别养牛和种小麦，两人间存在利益冲突，界定产权必有交易成本。在交易成本不为零的情况下，产权应该怎样界定？科斯的观点是，要看交易成本。即产权界定给谁的交易成本低，就界定给谁。

可推出两个规则

根据科斯定理，对数据产权的界定我们可推出以下两个规则：

规则一：若交易成本为零，谁使用数据的效率高，产权就界定给谁。在前例中，张三购买名表产生了数据，而平台企业使用数据的效率无疑比张三高，则产权应界定给平台企业。

可事情并非这样简单。假若张三认为自己购买名表的行为属于个人隐私，相关数据不同意让平台企业记录（使用），否则将平台企业告上法庭，于是产生了交易成本。这样，便有了第二个推定。

规则二：若存在交易成本，界定数据产权应以交易成本为依归。

上面规则二肯定没错，问题是怎样比较交易成本。我认为可根据数据使用是否存在负外部性判断。若某数据使用对张三有损害（负外部性），而张三又无法规避损害，此时将产权界定给张三的交易成本会相对低；反过来，若对张三没有损害，则不存在交易成本，产权应界定给平台。

需要指出的是，将数据初始产权界定给了张三，并不代表张三的个性化数据别人绝对不能使用，只要给张三支付相应的对价（如提供某种服务）购买产权，签订“用户协议”后，平台企业可以将个性化数据整理脱敏，合并为大数据使用。

综上分析，结论是：第一，作为生产要素的数据要进入市场交易，必须界定产权；第二，若数据使用不存在负外部性，产权应依据效率规则界定；第三，若数据使用存在负外部性，产权界定应看交易成本；第四，数据初始产权界定后，应允许自由交易。

思考题

你认为数据作为生产要素，其产权应该如何界定？试用案例予以解释。

第6节 ｜ 行政责任的划分

界定产权是界定权利。对政府官员来说，按照权力与责任对等原则，界定权力也是界定责任。行政官员都掌握一定的公权力，但如果不作为、不担当，就应予以问责。可若要对某个具体官员问责，他应承担的责任大小又如何界定呢？

慎用“一票否决”

“一票否决”作为一种制度安排无可厚非，而且在某些特定场合也有必要，可要是被滥用，效果往往会适得其反。这些年我在各地调研，耳闻目睹，知道不少基层官员对此颇有微词。

我先讲一个真实案例。

10多年前，一位相熟的县委书记告诉我，他们县有一公务员退休，希望儿子顶职，结果他儿子却未能通过公务员招录考试。于是他跟县委书记讲，若他儿子当不了公务员，就要在两会期间去北京上访。

按有关规定，一个地区若出现越级上访，地方主官的政绩将“一票否决”。无奈，县里只好派专人看住他。类似的事情多，据说该县每年截访费用高达近百万元。

上面的案例具有普遍性，恐怕读者也曾经遇到过或者听说过。此事不知别人怎么看，我认为有两个问题值得我们深入思考。

第一，问责的对象应该是谁？照理讲，是谁的过失导致了不良后果的产生，就应对谁问责。比如有人越级上访，是因为地方政府该办的事而未办或者没办好，当然要追究政府的责任。但若非如此，越级上访是因为某些人不合理的诉求未得到满足，追究政府的责任无疑会推波助澜，令越级上访现象愈演愈烈。

现实中确有这样的情况。某人本来没打算越级上访，可当他知道领导害怕群众越级上访后，为达到某种私人目的就以越级上访相要挟，往往使得地方主官左右为难：要是不答应他，他真的就会去越级上访；要是答应了他，又会带动更多人仿而效之。不要误会，我不是说以往所有越级上访皆如此，但不能否认，时下越级上访者中，这样的人也为数不少。

第二，追究责任是否应该分主次？有果必有因，比如某企业发生了生产安全事故，一定是管理上存在重大疏漏。惩前毖后，理当对相关责任人问责。可如果不分青红皂白，将主要责任归咎于地方“一把手”，而且“一票否决”，那样显然有失偏颇。我的看法，地方“一把手”对此负有责任，但责任应分主次大小。若动辄“一票否决”，换位思考，假如你是地方主官，你觉得合理吗？

从投票规则看问责

我曾看到一份调研报告，说一个乡党委书记需与上级部门同时签 20 多份“责任状”，且全都“一票否决”，读者想想，上级部门千条线，基层一根针。一个上级部门“一票否决”，到了基层便是“票票否决”。其实，不同时期的工作是有轻重缓急的，若凡事皆重点，也就没有重点。基层干部并无三头六臂，要求事事都是重点，无疑是强人所难。

再从经济学角度看，“一票否决”不过是投票选择的规则之一。投票选择有两种规则：一种是“一致同意”规则，另一种是“多数同意”规则。所谓“一致同意”，其实也就是“一票否决”。

这里我想问读者：当人们用投票作选择时，规则应该怎样制定？或者问：在何条件下可以采用“一致同意”规则，而在何条件下应该采用“多数同意”规则？

经济学的答案是，投票规则决定于产权安排。具体讲：私权领域的选择，需采用“一致同意”规则。比如你和朋友去商场购物，大家使用货币“投票”，买什么或买多少皆各自做主，谁也不能强迫谁。

公权领域的选择，由于达成“一致同意”的成本太高，通常只能采用“多数同意”规则。比如民选乡长，要是采用“一致同意”规则，恐怕很难选出乡长来。于是只好退而求次，尊重多数人选择的结果。

公权领域不宜采用“一致同意”规则，而干部考核（上级部门给下级投票）无疑是属公权范畴，当然不宜搞“一票否决”。

有人也许会问：中央不也对某些官员就地免职吗？中央作为最广大人民利益的代表，行使否决权看似是“一票否决”，但其实不是，因为中央代表的是多数人意志。而政府各部门并不具有这种广泛代表性，除非中央授权，任何部门都无权搞“一票否决”。

读者可以去看看2018年10月中央办公厅印发的《关于统筹规范督查检查考核工作的通知》。中央明确要求：不能简单以问责代替整改，也不能简单搞终身问责。而且还规定：部门督查检查考核不能打着中央的旗号，日常调研指导工作不能随意冠以督查、检查、巡查、督察、督导等名义。

划分责任的三个要件

一个事故发生造成了损失，相关责任人可能很多，那么各自的责任大小应该如何划分？或者由谁负主要责任、谁负次要责任？

20世纪50年代，美国汉德法官曾对此做过研究，他认为有三个要件：1. 避免发生事故的成本；2. 发生事故的概率；3. 事故造成的损失。汉德的结论是：谁避免发生事故的成本小于发生事故的概率与事故损失的乘积，皆应承担相应责任，而成本最低者，则应承担主要责任。

还是用例子解释：

A君花20万元从古玩市场买回一只清代瓷碗，然后去参加朋友聚会。可装瓷碗的木箱并未上锁，朋友好奇而争相欣赏，结果掉在地上摔碎了。请问谁应承担主要责任？

按照汉德的观点，A 君自己应承担主要责任。因为只要给木箱加锁，则可避免事故发生，而且只要事故发生概率超过 1%，加锁的成本都会低于事故概率与损失（20 万元）的乘积，并且加锁的成本最低。

引申到行政问责：

对造成事故的相关责任人皆应问责，但同时应区分主次责任。

划分主次责任，关键要看避免事故发生的成本，谁的成本最低，谁就是主要责任人。

若按照这一原则，上级部门对基层主官显然不能搞“一票否决”，而且基层主官也会明白，自己应对哪些工作承担主要责任。如此一箭双雕，岂非善哉！

思考题

行政问责需对当事人责任大小进行划分，你认为主次责任应该怎样划分？

第九章

结构失衡造成总量失衡

立足供给侧扩内需

◎ 萨伊定律的困惑

◎ 凯恩斯也是总量分析

◎ 产业政策并非万能

◎ 让市场调结构

◎ 从供给侧化解结构失衡

◎ 保护粮食安全

第九章
结构失衡造成总量失衡
立足供给侧扩内需

一个国家经济持续稳定增长，不仅总供给与总需求要保持平衡，而且供给结构与需求结构也要保持平衡。事实上，供求总量平衡并不代表结构平衡，而供求结构失衡，必然造成总量失衡。

第 1 节 | 萨伊定律的困惑

1803 年，法国经济学家萨伊在《政治经济学概论》中，提出了“供给自动创造需求”原理。

有这样一则故事，某天晚上法国里昂一家餐馆里几个小伙子一起喝啤酒，其中一个小伙子趁着醉意把几瓶啤酒砸在外边马路上，嘴里还嘟囔说“为工厂做贡献”。说者无心，却让坐在一旁的萨伊陷入了沉思：将商品毁掉是给工厂做贡献吗？莫非企业生产的商品没有需求？

供给自动创造需求

经过一番苦思冥想，萨伊否定了毁掉商品是为企业做贡献的看法。他的论证是这样：人们卖自己生产的商品，是为了买别人生产的商品，即“为买而卖”。在此过程中，货币只是充当交换媒介，企业卖出商品拿到货币后，会立即购买自己所需要的商品。这样，一种商品的出售，就意味着对另一商品的购买。

于是他的结论是：供给可以自动创造需求，生产不会普遍过剩。

萨伊的这一观点，学界后来称之为“萨伊定律”。在该定律提出后的最初一百年里，虽不断有人质疑，但多数经济学家仍认同。直到 20 世纪 30 年代西方国家出现了普遍的生产过剩和失业，萨伊定律便不攻自破。

为了应对经济萧条与普遍失业，凯恩斯于 1936 年出版《就业、利息和货币通论》，并由此掀起了一场“凯恩斯革命”。凯恩斯挑战的是经济学传统理论，而矛头则直指萨伊定律。

萨伊定律究竟错在什么地方？凯恩斯说，在早期物物交换时代，甚至是金银货币时代，萨伊定律能够成立，但当纸币出现后萨伊定律就站不住了。

凯恩斯的理由，是由于货币可以储藏，当人们卖出商品后如果不马上买，货币被储藏，商品就会过剩。此看法流传至今，而且凯恩斯将“储蓄等于投资”看作经济总量均衡的前提，也是基于以上理由。

症结不在货币

商品过剩的症结，其实不在货币，恰恰相反，是货币的出现，在某种程度上促进了交换。读者想想物物交换的情形吧。生产斧头的厂商需要购买服装，而生产服装的厂商却不需要购买斧头，这样交换就不能完成，斧头与服装皆成为积压品。

但要是有货币作等价物，买卖两便，交换即可完成。可见，货币的出现有利于交换，减少了过剩。

问题是货币被储藏，需求怎会不减少呢？对此要分两种情况分析：货币若是金银，需求可能会减少。如果有人预计未来金银升值而将金银储藏，所对应的商品会因为缺少货币可能滞销。

但若货币是纸币，纸币不能储藏只能储蓄，需求不会减少。理由很简单，银行是靠存贷利差赚钱的企业，吸收存款后一定会千方百计贷出去。如此，张三的储蓄就变成了李四的需求，需求不会变。

所以，仅从总量看，供给确实可创造需求。

首先，货币是一般等价物，也是特殊商品。货币的供给，可创造对普通商品的需求，而普通商品的供给，可创造对货币的需求。

其次，企业生产商品需购买设备与原材料，这样创造供给的过程，同时也是创造需求的过程。

最后，供给可以引导需求。50 年前还没有人用手机，而今天有了手机供给，消费者也就有了对手机的需求。

忽视了结构平衡

上面是从总量看，若从结构看，供给却未必等于需求。举例说，市场需要100套住房、5000斤大米，而厂商供给的却是110套住房、4000斤大米，由于结构不匹配，此时房产显然会过剩。

其实当年萨伊自己也意识到了这一点，不过他认为结构失衡只是局部现象，未作深入研究。可事实表明，结构失衡往往引起总量失衡，前几年我们国内产能过剩，就是结构失衡所致。

的确，总量平衡并不代表结构平衡。由此看，解决产能过剩，重点不在需求侧而在供给侧。问题是怎样才能使供给结构与需求结构保持平衡呢？

至少要满足三个条件：1. 价格由供求决定，让企业按市场价格信号生产；2. 放松市场准入限制，让生产要素能够自由流动；3. 推动市场信息公开透明，让商品流通成本足够低。

前几年国内之所以出现产能过剩，原因就在于此：由于人为压低地价与能源价格，某些产能过剩的项目（如钢铁、电解铝等）才得以上马。由于市场准入限制，资本不能自由进入，导致某些产业发展滞后，进而又加剧了其他产业相对过剩。另外，由于流通成本过高，造成某些市场有需求的产品也大量压库。

中央提出以供给侧结构性改革为主线，此举旨在一箭双雕：通过调整结构改进供给，通过改进供给扩大内需。要特别指出的是，从供给侧扩内需，并不是忽视需求管理。政府在需求侧也有大量工作要做，如调节收入差距、扶贫助弱、提振消费等。

思考题

萨伊定律为何会失灵？为何结构失衡会导致总量失衡？谈谈你对总量平衡与结构平衡关系的理解。

第 2 节 | 凯恩斯也是总量分析

萨伊定律的缺陷，是忽视结构平衡。前面说，20 世纪 30 年代凯恩斯发起了对萨伊定律的革命，其实，凯恩斯的《通论》也是总量分析，同样忽视了结构问题。所不同的是，萨伊是从供给侧研究总量平衡，而凯恩斯则是从需求侧研究总量平衡。

《通论》另起炉灶

20 世纪 30 年代前，经济学并不分宏观与微观，是 1936 年凯恩斯出版的《通论》另起炉灶，搞起来宏观经济学。《通论》主要分析以下三个问题：

第一，为何出现普遍失业？凯恩斯说是由于社会有效需求（投资需求与消费需求）不足引起的。因为需求不足，企业产品卖不出，资金不能回笼，再生产难以为继，企业主不得不解雇工人。

第二，消费需求为何不足？凯恩斯认为是由于消费倾向递减。所谓消费倾向递减，是指新增消费在新增收入中的比重不断下降。据凯恩斯说，当人们收入增加时，消费也会增加，但消费的增长，始终赶不上收入的增长速度，使消费在收入中的比重越来越低。这样，也就导致了消费需求不足。

第三，投资需求为何不足？凯恩斯说是由资本边际收益递减与流动偏好所致。所谓资本边际收益递减，是指资本家预期的投资利润率会下降。所谓流动偏好，则是指人们出于“交易动机、谨慎动机、投机动机”，而有保留现金的爱好。

凯恩斯进一步分析说，企业家投资取决于两个因素：一是投资利润率，二是银行利率。由于人们存在流动偏好，大量资金滞留在个人手中未转化为储蓄，故而压低了投资需求。若要降低人们的流动偏好，银行就得提高利率，可由于投资边际收益递减，利率一旦高于利润率，投资得不偿失，企业家当然不投资。

根据以上分析，凯恩斯的结论是，失业的原因是消费需求与投资需求不足，而消费与投资不足，又是市场机制自发作用的结果。所以他认为市场对解决失业无能为力，必须靠国家干预，通过实施扩张性财政政策与适度通胀政策，扩大国内需求。

“储蓄等于投资”存疑

关于供求总量平衡，凯恩斯提出过一个原则，也称国民收入决定模型：“储蓄等于投资”。此等式真的是总供求均衡的条件吗？如果是，那么怎样理解“储蓄等于投资”？如果不是，总供求均衡的条件是什么？

凯恩斯是这样论证的：假定一个国家只有企业与居民两个部门，不存在税收，也不存在政府支出和进出口，这样从收入（供给侧）角度看：

国民收入 = 工资 + 利润 + 利息 + 地租 = 消费 + 储蓄

而从支出（需求侧）角度看：

国民收入 = 投资 + 消费

总供求平衡，意味着总收入等于总支出，即：

消费 + 储蓄 = 投资 + 消费

等式两边都含消费，故左边的储蓄必等于右边的投资。

上述论证看上去逻辑井然，然而往深处想，却有三个问题值得追问：第一，储蓄的含义究竟为何？是单指居民存款还是包括其他项目？第二，“储蓄等于投资”是指“事实相等”还是“应该相等”？第三，总供求平衡是否必须将储蓄转化为投资？

凯恩斯的《通论》我读过多遍，总觉得他讲得不够清晰，而且自相矛盾。

先说储蓄。照凯恩斯的说法，收入减消费的余额为储蓄，显然他讲的储蓄就不只是存款。比如你有 10000 元收入，3000

元用于消费，余下 7000 元作为储蓄。假如 7000 元储蓄中你用 5000 元买了字画收藏，用 1000 元买了股票，剩下 1000 元存银行，这样看，在凯恩斯那里储蓄是一个比银行存款更宽的概念，不妨称为“广义储蓄”。

于是问题就来了，若广义储蓄不单指银行存款，那么储蓄大于存款的部分是什么呢？当然不可能是消费，只能是投资。

如上例中居民购买字画收藏与购买股票，皆是投资行为，这一点凯恩斯也注意到了。问题是储蓄本身包括投资，说储蓄等于投资岂不是同义反复？可见，凯恩斯讲“储蓄等于投资”时的“储蓄”并不是广义储蓄，而是狭义储蓄（居民存款）。

再想深一层，若凯恩斯所讲的储蓄是广义储蓄，而广义储蓄包括投资与存款，这样问题又来了。由于供给侧的国民收入 = 消费 + 储蓄 = 消费 + 投资 + 存款，而居民存款是为了从银行取得利息，故存款对居民来讲也是投资。换句话说，居民不仅是消费者，同时也是投资者。既然存款也是投资，供给侧的国民收入也就等于消费加投资了。

说我的观点：若在年底对当年国民收入存量进行核算，广义储蓄肯定等于投资，两者是“事实相等”。但若储蓄是指狭义储蓄（存款），则储蓄与投资是“应该相等”。因为存款虽是居民投资，却不是企业投资，存款若不转化为企业投资，总供求会失衡。

储蓄可转化为消费

总供求要保持均衡，狭义储蓄必须转化为投资。但从国民收入预算角度看，却未必如此。我在前面说过，从供给侧看，国民收入 = 消费 + 储蓄；从需求侧看，国民收入 = 消费 + 投资。这样要保持总供求平衡，储蓄可向两个方向转化：若社会投资不足，储蓄可转为投资；但若投资（产能）出现过剩，储蓄则应转为消费。

中外大量事实证明，储蓄转化为投资可以扩内需，储蓄转化为消费也可扩内需。消费信贷便是例证，消费信贷肇始于欧美，今天风行全球，就是将储蓄转化为消费。

凯恩斯当年自己说，他主张储蓄转化为投资，是因为投资有乘数效应。可事实上，投资有乘数效应，消费也有加速效应，而且经济学并不能证明，对拉动需求，扩投资就一定胜于扩消费。

“储蓄等于投资”并非总供求均衡的唯一条件。总供求均衡，应依据马克思的平衡理论。在《资本论》中，马克思将社会资本再生产分为生产资料与消费资料两大部类，他指出，社会总资本再生产，必须坚持“价值补偿”与“实物补偿”两个平衡。

思考题

请你说说对凯恩斯就业理论的看法。为何说“储蓄等于投资”不是总供求均衡的唯一条件？

第 3 节 | 产业政策并非万能

马克思讲的“价值补偿”，是指供求总量均衡，而“实物补偿”，则是指结构均衡。问题是怎样实现结构均衡？对此，人们往往会想到产业政策。毫无疑问，产业政策对优化产业布局、推动结构调整有助，但并非万能，绝不可高估产业政策的作用。

产业政策力有不逮

产业政策曾在欧美国家广泛采用，日本被认为是世界上实施产业政策最成功的国家。从 20 世纪 90 年代起，我国也开始制定产业政策。近 30 年来，产业政策对推动经济发展应该说利弊参半。

有一点可以肯定，前几年国内产能严重过剩，是与之前实施的产业政策有关。请读者注意两个时间节点：

第一个节点，“九五”时期。国务院最早于 1989 年颁布了《中国产业政策大纲》，而产业政策列入“五年规划”则是从“九五”开始。“九五”时期，当时产业规划提出要振兴煤炭、钢铁、汽车、建材等产业，可出人意料的是，到“十五”（2001—2005 年）上述产业却出现过剩。

第二个节点，“十一五”时期。2009 年，国家颁布《十大重点产业调整与振兴规划》，旨在支持钢铁、汽车、船舶、石化、纺织、轻工、有色金属、装备制造、电子信息以及物流业。结果，到 2012 年钢铁产能过剩很快扩散为整个制造业过剩。

官方数据披露，2012 年底，能源、化工、橡塑、有色、钢铁、纺织、建材等 500 多个产品，有九成销售率低于 80%，超过一半销售率低于 70%。

“抑制政策”失效

有一种观点说，产业政策虽会导致产能过剩，但对调结构可立竿见影。理论上应是这样，事实上却并非如此。由于“九五”支持的产业“十五”出现过剩，为了调结构，从“十五”开始国家出台了一系列产业“抑制政策”。

照理说，过剩产能应有所收缩，可实际结果却适得其反，不仅原有的过剩产品没有消化，而且越是抑制，产品过剩越严重。

让我们再看三个节点：

第一个节点，“十五”时期。早在 2001 年国家就开始对钢铁“总量控制”，但 2002 年底，钢铁投资总额达 710 亿元，比上年增长 45.9%，2004 年投资增幅高达 107%。到 2005 年底，我国炼钢生产能力已达 4.7 亿吨，另外在建和拟建产能约 1.5 亿吨，而市场需求只有 3 亿吨。

第二个节点，“十一五”时期。2005 年底，针对“十五”产能过剩，国务院常务会议专题部署，并于 2006 年初发布了《关于加快推进产能过剩行业结构调整的通知》，要求通过提高准入门槛、严格审批等控制新上项目，然而这一时期，新增投资重点依然是有色金属、煤炭、化工、水泥等。2005—2008年，这些行业投资的平均增速在30%以上。

第三个节点，“十二五”时期。到“十一五”末，由于国内产能过剩愈加严重，国家发改委联合十部门制定了《关于抑制部分行业产能过剩和重复建设引导产业健康发展的若干意见》，手段之严厉前所未有。

可到2012年，钢铁产能超过了10亿吨，水泥从18万吨增至29亿吨，平板玻璃从6.5亿重量箱增至9.9亿重量箱，多晶硅从2万吨增至15万吨，电解铝从1800万吨增至2600万吨。

何以如此？原因有二：一是全球化后市场需求快，产业政策跟不上市场变化；二是受利益驱动，地方政府对国家产业政策鼓励的行业纷纷给予优惠，而对要抑制的产业却消极应对，甚至暗里予以保护，有地方政府庇护，产业“抑制政策”当然会失灵。

应当对症下药

要提升产业政策效果，得对症下药，有以下三条建议：

建议一，严格限定产业政策调控范围。市场离不开政府调控，产业政策不可或缺。但要注意的是，产业政策不能搞得太宽泛。具体讲，今后政府应重点针对“国家安全、自然垄断、公共品（服务）以及高新技术”等四大领域制定产业政策，对一般竞争性行业，应放手让市场调节。

建议二，产业政策既要体现政府导向，同时要限制政策优惠。产业政策体现的是中央政府的意图，但中央政府的意图应主要通过财政投资去实现，而不是让一部分企业吃“偏饭”。优惠政策不仅会妨碍公平竞争，而且地方政府为争取中央政府的优惠，往往会鼓动企业一哄而起。

建议三，产业政策实施要充分尊重市场规律，尽量少用或不用行政手段。比如对高能耗、高污染企业关停并转虽然见效快，但行政调控一刀切，无论投资者蚀本还是职工下岗皆会对政府产生对抗情绪。若改用市场机制，如通过碳排权交易也一样可以减排，效果异曲同工。

为抑制地方政府投资冲动，其实还有个釜底抽薪的办法，就是将消费税作为地方主体税。消费税在消费地征收，今后地方要增加税收，重点是培育本地居民的消费能力，而不是盲目上项目。

思考题

你认为我国实施产业政策有何经验教训？应当怎样提升产业政策的效果？

第 4 节 | 让市场调结构

对怎样实现结构均衡，人们有两种观点：一种是由政府主导，即政府运用行政手段调结构；另一种观点，则是以企业为主导，让企业根据市场价格信号进行生产，不断让供给结构适应需求结构的变化。

政府主导调结构的前提

假若让政府担当调结构的主导，在理论上，至少要有三个前提：

第一，要事先清楚未来什么样的结构是合理的结构。政府官员对这个问题清楚吗？我认为不清楚。市场需求瞬息万变，而政府官员不是神仙，不会先知先觉，不可能提前知道市场未来的变化。

第二，要比企业家更清楚企业的比较优势，而且更关注市场。这个前提也不成立，企业的情况千差万别，政府官员不可能了解所有企业的比较优势，即使了解也不会比企业家自己更清楚。

第三，行政手段要比市场手段有效。在公共品（服务）领域、国家安全领域或者自然垄断领域，行政手段肯定比市场手段有效。如新冠肺炎疫情时期，政府行政调控比市场调节有效，但在一般竞争性领域，行政手段却不如市场手段有效。

三个前提都不成立，政府显然不宜主导调结构。政府不能主导谁来主导？企业家主导行不行？我们同样也需要问三个问题：

企业家事先知道什么样的结构是好结构吗？企业家也不知道。企业家比政府官员更清楚自己的比较优势而且更关注市场吗？这一点可以肯定。而且在一般竞争性行业，市场手段肯定比行政手段更有效。问题是：若由企业家主导调结构，他们不知道怎样的结构是好结构怎么办？

一般均衡与局部均衡

1874年，法国经济学家瓦尔拉斯在《纯粹政治经济学要义》中提出了一般均衡原理。所谓一般均衡，是指各种商品与生产要素在相互影响下供求同时达到均衡。瓦尔拉斯用生产要素的供给与需求、商品的供给与需求以及均衡条件等五个方程式作了推导。

面对满篇方程式，读者会望而生畏，其实，他用这些方程不过是证明一个结论：市场总存在一组价格，能令所有商品的供给与需求平衡。

一般均衡研究的是整个经济体系中价格与商品结构的关系，由于这种分析涉及的因素太多，而且这些相互交织的因素处理又过于复杂，于是英国经济学家马歇尔则采用局部均衡分析。

所谓局部均衡，是假定在其他条件不变情况下，分析某种商品（或生产要素）供给与需求是怎样均衡的。

让我举个例子解释：

假定市场上只有葡萄酒一种商品，葡萄酒价格怎么定？马歇尔说，商品的价格与需求量是反向变动的：价格越高需求量越少，价格越低则需求量越多。假如两者变动数量如下：葡萄酒每瓶价格1000元，市场需求10000瓶；价格750元，需求 15000 瓶；价格 600 元，需求 20000 瓶；价格 300 元，需求 30000 瓶。

葡萄酒生产者正好相反，价格越高生产葡萄酒越多，价格越低生产越少。假定变动数量如下：每瓶价格 1000 元，生产 30000 瓶；价格 750 元，生产 25000 瓶；价格 600 元，生产 20000 瓶；价格 300 元，生产 10000 瓶。若将上面两组数据放在一起比对，会发现当葡萄酒价格为 600 元时，生产者愿生产 20000 瓶，消费者也愿购买 20000 瓶。此时供求相等，市场可以出清。

市场价格是晴雨表

马歇尔说，这种能使供求相等的均衡价格，才是市场价格。若厂商定价高于均衡价，商品供给会过剩；若消费者出价低于均衡价，供给会短缺。

马歇尔还说，价格不仅要由供求决定，价格反过来也可调节供求。比如上例中葡萄酒价格若高于 600 元，供过于求会令价格下跌，厂商会减少生产；若价格低于 600 元，商品供不应求会令价格上升，厂商会增加生产。企业按市场价格进行生产，供给结构会适应需求结构。

马歇尔与瓦尔拉斯的分析角度不同，但推论相同，即供求能否均衡关键在价格。从局部均衡看，若希望某商品供求平衡，价格要由供求决定；从一般均衡看，瓦尔拉斯说存在一组价格可让所有商品出清。他讲的一组价格是指商品之间的比价，而商品比价又以各种商品价格为基础，归根到底，价格也是由供求决定。

用马歇尔的局部均衡分析当前国内房地产库存。房地产怎样去库存？症结当然在房价。既然房供过剩，房价下跌是规律。房价回落既能抑制新的房供，又有利于消费者购房。眼下政府要做的，是不再新建保障性住房，而直接用货币补贴低收入者，让低收入者帮助去库存。

思考题

调结构应由政府主导还是由市场主导？运用一般均衡与局部均衡原理，谈谈房地产等商品如何去库存。

第 5 节 | 从供给侧化解结构失衡

供给侧结构性改革有三个关键词：一是“结构”，二是“供给侧”，三是“改革”。用一句通俗的话讲，就是要立足于供给侧，用改革的办法化解结构性矛盾，即减少低端和无效供给，扩大有效和中高端供给，用更有效的供给去满足消费者需求。

供给需求相互依存

关于供给与需求的关系，习近平总书记指出：“二者你离不开我、我离不开你，相互依存、互为条件。没有需求，供给就无从实现，新的需求可以催生新的供给；没有供给，需求就无法满足，新的供给可以创造新的需求。”

习近平总书记讲得很清楚，扩大需求可以拉动供给，而改善供给、创造供给，也可以扩大需求。

马克思曾经说过：“供给本身就是对具有一定价值的一定产品的需求。”这句话的意思是，商品交换是不同使用价值的交换，商品生产者之所以出卖自己的商品，目的是购买别人的商品，既然大家都是“为买而卖”，有供给当然就会有需求。

从收入与消费的关系看，人们的消费水平，要由收入水平决定。如果一个企业有效供给增加，企业利润和员工收入会相应增加，人们收入增加，会带动消费者的需求增加。由此可见，从供给侧扩内需，关键是要不断改进供给，并不断创造出新的供给。

生产过剩未必是需求不足

受凯恩斯理论的影响，长期以来人们认为供求失衡，原因就是需求不足。因此，扩内需只能从需求侧发力。如果生产过剩是由需求不足引起的，当然应从需求侧扩内需。但如果生产过剩是由结构性问题所致，从需求侧扩需求则会雪上加霜，进一步加剧结构性矛盾。

当前我国面临的主要问题，是结构性矛盾：一方面，生产成本上升，人口红利逐渐消失，劳动力、土地、能源等要素价格上涨，生态资源和环境承载能力已经达到或接近上限。

另一方面，产业升级缓慢，过剩产能累积，需求外溢严重。习近平总书记曾多次指出，影响经济增长的突出问题有总量问题，但结构性问题更为突出。

我国供求失衡主要是由结构性原因引起，那么问题变了，解决问题的思路也要改变。要知道，从需求侧扩内需虽能实现供求总量平衡，却解决不了结构性矛盾。只有从供给侧发力扩内需，才能实现由低水平的供需平衡向高水平的供需平衡跃升。

坚持从供给侧发力

立足供给侧扩内需，其意义有三方面：

其一，改进供给可以更好地满足国内需求。我国的社会主要矛盾，已转化为人民日益增长的美好生活需要和不平衡不充分的发展之间的矛盾。随着我国经济实力不断提升，居民收入迅速增长，对优质商品和服务的需求日益强烈，由于目前国内供给质量无法满足消费者需求，导致国内购买力大量外溢。

事实确实如此，我们一方面从国外进口大量机械设备，而国内生产的机械设备却严重积压。这说明，我国并不是没有需求，而是供给质量跟不上。要改进国内供给质量，必须通过优化要素配置，提高全要素生产率，不断增强经济增长内生动力。同时，要通过优化供给结构，从根本上解决供给与需求错位问题。

其二，改进供给服务可以引导需求、扩大需求。以国内新能源汽车为例，早些年消费者对新能源汽车并不看好，其中一个重要原因是充电桩等服务设施不配套。随着服务设施的完善，加上政府相关政策的引导，2022 年以来国内新能源汽车销售不断刷新纪录。

另一个例子。电子商务平台和物流业的迅猛发展，打破了实体店营业时间、店面位置的限制，为消费者提供了全天候、全方位、价格更优的购物体验。现在网购不仅在城市风靡，在广大农村地区也成为一种时尚。有关研究机构数据显示，2021 年底中国移动购物行业用户规模突破 11 亿。

其三，创造新的供给可以创造新的需求。当人们基本需求满足后，新的供给一旦出现，就会带动产生新的需求。习近平总书记曾经讲："当今时代，社会化大生产的突出特点，就是供给侧一旦实现了成功的颠覆性创新，市场就会以波澜壮阔的交易生成进行回应。"

工业革命前，人们出行主要是坐马车，而今天不仅可以坐火车还可以坐飞机。30 年前手机还没有问世，人们对手机没有需求。自从"大哥大"出现后，新的需求和产业链被创造出来，拥有智能手机的人数越来越庞大。

放眼全球，通过创造供给创造新的需求，是发达国家的普遍做法，也是值得借鉴的重要经验。

思考题

生产过剩是否就是需求不足？为什么当前应从供给侧发力扩内需？

第 6 节 | 保护粮食安全

我国有 14 亿多人口，粮食安全是大事。可农民种粮食不仅有自然风险，也有市场风险。遇到大的自然灾害，粮食减产，供应会短缺。若风调雨顺，粮食丰产，供给会过剩，问题是粮食供过于求粮价会下跌，谷贱伤农，会挫伤农民积极性，从而危及国家粮食安全。

谷贱伤农造成耕地撂荒

保护国家粮食安全，最重要的一点是要让农民种粮能赚钱，若种粮食不赚钱，谁也不会多种粮食。上大学前，我在湖南乡下种过地，当年稻谷一年种两季，大约 20 年前，却统统改种一季。曾问过家父，家父说粮价太低，种粮食不划算。

政府强调粮食安全，说明国内粮食供应有缺口。按照马歇尔局部均衡原理：供应不足的商品，价格必然会上涨。只要粮价不被管制，价格会刺激供给。长期看，粮食不应该有安全问题。

可以大致估算：全国每年粮食需求约 1 万亿斤，而现有耕地 18 亿亩，若平均亩产 600 斤，也是 1.08 万亿斤。即是说，只要耕地不撂荒，平均亩产量不降低，国内粮食则能自给有余。

这两点能否做到，关键在粮价。1998 年，国家用高价（高于市场价）收购农民余粮，之后几年粮食产量大增，最高达 1.24 万亿斤 / 年。后来粮食多了，仓库装不下，政府不再高价收购，于是粮价走低，粮食也跟着减产，最低只有 8600 万亿斤 / 年。可见，粮价越高，农民种粮积极性越高；粮食供应越充足，粮食供应就越安全。

粮食作为商品，价格本来就应随行就市。特别是在粮食供给短缺时，更应该放开价格。不然粮价被管制，农民种粮食无利可图，粮食供应当然不安全。

需要指出的是，粮食短缺时管制粮价，实质是让农民补贴城市居民吃饭。粮价上涨，给城里低收入者补贴是对的，但不必补贴富人。即便是补贴低收入者，也得由政府补，限制粮价让农民补不合理。

有人说，粮食供给短缺时，政府限制粮价而给农民补贴（比如粮食生产直补），也可以保护农民种粮积极性。我曾到南方几个省做过调研，大多基层干部和农民都不看好粮食生产直补。云南一位县粮食局局长给我算过账，政府给农民综合粮补每亩不过 100 元，若粮价放开，每斤涨 5 毛钱，按亩产 700 斤计算，农民则可增收 350 元。

"保护价"好梦难圆

20世纪90年代后期，国内粮食出现阶段性过剩，不仅粮价下跌，而且卖粮难。为保护农民种粮积极性，政府从1998年起在粮食购销环节给农民补贴。最核心的一点，是国家粮食企业按"保护价"收购农民余粮。

所谓"保护价"，就是保证农民种粮能赚钱的收购价。鉴于当时市场粮价走低，国务院不仅要求"保护价"要高于市价，而且明令国有粮食部门要按"保护价"敞开收购，农民种多少就收多少。

高价从农民手里买粮食，政府的初衷是要维护粮农的利益。可令人遗憾的是，推行"保护价"的结果却事与愿违，政府花钱不少，农民却并未增收。

事情是这样：由于粮食过剩，国有粮食部门按高于市价的"保护价"购进粮食，到后来粮食卖不出，仓库装不下，不仅压住大笔资金，而且出现了亏损。为此粮食企业叫苦不迭，意见反映到上头，得到的答复是：按"保护价"收购，可以顺价销售。若把粮食顺价卖出去，一斤粮食赚一分钱，粮食部门便可发财。

若能顺价销售，粮食部门与农民皆大欢喜。可农贸市场私人粮商粮价低，而且可以随便买，而"保护价"本来就高于市场价，若国有粮店再加价，谁肯上门光顾做冤大头呢？

有鉴于此，于是政府又出新招：打击私人粮商，国家垄断粮源。具体说，就是要求私人粮商不得下乡向农民收购粮食，只许在城里卖粮食，私人粮商的粮食，只能从国家粮食部门买。

这设想理论上没错。但有个前提，国家要能垄断粮源。若粮源能控住，政府确实可以操纵价格。比如市场粮食需求 1 万亿斤，而国家只抛售 9500 亿斤，供应偏紧，加价顺售易过借火。

然而困难在于，市场经济买卖自由，政府怎能干涉粮商的自由交易呢？再说，私人粮商大多是来自农村，与农民有千丝万缕的联系，而政府并无三头六臂，即便想管，也未必能管得住。

果不其然，后来事实证明，国家确实垄断不了粮源。粮源管不住，顺价销售成了空谈。政府力挺了几年，最后还是不了了之，到 2004 年，国家终于开始实施粮食生产直补，停止了“保护价”收购。

可补贴农民休耕

粮食出现阶段性过剩，价格一定会下跌。而国家用“保护价”收购农民余粮，结果是增加国家粮食储备。可储备总有限度，何况粮食是保鲜品，两三年就会慢慢变质，储备过多也是浪费。那么，除了“保护价”，还有别的办法维护粮农利益吗？

从经济学角度看，政府提高粮食收购保底价，倒不如补贴农民休耕。有计划休耕可减少粮食供应，供应偏紧粮价不会跌。而且对国家粮食安全而言，储备过多粮食，不如适当储备耕地。只要有耕地在，日后一旦粮食出现短缺，三个月就可把粮食种出来。

主张休耕非我的首创。20 世纪末，中国粮食出现过剩，政府就曾鼓励退耕，而且休耕制度西方国家早有。当年韩国在推行新村运动之初，政府也搞过“保护价”收购，但不久就转为补贴休耕。早在 2008 年 9 月，国务院就提出粮食供求要紧平衡，即通过休耕稳定粮价。

最后再强调一遍，维护粮农利益与国家粮食安全，政府只需用两招：粮食少了放开粮价，让财政拿钱补贴城市低收入者购买粮食；反过来，粮食多了政府则补贴休耕。只要粮价稳定，农民种粮有利可图，手里有 18 亿亩耕地，何愁粮食不能自足呢！

思考题

维护国家粮食安全应避免谷贱伤农，对此你有何政策建议？

第十章

通胀始终是货币现象

货币政策以静制动

◎ 通货膨胀类型

◎ 通胀是货币超发的结果

◎ 利率不是政策工具

◎ 加息不能抑制通胀

◎ 通胀与失业

◎ 稳健货币政策

第十章
通胀始终是货币现象
货币政策以静制动

一个国家出现通胀，即便居民名义收入不变，实际收入却会下降。若不加以控制演化成恶性通胀，低收入者生活水平大幅降低，最终会影响社会稳定，所以政府应将通胀控制在适度范围内。

第 1 节 | 通货膨胀类型

经济学者将通胀分为成本推动型通胀、结构型通胀、输入型通胀、需求拉动型通胀等四种类型，这似乎是说，通货膨胀有四种成因。其实，通胀的原因只有一个，即货币发行过多，其他原因皆不可能造成通胀。

成本不能推动通胀

成本推动通胀，也称工资推动通胀。对此，西方学者的解释是：由于工会力量过于强大，通常使工资增长超过生产率增长，而工资增长导致企业成本上升，成本上升推高了一般价格水平，于是出现了通胀。

西方学者还指出，工资与价格之间存在因果关系：工资增加，会引起价格上涨；而价格上涨，又会引起工资增长。工资和价格所形成的这种螺旋上升现象，学界简称为“工资－价格螺旋”。

按照经济学逻辑，成本（工资）不可能推动通胀。要弄清成本与通胀的关系，我们重新回到第五章介绍的“供求决定价格”原理。商品价格要由供求双方共同决定，若供给短缺，卖方可主导定价；若供给过剩，则由买方主导定价。由于市场常态是生产过剩，因此，价格通常是由需求决定而不是由成本决定的。

讨论成本与通胀的关系。需要明确两个重点：第一，某类商品短缺，商品涨价是供求规律作用的结果，并非成本推动；第二，按成本加利润定价只是厂商的卖价，而不是商品的市场价格。

假若厂商卖价过高，消费者不接受，有行无市，卖价也就形同虚设。而且厂商之间存在竞争，你不降价别人会降价，谁会一意孤行按成本定价呢？当商品过剩时，明智的选择是降成本，只有将成本降至市场价之下，企业才会有利润，否则就会亏损。

是的，从微观（企业）角度看，成本确实不能决定价格，而由此推导到宏观层面，成本也就不可能推动通胀（价格普涨）。所以，一个国家若出现了通胀，绝对不归结于成本（工资）上升。

结构型通胀似是而非

结构型通胀，是指从产业链看，上游产品涨价会增加下游产品的生产成本。而生产成本上升，会推动下游产品涨价，从而引发物价全面上涨。骤然听，这种分析似乎在理，若深入思考却似是而非。其实，结构型通胀不过是“成本推动通胀论”的翻版。

2008 年夏天，人民日报记者要采访我，事前给了我一个采访提纲。其中有一个问题问：国内为何出现通胀？我知道他要问什么。2007 年国内肉禽产品开始涨价，到 2008 年 5 月居民消费价格指数（CPI）上涨到 7.7%，他是要问：当时的通胀是否是由肉禽产品涨价推动的？

2008 年涨价有三个特点：一是肉禽产品价格涨幅最大；二是食品价格涨幅超过非食品；三是消费品涨幅超过服务品。究其原因，是因为 2006 年市场上猪肉价格低，农民养猪无利可图，2007 年养猪少了。

转从需求角度看，城市居民对肉禽产品的需求却并未减少。猪肉供不应求，价格自然会上涨。而受其影响，消费者转向其他禽类和水产品消费，于是使得所有肉禽类产品价格也随之上涨。

后来记者当面问我：肉禽产品涨价会不会带动下游产品涨价？比如猪肉涨价，会不会让猪肉罐头涨价？猪肉罐头涨价，会不会令全社会的工资上升，从而推动价格普遍上涨？我回答他：通胀与肉禽产品涨价无关，肉禽产品涨价，绝对不会推动通胀。

我给出的解释是：当时肉禽产品短缺，而工业产品却普遍过剩。在市场经济下，上游产品价格由下游产品价格决定，而不是相反。若猪肉罐头过剩，肉价上涨罐头价格不会涨，因为没有那样蠢的商家，罐头卖不出去还涨价。

同理，若汽车过剩，钢材涨价汽车不会涨价；纺织品过剩，棉花涨价纺织品不会涨价；家具过剩，木材涨价家具不会涨价。以此类推，上游产品涨价而下游产品不会涨价，物价不普涨，通胀不会发生。

输入型通胀只有一种可能

输入型通胀，是指一个国家进口国外商品或生产要素的价格上涨，引起国内物价持续上涨。西方经济学者认为，输入性通胀有三个传导途径：一是商品价格传导，二是货币供给传导，三是成本传导。对这三个传导途径，他们作了如下解释：

关于商品价格传导。一方面，当国外出现通胀时，由于国外商品价格上涨，本国对外输出商品会增加；另一方面，国外商品价格上涨，又会减少本国居民对进口商品的消费，而转为增加对本国商品的消费。如此一增一减，最终会使国内商品供给不足，引起通胀。

关于货币供给传导。当国外存在通货膨胀时，出口国对外贸易将出现大量贸易顺差，而大量贸易顺差又会令出口国外汇储备大量增加。为维持汇率稳定，出口国必须对应地增发本国货币。国内货币供给增加，利率下降，投资需求扩大，于是需求会拉动通货膨胀。

关于成本传导。比如国际市场上的石油、原材料等价格上涨，会导致国内这些基础性产品的输入价格增加，提高国内产品的生产成本，从而引起国内价格上涨，引发成本推动型通货膨胀。

很明显，价格传导与成本传导的解释是错的。国内价格总水平最终要由国内总需求决定，只要国内货币供应不增加，不可能发生通胀。

不过对输入型通胀也不能一概否认，比如当国外发生通胀时，出口国贸易顺差增加了外汇储备，为了维持汇率稳定，需对应增发本国货币，而国内货币供应增加，有可能出现通胀，而且只有这一种可能。

思考题

你认为成本和结构性因素能推动通货膨胀吗？请结合具体案例说明理由。

第 2 节 | 通胀是货币超发的结果

若一个国家发生通胀，一定是央行多发了货币。若货币不超发，则不会出现通胀。上面已分析过，通胀不可能由成本与结构性原因推动，只能由需求拉动。货币理论大师弗里德曼曾十分肯定地指出："通胀始终是货币现象。"

货币交易方程式

马克思在《资本论》第一卷分析商品价格总水平与货币需要量时，提出了货币流通规律，即流通中所需要的货币量，等于同一时期的社会商品价格总额除以同名货币的流通次数。用公式表示是：

商品价格总额/同名货币的流通次数＝执行流通手段职能的货币量

若用 M 代表货币数量，V 代表同一时期的货币流通次数（速度），P 代表同期的价格水平，Y 代表同期商品数量，则为：

$$P \times Y / V = M$$

20 世纪初，费雪在《货币的购买力》一书中，将马克思的货币流通公式改造成"货币交易方程式"：

$$M \times V = P \times Y$$

其经济学含义是，货币数量乘货币流通次数，等于社会商品数量乘价格水平。费雪说，由于 V 受社会制度和习惯的影响，可以看作是一个常数，而社会商品量 Y 短期内也是相对稳定的，这样，价格水平 P 的变动，就由货币数量M决定。

后来弗里德曼在 1956 年发表的《货币数量论：一个重新表述》一文中，就是用这个方程式将通胀的成因直接指向货币发行量。

随着货币学派影响越来越大，“通胀是货币现象”也渐渐深入人心，社会上那些“粮价上涨引起通胀”“战争引起通胀”“工人要求加工资引起通胀”等论调的声音越来越小。而且弗里德曼的这一观点，还在一定程度上遏制了西方政府的印钞冲动，至少政府超发货币已不再像从前那样明目张胆了。

简化的理论模型

为了证明“通胀是货币现象”，我想用一个简化的理论模型来解释。

假定一个国家一年只生产两种产品：1 吨大米与 1 台冰箱，1 吨大米的价格为 2000 元，1 台冰箱的价格为 1000 元。而该国央行当年投放的货币量也正好是 3000 元，这样总供给等于总需求，不会发生通胀。

现在假定物价出现了结构性上涨，比如 1 吨大米从 2000 元涨到了 2500 元，你认为会出现通胀吗？绝对不会。因为受货币总供应量（3000 元）的约束，1 吨大米涨价 500 元，冰箱价格就得降价 500 元，否则冰箱就会卖不出去。而价格有涨有跌，也不会通胀。

可是奇怪的事情终于发生了。1 吨大米涨价 500 元，而冰箱价格却不降反升，也涨了 200 元，而且两种商品都卖出去了。

何以如此？也许你会说是农产品（大米）涨价推动了工业品（冰箱）涨价。

怎么可能呢？大米涨价500元后，冰箱也涨价200元，背后只能有一个原因，那就是央行悄悄多发700元的货币。可见，通胀的推手只能是中央银行，除了央行，谁也不会有这样大的能量。

上面的模型虽然经过了简化处理，但揭示的原理不会错。读者要是对“通胀是货币现象”仍有困惑，你可以暂时放下书本，自己好好琢磨这个例子。

需要特别提示的是，研究两类商品与研究多类商品的价格变化，道理完全一样，只要你反复思考，举一反三，相信你一定会同意弗里德曼的观点。倘若如此，说明你对通货膨胀已有了深刻的认识。

农产品不能涨价是偏见

回头说2008年国内通胀。仅从现象观察，当年确实是农产品在上半年先涨价，而工业品到下半年才涨价。于是有人认为通胀是农产品涨价推动的。现在读者应该明白了，通胀的真正原因是央行多发了货币，而不是农产品涨价。若将通胀归罪于农产品涨价，板子无疑是打错了地方。

当时人们持这种看法，原因大概有三：一是对通胀形成的机理不明就里，以为成本可以推动通胀；二是懂得通胀形成的机理而有意移花接木，转移公众的视线；三是传统的思维定式，认为农产品关系国计民生，不能涨价。

前两点我们已经作过分析，这里重点讨论农产品到底能不能涨价。

在我看来，说农产品不能涨价是偏见。人们以前吃惯了便宜的大米和肉禽产品，现在陡然涨价，很多人会不适应，但这并不意味着农产品就不能涨价。只要产品供不应求，工业品可以涨价，农产品也同样可以涨价。

设身处地想，农产品过剩价格下跌时，农民会吃亏；而农产品短缺，价格该涨不让涨，还是让农民吃亏。如果你是农民，你觉得公平吗？

其实，农产品价格适度上涨并不是坏事，至少可以增加农民收入。我们一直希望农民增收，这些年政府差不多把惠农政策用到了尽头。而农产品涨价，农民有了增收的机会，政府就应该顺水推舟。

我曾说过多次，农产品相对工业品比价低，并非农业天生是弱质产业，更不是农民不勤劳。相反，是为了保障城市居民需求，政府不仅让农民多增加供应，而且还控制了农产品的价格。

农产品价格上涨后，政府要做的并不是管制价格，而是补贴低收入者，只要低收入者生活水平不下降，农产品涨价无伤大局。两害相权取其轻，政府大可不必为了让中高收入者能买到便宜的农产品而牺牲农民利益。

思考题

怎样理解通胀始终是货币现象？为何说农产品不能涨价是偏见？

第 3 节 | 利率不是政策工具

通胀是货币现象，要控制通胀就得管住货币供应。可政府（央行）为何会向市场过多投放货币呢？一方面，是与政府（央行）宏观调控经济的考虑有关；另一方面，也与政府（央行）对货币性质的认识有关。

货币非中性理论

最早提出货币非中性的学者，是瑞典经济学家维克塞尔。维克塞尔是何许人？今天知道他的读者恐怕不多，不过在 20 世纪初，他可是一位风云人物。熊彼特曾赞他为“瑞典的马歇尔”“北欧经济学的顶峰”。

维克塞尔也的确不是浪得虚名，1898 年，他的《利息与价格》一经出版，便轰动整个欧洲。关于他对经济学的贡献，经济学家公认是他首次将价格分析与货币分析加以连接，首次将经济学静态分析引向宏观动态分析，首次提出了“累积过程原理”。

下面让我简要介绍维克塞尔的观点：

从萨伊到马歇尔，大多数经济学家皆认为货币是中性的，即价格由商品供求决定，货币增减只会影响价格总水平，而不会改变商品比价，故而对经济不会产生影响。

而维克塞尔看法相反，他认为货币不仅是交换媒介，而且具有储藏职能。若有人卖出商品后不马上购买，货币被储藏起来，商品供求就会失衡，所以他认定货币是非中性的，对经济会产生重大影响。

维克塞尔说，由于货币非中性，要想让商品供求恢复到均衡状态，就得用利率调节价格。为此他借用庞巴维克的自然利率与实际利率来论证自己的观点。所谓自然利率，是指不存在货币时“实物资本”的借贷利率，而实际利率则是指“货币资本”的借贷利率。

维克塞尔指出，自然利率不同于实际利率，前者不会影响价格，而后者会影响价格。

他的推理是这样：当实际利率低于自然利率时，企业会觉得有利可图而增加贷款、扩大投资，投资需求增加会抬高原材料、劳动力与土地等要素的价格。要素价格上涨，要素所有者的收入增加，这样又会继续拉动消费品价格上涨，于是价格就形成了一个向上累积的过程。

反过来，若实际利率高于自然利率，价格会向相反的方向变动，出现一个向下累积的过程。

维克塞尔由此得出结论：利率与价格之间有某种内在的因

果关系，而且由于货币的存在，实际利率往往会偏离自然利率。也正因如此，要想保持价格稳定就必须适时调控实际利率，让实际利率与自然利率保持一致。

这一推论，便是“利率是政府调节经济的工具”（简称利率工具论）的理论源头。

实际利率与自然利率

我之前对维克塞尔的分析一直深信不疑。学生时代就读过他的《利息与价格》，不过那时候是为了应付考试，不求甚解。20 多年前为了写《与官员谈西方经济学名著》重读，仍觉得他的论证逻辑井然。可 5 年前再读，却发现他的理论存在诸多疑点。

维克塞尔说，货币出现后实际利率会偏离自然利率，而我却总也想不明白，实际利率为何会偏离自然利率？还是让我用一个例子来说吧：

假定甲有 1000 斤粮食借给乙，且市场真的存在两种利率，实物借贷利率（自然利率）为 5%，货币借贷利率（实际利率）为 15%。此时甲会想，若按 5% 的实物借贷利率借出，到期连本带息收回 1050 斤粮食，粮食每斤 1 元，仅得利息 50 元。

可市场上的货币借贷利率为 15%，若先将粮食卖出换回 1000 元货币再借给乙，则连本带息收回 1150 元，可多赚 100 元利息。可想而知，假若甲不蠢，一定会借出货币而不会借出实物。

可是从乙的角度看，由于实物借贷利率相对低，乙会选择借贷实物而不是借贷货币。这样，双方会根据各自的“不耐”程度就利率高低讨价还价，最后达成一个新的交易利率，比如是10%。而10%的利率，就不仅是实际利率，其实也是自然利率。实际利率与自然利率合二为一，两者怎么会出现偏离呢？

以上是粮价稳定的情形。若粮价不稳定，利息会发生变化，分两种情况：

第一种情况是粮食涨价。比如涨价前粮价每斤1元，乙为了买粮食1000斤向甲借1000元，按10%的利率计算，乙将付息100元。若现在粮价从每斤1元涨到了2元，乙就得向甲借款2000元，利息将增加到200元。

第二种情况是粮价下跌。假设粮价从每斤1元降到0.5元，乙为了买粮1000斤只需向甲借款500元，按10%的利率计算，则利息降至50元。可见商品价格变化会导致利息量变化，而利率并没有变。

利率与价格总水平

回头再说利率与价格。价格上涨到底是由利率推动还是货币量拉动？就单个商品来说，价格是由供求决定的，而价格总水平，则由货币供求决定。换句话说，利率既不能改变单个商品价格，也不影响价格总水平。

可是照维克塞尔的说法，实际利率若低于自然利率，企业会扩大贷款规模。可若银行未增加货币供应，无多余货币可贷，利率就不可能抬高要素价格。要素价格不上涨，要素所有者收入不会增加，消费品价格也不会涨。由此可见，决定价格总水平的是货币量而不是利率。

再换个角度想，央行调控实际利率，在现实中根本不可能找到参照标准。前面我们已经证明，货币市场的实际利率在量上就等于自然利率。退一步，即便实际利率与自然利率不相等，可在货币经济下，央行怎能知道自然利率到底是多少呢？

问题就在这里，如果央行不知道自然利率是多少，又何以调控实际利率？所以那种“调控实际利率使之与自然利率一致”的主张，不过是为央行操纵利率提供借口而已。

“利率是政策工具”的观点确实应该纠正，不然会误导政府决策。对此我要着重指出三点：

第一，商品价格是微观现象，价格总水平是宏观现象，两者不可混为一谈。

第二，价格总水平由货币供求决定，货币供过于求会通胀，价格总水平与利率无关。

第三，利率由“不耐”程度决定，尽管通胀时期“不耐”程度有可能会加剧，但不能因此就说利率是由货币供求决定的。

思考题

实际利率与自然利率会否偏离？你认为利率可以作为政策工具吗？

第 4 节 | 加息不能抑制通胀

让我们再换个角度，讨论加息能否抑制通胀。先说我的观点，利息作为货币使用权的价格，如同其他要素商品的价格一样，都要由市场决定而不能由政府决定，因此利率不能作为央行的政策工具。既如此，央行通过加息不可能抑制通胀。

加息与货币供应

通胀是货币超量发行的结果，假若说加息可以抑制通胀，无疑是说加息可以压缩流动性，减少货币供应。这里的关键，加息是否真的能减少货币供应？很多学者认为能，而我却认为不能。

央行通过公开市场业务（如发行定向央票）或提高存款准备金率可以回笼货币，但加息却不能回笼货币。说得更明确些，加息只会减少货币需求，而货币供应不会变。

现在假定市场流通所需要的货币量为 2 万亿元，而央行却投放了 3 万亿元货币，货币供给大于需求，必会拉动物价上涨，出现通胀。而为了控制通胀，央行加息。利率提高，企业贷款成本增加，贷款需求减，可此时商业银行体系中多出 1 万亿贷款供给却不会减少。

货币供给不变，商业银行是自负盈亏的企业，为了不赔利息，一定会变相降息将贷款放出去。如此一来，央行抑制通胀的目的也就落空了。

利率并非货币价格

加息不能减少货币供给，当然也就不能抑制通胀。困难在于“利率工具论”流传已久，而且在人们观念里已根深蒂固，所以对利率不是政策工具，我要再补充一点理由。

按照经济学教科书的说法，利率是货币的价格。可我要问，利率若是货币的价格，利率就得由货币供求定，央行怎可以操控利率呢？令人奇怪的是，人们同意一般商品价格由市场供求决定，政府不能插手，可却赞成货币价格由央行决定，这是何道理？

其实，利率并非货币价格。我上面这样讲，只是为了以错攻错。不过只此一问，“利率工具论”便露出破绽。准确地讲，利息是货币使用权的价格，而不是货币的价格。货币的价格是它的购买力。

比如一把斧头的价格是 10 元，那么反过来，则可说 10 元货币的价格是一把斧头。作为固定充当等价物的商品，货币的价格，只能用所购得的商品数量去体现。

“不耐”程度决定利率

美国经济学家费雪认为，利率是由社会“不耐”程度决定的。由于人们的“不耐”程度有高低之分，有人很“不耐”，而有人“稍耐”些。“不耐”的人要即时享受，就得用将来的期货交换“稍耐”人的现货，为此，“不耐”的一方必须给“稍耐”的一方贴水（支付利息）。也就是说，一个人越是“不耐”，所付利息就越多，利率也就越高。

生活中有大量这样的例子。战乱时期，人们生死难卜，社会“不耐”上升，利率通常被推高；反之太平盛世，人们丰衣足食，“不耐”下降，利率也下降。经济繁荣期，人们急于贷款投资，利率会上升；而经济萧条期生产过剩，投资需求下降，利率也会下降。

再比如民间高利贷，为何会有人要借高利贷？原因是有人特别“不耐”。我认识一个房产开发商，曾以高于银行两倍的利率借 1000 万元高利贷，我问他为何不从银行贷？他说房子就差 1000 万元竣工，不竣工房子不让卖，而等银行贷款来不及，只好支付高利息。

三点启示

第一，利率是由社会“不耐”程度决定，与货币供应无关。比如国债利率与民间借贷利率，两者之所以都高于银行利率，并非货币供应有何改变，而是政府与厂商的“不耐”程度高，抬高了利率。由此推出的政策含义是，央行提高利率，并不能减少货币供给，流动性过剩，不能用加息的办法解决。

第二，影响“不耐”的因素，都会影响利率。比如出现通胀后，人们预期未来物价会大涨，“不耐”程度加剧，于是纷纷贷款消费。如此寅吃卯粮，利率会被拉高。这也是通胀时美联储为何要加息的原因。很多人以为，美联储加息是为了控制通胀，其实不然，恰恰是通胀引起加息，加息只是通胀的结果，不是抑制通胀的手段。

第三，脱离“不耐”提高利率，不可能抑制通胀。比如假定基点利率 4%，通胀指数为 2%，那么市场利率应升至 6%。但如果为了抑制通胀，央行把利率提高到 8%，其结果一定是贷少存多。而商业银行高息吸收存款，资金不能贷出去怎么办？银行当然不会坐以待毙，一定会设法变通把资金贷放出去，这样货币供给不会减少，央行控制通胀的愿望，也就竹篮打水一场空。

思考题

为何说利率不是货币的价格？利率是由什么决定的？国债利率与银行存款利率为何会有差异？

第 5 节 | 通胀与失业

通货膨胀与失业，如同两把寒光闪闪的利剑，自 1929—1933 年经济大危机后就一直高悬在西方国家政府头上，令政府当局深为苦恼和不安。自凯恩斯以来，保持充分就业和物价稳定，一直是西方国家追求的梦想。

菲利普斯曲线

经济学者在谈到通胀与失业时，通常会提到菲利普斯曲线。此曲线说，通胀率与失业率是此消彼长的反向关系：通胀率高，失业率会低；而失业率高，通胀率会低。可我们看到的事实是：20 世纪 70 年代美国的通胀率很高，失业率并不低。究竟是怎么回事?

其实，菲利普斯本人研究的并非通胀与失业，而是工资率与失业率的关系。1958 年他在《经济学》杂志上发表论文，分析了英国 1861 年至 1957 年工资与失业的数据，他发现，历史上工资率上升的年份，失业率往往都相对低。因此他得出结论：名义工资率变动是失业率的递减函数。

菲利普斯今天大名鼎鼎，可让他走红的并不是他自己的这篇文章。1960 年，萨缪尔森与索洛在《美国经济评论》上发表《关于反通货膨胀政策的分析》一文，他们以菲利普斯的研究作基础，用美国的数据替换英国的数据，用通胀率替换工资率，提出了通胀率与失业率也是反向关系的推论。菲利普斯曲线的提法正是来自该文，菲氏也因此一举成名。

萨缪尔森与索洛的文章思路清晰，其所表达的政策含义是，低通胀与低失业不可同时兼得：若一个国家希望保持较低失业率，那么就得承受较高的通胀率；相反，若希望保持较低通胀率，就得承受较高的失业率。这一推断后来成为新古典综合派的主流观点，不少国家也将此作为制定政策的重要依据。

我对菲利普斯曲线的疑惑，在两方面：一是我同意菲利普斯本人的研究结论，但有保留，认为那只是特定经济发展阶段的现象，并不是普遍规律；二是我不赞成萨缪尔森和索洛用通胀率替代工资率的处理，因而也不认同他们的结论。

工资率与失业率

历史数据不会骗人，何况菲利普斯的研究用英国近百年的数据作支撑，照理不应该怀疑。而我之所以有疑惑，是因为菲氏所用的数据基本是来自二战前，那时第三次工业革命尚未到来，他的研究自然要受到局限。最重要的一点，是二战前的机器自动化程度远不及今天这样高，那时企业对劳动力需求存在刚性。

是的，二战前的 100 年，机器自动化程度虽不低，但大多设备仍离不开人工操作。在那个年代，工资率上升表明企业对人工的需求大，而企业用工增加，失业率无疑会下降。正因如此所以我同意菲氏的分析。

然而 20 世纪 70 年代后，智能机器的出现使企业对劳动力需求不再有刚性，这样工资率上升企业不仅不会多用工，反而会用机器代替人工，令失业率上升。

前不久我到南方调研，就看到不少企业用机器替代人工的案例。其中广州博创较为典型，该公司是一家专做门窗的港资企业。公司老总说，由于工资水平上涨太快，企业只好逐步用先进机器替代人工。近两年，企业工资水平差不多上涨了 30%，而替代下去的员工也超过了 30%。

萨缪尔森的误判

我对萨缪尔森与索洛的质疑，主要是他们用通胀率替换菲氏的工资率，如此一来，菲利普斯所探讨的工资率与失业率的关系，就变成了通胀率与失业率的关系。

为何要做上面这种替换？两位学者曾作过解释：第一，价格由成本加利润构成；第二，工资是企业的重要成本；第三，价格变动与成本变动的方向一致。

看上去，这三点解释似乎无懈可击，但这样处理其实过于武断。不错，工资率上升会推高成本，可成本增加却不一定推高价格，因为最终决定价格的不是成本而是供求。

前面我反复讲过，按成本定价只是厂商的卖价，商品短缺，卖价可以是市价，但若商品过剩，消费者不接受卖价便不是市价。今天市场过剩是常态，通常是需求决定价格而非成本决定价格。

再有，企业的商品价格决定是微观行为，比如商品房价格，就是由开发商与消费者讨价还价议定。而通胀率不同，它是总量指标，高低要由货币供求定。换句话讲，只要货币不超量投放，成本不可能推动通胀。

由此可见，用通胀率替换工资率，如此移花接木，理论上站不住，而由此推出的结论，当然也不可信。按菲利普斯曲线的说法，降低失业率的唯一法门，是扩大货币供应，承受高通胀。可事实并非如此。事实是，政府手里除了有货币政策，还有财政政策工具，而且财政政策对推动就业的作用绝不亚于货币政策。

我国一直实施积极财政政策，货币政策却取守势，保持稳健。其效果有目共睹：2019 年居民消费价格指数（CPI）不到 2%，同时就业也大为可观，当年政府希望增加 1000 万人就业，实际则增加了 1322 万人就业。有权威数据说，2019 年城镇登记失业率为 4.05%。我国低失业而未高通胀，不是对菲利普斯曲线的有力反证吗？

思考题

通胀率与失业率之间是何关系？为何大量事实并不支持菲利普斯曲线？

第 6 节 | 稳健货币政策

经济学家普遍认为，央行货币政策目标首先是稳定通货（币值）。从稳定币值角度讲，央行向市场供给货币应恰到好处，保证既不出现通胀，也不出现通缩。

"规则"与"权变"之争

20 世纪 50 年代，国际上围绕货币政策发生了一场"规则"

与“权变”之争。

以国家干预经济为基调的凯恩斯学派，倡导“相机抉择”的所谓“权变”政策，在他们看来，经济生活仿如一条有着荣枯周期的河流，而货币供应就是一道闸门，政府作为“守闸人”应时刻根据河流的荣枯状况，相应地关闭或开启闸门，以此平衡货币供求、缓解经济波动。

凯恩斯学派一直是战后西方经济学的正统或主流，因此“权变”政策在西方世界一度大行其道，成为各国货币政策的首选。

可从20世纪50年代后期起，一股反对“权变”的理论旋风从美国东部刮起，高举这支反旗的是货币主义学派的“掌门人”弗里德曼，他在1963年出版的《1867—1960年美国货币史》一书中，对凯恩斯的“权变”理论与政策提出了尖锐批评。

弗里德曼指出，“权变”理论与政策不仅难以收到预期的效果，甚至会适得其反，造成经济的大起大落，令经济陷入一个恶性循环：“为减少失业—增加货币供应—利率下降—投资扩大—收入增加—物价上涨—利率反弹—投资收缩—失业增加”。

据此，弗里德曼力主政府放弃“权变”，而用一种预先制定的对货币投放有约束力的“规则”取而代之。而这个“规则”，经济学界称为“简单规则”或“单一规则”的货币政策。

“简单规则”以静制动

弗里德曼通过对大量统计资料的研究，发现货币政策只有在经历了一个易变的、长期的“时滞期”后，才会对经济产生影响。具体说，从中央银行货币供应的变化到经济生活中反映出这种变化之间，存在着两个“时滞期”。

第一个“时滞期”，货币增长率的变化平均需在 6—9 个月后才能引起名义收入增长率的变化；

第二个“时滞期”，在名义收入和产量受到影响之后，平均要再过 6—9 个月价格才会受到影响，因此，货币政策生效往往要经过一年或一年半的时间。

正是由于存在着 12—18 个月的滞后效应，弗里德曼说，央行很难掌握实施“权变”政策所需的必要信息，无法准确预测经济的未来走向，更不用说去把握现实社会对货币政策作出反应的程度。

通常的情况是，政府在扩大和收紧货币供应量时，难免会做过头或做不到位：要么对经济刺激过度，要么紧缩过度，从而导致出现事与愿违的结果，促使经济更加波动和不稳定。

基于以上理由，弗里德曼认为政府要当好“守闸人”，与其手忙脚乱地收收放放，倒不如无为而治，制定出一个长期不变的货币投放增长的比例规则。他建议政府货币当局在确定货币供应量时，牢牢盯住两个指标：一个是经济增长速度，另一个是劳动力增长率，并把货币供应的年增长率控制在这两个指标之内。

根据他的估算，美国每年需要增加货币 1% 或 2% 以配合人口和劳动力的增长，再加上年产量平均增长约为 3%，若再考虑到劳动力的增长和货币流通速度会随着实际收入的增加而下降的趋势等因素，美国货币供应的年增长率可定在 4%—5% 之间。

弗里德曼强调：这种“简单规则”的货币政策，实际上是为政府确定货币供应画出的一条稳定航线，只要政府当局始终遵循这条航线，以静制动，便可避免经济的大幅度波动。

货币政策保持稳健

由于凯恩斯“权变”政策无法化解西方国家的“滞胀”，大多数西方国家都先后转向实施“简单规则”的货币政策，瑞士、德国、日本则被认为是由于实施稳定的货币增长政策而控制了通胀。

当年以撒切尔夫人为首的英国保守党政府，更是唯“简单规则”是瞻，美国里根总统上台后所提出的“经济复兴计划”，也把控制货币供给量作为主要项目。“简单规则”货币政策所产生的深远影响，足可窥其一斑。

在货币政策方面，我们曾有过教训。1988 年治理整顿、收紧银根，1990 年就跟着出现了市场疲软。1992 年增加货币投放，当年比上年增加了 36.4%，1993 年又增加了 35.3%，到 1994 年，全国商品零售物价指数涨幅高达 27.1%，居民消费价格指数涨幅高达 24.1%。

1995 年初，货币扩张政策不得不紧急刹车，再度转向从紧，可不承想，1998 年又出现了通缩趋势。现在回头看，改革开放后几次大的经济波动，每次皆与信贷规模大幅度波动有关。

2009 年，中国开始实施稳健货币政策，并将货币供应

（M2）增长与经济增长挂钩，两者保持在大体一致的水平。这样，我们一方面成功地实现了经济中高速增长，同时居民消费价格指数也相对稳定，除了 2010 年和 2011 年稍高一点（分别为 3.18% 和 5.5%），其他年份 CPI 皆保持在 3% 以下。

目前我国已进入新发展阶段，未来经济增长将主要依靠创新驱动而不能靠货币大水漫灌。刚刚过去的 3 年，由于国际环境不确定性因素增多，再加上新冠肺炎疫情冲击，经济下行压力不断加大，在此背景下，中央强调实施稳健的货币政策，显然是明智的选择。

思考题

请你对“规则”与“权变”之争作评论。中国为何坚持实施稳健货币政策？

第十一章

国际分工可以共赢
自由贸易没有输家

◎ 国际分工的底层逻辑

◎ 比较优势不是陷阱

◎ 出口是为了进口

◎ 国际收支平衡的误区

◎ 高关税的错觉

◎ “中心－外围论”不可信

第十一章
国际分工可以共赢
自由贸易没有输家

亚当·斯密1776年出版的《国富论》从分工起笔，由企业内部的劳动分工，推展到国内产业分工，然后又从产业分工推展到国际分工。斯密浓墨重彩地写分工，是因为在他看来，参与国际分工和自由贸易是一个国家从落后走向富强的必由之路。

第1节 | 国际分工的底层逻辑

美国著名经济学家萨缪尔森曾经说过，亚当·斯密与李嘉图的分工理论，已成为国际贸易不可动摇的基础。对亚当·斯密和李嘉图，读者应该不陌生，这里让我简要介绍两位大师的分工理论。

从劳动分工、产业分工到国际分工

斯密认为，分工与交换是财富增长的源泉，对此他从三方面作了论证。

首先，关于劳动分工，他指出："有了分工，同量劳动者能完成比过去多得多的工作量。"

著名例子是制针。制针共有 18 道工序，若不分工，一个人一天难以制造一枚，而通过分工，人均可制造 4800 枚。原因是：第一，劳动者技能因业专而日进；第二，由一种工作转到另一种工作需耗费时间，而分工则可避免这种时间耗费；第三，许多简化劳动的机器发明，使一个人能同时承担许多人的工作。

其次，关于产业分工，斯密提出了一个重要概念：绝对成本优势。绝对成本优势，是指自己与别人比所具有的生产成本优势。比如甲与乙皆能生产毛呢与葡萄酒，甲生产这两种产品的成本分别为每匹 100 小时和每吨 90 小时，而乙的生产成本分别为每匹 90 小时和每吨 100 小时。两相比较，甲生产葡萄酒有绝对优势，乙生产毛呢有绝对优势。

于是斯密分析说，在上面情况下，甲、乙若按各自绝对优势分工：甲专门生产葡萄酒，放弃生产毛呢；乙专门生产毛呢，放弃生产葡萄酒。然后分别用自己的产品去交换对方的产品，这样不仅甲和乙皆各得其所，而且双方均可节约 10 小时成本。而利用节约下来的 10 小时成本，他们又可以生产出更多的财富。

以上讨论的是一国内部的产业分工。若换个角度，假定甲与乙分别代表两个国家，产业分工就拓展成了国际分工。事实上，国际分工与国内产业分工的原理完全相同。只要甲、乙两个国家按照各自的绝对优势分工，双方皆能分享国际分工红利。

李嘉图的拓展

斯密的分工理论问世后，有力推动了西方世界的分工与贸易，但也遭到了质疑。当时有学者问：先进国家与落后国家比，也许生产任何产品都有绝对优势，落后国家皆处于劣势，那么先进国家与落后国家是否不应该分工呢？

面对人们的质疑，斯密本人并未作出回应，而当时发达国家与落后国家的分工却已兴起，这无疑是斯密分工理论的一大遗憾。

1817 年，大卫·李嘉图出版了《政治经济学及赋税原理》，在这部著作里，李嘉图对斯密的分工理论做了进一步的完善。

李嘉图指出，国际分工既可依据绝对成本优势，也可依据各个国家的比较成本优势（自己与自己比的优势）。一个国家与别国比可能不存在绝对优势，但自己与自己比，一定存在比较优势。

为解释自己的分工理论，李嘉图设计了一个理论模型。40 年前我读到此模型，佩服得要站起来。他假定，10 尺毛呢可交换 1 桶葡萄酒，而英国生产 10 尺毛呢需 100 小时，酿造 1 桶葡萄酒需 120 小时；葡萄牙生产同量的毛呢和葡萄酒，则分别只需 90 小时和 80 小时。两国相比，两种产品生产英国皆不占优势。

可两国分别自己与自己比，却都存在比较优势。英国的比较优势是生产毛呢，葡萄牙的比较优势是酿造葡萄酒。若按各自的比较优势分工，英国用 100 小时生产的毛呢，可换得自己需 120 小时才酿造出来的葡萄酒；而葡萄牙用 80 小时酿造的葡萄酒，可换得自己花 90 小时才生产出来的毛呢。这样，对双方皆有利。

自由贸易没有输家

国际自由贸易的参与者都是赢家，没有输家，这正是李嘉图所要证明的结论。然而令人遗憾的是，此结论迄今并未成为人们的共识。

在过去很长一个时期，发展中国家认为，自己与发达国家进行贸易，是受发达国家剥削；而今天发达国家却说，与发展中国家进行贸易是自己吃亏，发展中国家占了便宜。读者要是真正理解了李嘉图的分工理论，你会发现以上两种说法其实都是错的。

思考题

国际分工的前提是什么？为何说发达国家与发展中国家进行自由贸易都是赢家？

第 2 节 ｜ 比较优势不是陷阱

19 世纪中叶，德国经济学家李斯特曾明确反对李嘉图的分工理论，主张保护本国幼稚产业。最近研究产业升级问题查阅文献，发现国内也有不少学者不赞成李嘉图的分工理论，将其称为“比较优势陷阱”。

杞人忧天的推测

我曾读过多篇有关“陷阱”的文章，理由大同小异，皆说发展中国家的比较优势是劳动力成本低，若按比较优势参与国际分工，发展中国家应生产并出口劳动密集型产品，这样在与发达国家贸易中虽能获益，但由于发达国家生产的技术或资本密集型产品的附加值更高，发展中国家处于不利地位。

这是一种杞人忧天的推测。正本清源，李嘉图分工理论有三个要点：

一个国家与其他国家比若不存在绝对优势，但自己与自己比必有比较优势。

分工要以自由交换为前提，没有自由交换则不可能形成产业分工。

比较优势不是自己与别人比，而是自己与自己比，故比较优势无时无处不在。只要按比较优势参与分工，一定可以共赢。

李嘉图的论证无懈可击，可为何学界有人将此视为发展中国家的“陷阱”呢？究其原因，是这些学者误读了李嘉图的比较优势。

“陷阱”论者说，劳动力成本低是发展中国家的比较优势，发展中国家若按比较优势分工只能生产劳动密集型产品。这一推论的前提显然是错的。发展中国家劳动力成本低，那是与发达国家相比。与别人相比的优势是绝对优势，而不是比较优势。

尺有所短寸有所长

不同的发展中国家国情不同，比较优势也各不相同，不能笼统说发展中国家的比较优势就是劳动力成本低。比如印度作为发展中国家，不仅有劳动力成本低的优势，同时也有软件研发的优势，而印度自己与自己比，他们的比较优势是软件研发。

中国和发达国家比，资本并不占绝对优势，但我们自己和自己比，资本却是比较优势。不然，就解释不了国内多数企业为何逐步向资本密集产业转型。

再往深处想，参与国际分工的主体是企业而非国家。李嘉图举英国与葡萄牙分工的例子，那是理论分析模型，他的本意并不是让两个国家分别生产毛呢和葡萄酒，而是让两个国家的企业作这样的分工。

参与分工的主体是企业，比较优势应从企业的角度比较。一个国家有众多企业，有的企业劳动力占优势，有的资本占优势，有的技术占优势，怎可武断地认定发展中国家的比较优势就是劳动力成本低呢？

比较优势因时而变

“陷阱”论者还有一个隐含的假设，即比较优势恒定不变。可事实并非如此，举我自己的例子，上大学前我种过地，也当过会计。两相比较，当会计是我的比较优势，于是考大学时我选择了学经济。

我在大学里（本科、硕士、博士）学习了10年，毕业时既能当会计，也能当教师，但比较起来，我认为自己的优势是教书。比较优势变了，所以我没有去当会计，而选择做了教师。

一个人的比较优势会变，其实企业也一样。改革开放前，国内大多企业从事的是初级产品加工，技术含量低。改革开放后，通过引资、合资和进出口贸易，国内企业不仅积累了资本，也学得了技术。到今天，许多企业的比较优势已不再是低成本劳动力，反而是资本或技术。

“陷阱”论者也许会说，国内企业向资本密集型与技术密集型转型，不正好证明李嘉图的分工理论失灵吗？我可不这样看。巧妇难为无米之炊，而且企业家不蠢，要是资本或技术不是自己的比较优势，企业怎可能转型升级？不然我问你，企业为何30年前不转型而现在转型？

合理的解释，是企业的比较优势变了。是的，只有比较优势发生了变化，企业投资方向（分工）才能改变。

我的结论是：比较优势的变化决定了企业分工的变化。而这种变化，是对李嘉图分工理论的佐证而不是否定。由此给了我们一个重要启示：若一个企业要改变自己的分工定位，必须先让自己具备相应的比较优势，否则就是空谈，甚至会弄巧成拙。

思考题

如何理解比较优势？为何说按比较优势参与国际分工不是发展中国家的“陷阱”？请举例解释。

第3节 | 出口是为了进口

中国经济近40年的高增长，论贡献出口厥功至伟。然而面对巨额的外储，不少人对政府以往鼓励出口的政策提出了疑问。其实，早在1997年外储不足1400亿美元时，学界就有过争论。而今天外储突破了3万亿美元，当然值得研究。

分享国际分工红利

政府为何鼓励出口？骤然听是浅问题，然而似浅实深。从浅的方面看，拉动经济有三驾马车，而出口是其一。这是说，扩大出口可带动经济增长保就业。

列宁曾经说过，发达国家输出商品，是为了转嫁国内过剩。国内需求不足当然要从国外找市场，不然产品积压，失业会增多。

这是浅的方面，从深的方面看呢？

经济学说，出口的初始动机并非转移过剩，而是分享国际分工的好处。想问读者：在新中国成立之初，政府为何要鼓励出口？是因为经济过剩吗？显然不是。那时国内物资非常匮乏，出口的目的是创汇增加进口，并通过对外贸易享受国际分工的红利。

这样说，非经济专业的读者未必能明白，让我做进一步的解释。

先从国内贸易说起。亚当·斯密说，只要按绝对成本优势进行产业分工，大家可以互惠互利。还是以种粮与织布为例，比如我和你，我种粮的成本比你低，织布的成本却比你高；而你种粮的成本比我高，织布的成本却比我低。我的绝对优势是种粮，你的绝对优势是织布。于是我种粮你织布，然后我用粮食与你的布交换，双方皆可节省成本。

暗含的前提

前面讲过，李嘉图对斯密的分工理论作了拓展，指出决定分工的不只是绝对成本优势，还有比较成本优势。不过那只是成本比较的参照不同，这里要指出的是，无论斯密还是李嘉图，他们的分工理论都有个前提，那就是自由交换。若不能自由交换，即便存在绝对优势（或比较优势），也不可能出现分工。比如我专门种粮食，而你专门织布，但若我不能用粮食换你的布，或者你不能用布换我的粮食，不能互通有无，我和你怎可能分工呢?

请注意，这例子暗含着一个重要推论，即商家生产商品，是为了卖（满足别人的需求），而卖则是为了买（满足自己的需求）。之所以这么说，因为对商家来讲，不卖就无法买，不买也就无须卖。这一点，从早期物物交换中我们可以看得更清楚，只是由于货币的出现，商家这种“为买而卖”的动机才渐渐被人们漠视了。

或许有人问，现实中很多商家卖了之后并没有马上买，怎能说是“为买而卖”呢?不错，生活中确实有这种现象，有人卖出自己商品后并不马上买，而是将换来的货币存进了银行。不过，这现象也并未改变商家“为买而卖”的动机。要知道，商家选择储蓄获取利息，并不是他的最终目的，最终目的还是为了更多地买。也就是说，储蓄只是购买的延迟，而非购买的放弃。

让我们再看出口。国际贸易其实与国内贸易无异，出口也是为了进口。这推断我认为不会错，要不然你告诉我，一个国家若不想进口，出口的目的是什么?难道就是为了赚外汇，增加外汇储备?

这正是我们所面临的难题。外汇储备过多，肯定是外贸“出多进少”的结果。而此局面的形成，并非我们不进口，中国政府曾多次表态要积极进口，可我们想进口的产品，人家却不卖。既然人家不卖，政府就不必补贴企业出口创汇。外汇储备是人家买我们商品后给打的借条，不用于进口，就是一堆“纸”。

防止“卡脖子”要“以卡止卡”

“卡脖子”是一个形象说法。比如甲国之前一直是从乙国进口粮食，可突然有一天，乙国限制粮食出口给甲国，而甲国一时又买不到所需要的足够粮食，这样甲国就被乙国卡住了脖子。

出现这种“卡脖子”现象，原因有二：首先，是与某产品的全球供求状况有关；其次，是在国际分工条件下，自由贸易受到了限制。

对全球供给过剩的商品有需求，一般不会受制于人，但若对供给短缺的商品有需求，却很容易被人卡脖子。以粮食为例，中央反复强调中国人的饭碗必须端在自己手里，原因是全球粮食供给严重短缺。

联合国粮农组织称，目前全球共有 6.9 亿人处于饥饿状态。中国是 14 亿多人口的大国，若不守住 18 亿亩耕地红线或者放弃粮食生产，其后果不堪设想。

不能放弃供给短缺产品的生产，那么，全球供求平衡的商品是否能放弃生产呢？对关键技术产品的研发也绝不能放弃。现在以美国为首的西方国家，就是用关键核心技术产品“卡我们的脖子”。

关键核心技术当然是稀缺性技术，但此类技术产品却可规模化生产。西方国家不卖给我们芯片、光刻机、数控机床等高科技产品，并非这些产品供给短缺，而是为了“卡我们的脖子”。

习近平总书记多次讲："关键核心技术是要不来，买不来、讨不来的。"言下之意是，要防止受制于人，在关键核心技术方面，我们必须自立自强。

我们从现在起追赶，关键核心技术创新不仅投入大，而且短期内也不可能全面领先。可取的选择，是发挥举国体制优势，在颠覆性技术领域取得重点突破。若能领先一招，"以卡止卡"，便可扭转现在这种被动局面。

思考题

一个国家为何要鼓励出口？怎样看待贸易顺差与贸易逆差？在经济全球化背景下，怎样防止被人"卡脖子"？

第 4 节 | 国际收支平衡的误区

一个国家宏观调控的目标之一，是维持国际收支平衡。但经济学告诉我们，国际收支平衡并不要求贸易平衡，而贸易平衡也不要求双边贸易平衡。近年来，美国以推动中美贸易平衡为借口发动贸易战，目的并不是维持国际收支平衡，而是维护美元的霸权地位。

读懂国际收支表

国际收支平衡并不要求国际贸易平衡，而贸易平衡也并不要求双边贸易平衡。对此，只要我们读懂国际收支表就清楚了。

国际收支表包括经常项目、资本项目、外汇储备等三个项目，而经常项目（国际贸易）只是其中一项。从逻辑上讲，一国对外贸易不平衡对国际收支会有影响，但不能因此就推定该国的国际收支不平衡。

让我们先分析经常项目、资本项目、外汇储备之间的关系。经常项目下的进口，是指将外国商品买入国内，出口则是指将本国商品卖至国外。资本项目虽不同于贸易项目，但无实质区别。对外投资也是购买国外商品，只是未将外国商品买入国境内；引进外资也是出口商品，不过未将本国商品卖到国境外。

若这样理解，贸易项目与资本项目的关系便一目了然。简单说，在国际收支表中，贸易项目与资本项目是互为消长的关系。

比如中国将100亿商品出口到国外，商品离开了国境，在贸易项目的贷方记“100亿”，同时出口换取外汇100亿，于是在资本项目的借方也记“100亿”。

反过来，中国将50亿外国商品进口到国内，在贸易项目的借方记“50亿”，同时由于资本流出50亿，于是在资本项目的贷方也记“50亿”。

上面例子中，中国出口商品100亿，进口商品50亿，贸易项目有50亿顺差；再从资本项目看，资本流出100亿，流进50亿，于是资本项目便有50亿逆差。

由此可见，一个国家贸易项目有顺差，资本项目就会有逆差；反之，若一个国家贸易项目有逆差，则资本项目就必然会有顺差。将两个项目综合起来，该国的国际收支却是平衡的。

双顺差与双逆差的平衡

问题在于，当一个国家贸易项目与资本项目同时出现顺差或者逆差怎么办？这种情况虽不多见，但确实存在。如我国的经常项目与资本项目就曾出现过双顺差。在此情况下，国际收支能否平衡呢？回答这个问题，让我们再来分析国际收支表。

前面说过，国际收支表包括经常项目、资本项目、外汇储备三个项目，一个国家经常项目与资本项目同时出现顺差，外汇储备必然增加。外汇储备通常用于购买外国国债或者公司股票，而购买境外银行存单、国债、股票皆可取得收益，这样看，外汇储备就相当于对外投资。将三个项目结合起来，国际收支也是平衡的。

双逆差的情形正相反。一个国家经常项目逆差，表明该国进口大于出口，购买了较多的外国商品；资本项目逆差，表明该国资本流出大于资本流入，购买了较多的外国资产。而经常项目与资本项目同时出现逆差，则外汇储备减少。这样将三个项目综合起来看，该国国际收支也是平衡的。

可见，无论一个国家出现双顺差还是双逆差，皆不会影响该国的国际收支平衡。

国际贸易无须双边平衡

长期以来人们有一种流行的观点，认为一个国家对另一国家有贸易逆差，是逆差国吃亏，顺差国占便宜。基于这种认识，于是有人认为要推动国际贸易平衡，两国之间贸易必须保持双边平衡。

事实上，国际贸易并不要求双边平衡。随着人类经济发展和分工深化，国际贸易已不单是双边贸易，而是多个国家共同参与的多边贸易。特别是进入 21 世纪后，产业分工已经全球化，如果两个国家分别处于产业分工的上下游，两国间双边贸易就不可能平衡，而且也无须平衡。

假定有甲、乙、丙三个国家，它们分别生产纱锭、布匹、服装。从产业链看，甲为上游产业、乙为中游产业、丙为下游产业。

甲将纱锭卖给乙，而甲却不购买乙等量的布匹，那么甲是贸易顺差，乙是贸易逆差。

乙将布匹卖给丙，而乙却不购买丙等量的服装，则乙是贸易顺差，丙是贸易逆差。

丙将服装卖给甲和乙，而丙却不购买甲等量的纱锭，于是丙是贸易顺差，甲是贸易逆差。

若仅从两个国家看，双边贸易皆不平衡，可从多边贸易看，整体却又是平衡的。

懂得了上面的道理，就不难明白美国为何对全球 100 多个国家有贸易逆差。美国处于国际分工的最高端，而广大发展中国家处于相对低端，同时也与美元作为国际中心货币有关。

读者想想，在当今国际货币体系下，美国只要自己印出美元，就可在全球采购商品；而其他国家要在国际市场进口商品，首先得出口本国商品换回美元。这样美国当然会出现贸易逆差。

可见，双边贸易是否平衡并不重要，重要的是贸易是否自由。只要贸易自由，全球贸易最终一定会自动平衡。

对任何一个国家来说，出口的目的都是换取外汇用于进口，并通过进口分享国际分工收益。如果一个国家只出口而不从国外进口等额的商品，就等于主动放弃了分享国际分工收益的机会，世上没有哪个国家会做这种傻事。

思考题

国际收支平衡与贸易平衡是何关系？为何对外贸易平衡无须双边贸易平衡？

第 5 节 | 高关税的错觉

假若问读者两个问题：第一个问题问你是否赞成自由贸易？第二个问题问你国内产业是否需要关税保护？不知你们会

怎么答。多年前，我曾就这两个问题问过自己的研究生，他们一方面赞成自由贸易，另一方面又认为国内产业也需要关税保护。而这两个答案，显然自相矛盾。

重商主义的双重标准

不只是我的研究生这么看，时下学界也有不少学者持这样的看法。顾名思义，贸易自由不单指出口自由，同时也包括进口自由。一国的出口是他国的进口，一国的进口则是他国出口。己所不欲，勿施于人。一个国家若希望别人尊重自己的出口自由，就不能限制进口，妨碍别人的出口自由。

这道理大家都懂，可在对待进出口问题上人们为何会持双重标准呢？追根溯源，是受早期重商主义的影响，而且其影响根深蒂固。

重商主义者认为，世上唯有金银才是财富，一个国家要增加财富，必须多出口少进口。而要奖出限入，就得对进口征高关税。今天的关税壁垒，或多或少是来自重商主义的财富观。

时过境迁，重商主义早不存在了，特别是 20 世纪 70 年代布雷顿森林国际货币体系解体后，金银与货币脱钩，没人再相信“唯有金银是财富”的神话。既然不再迷信金银，可为何还有人对高关税推崇备至？甚至连美国这样的发达国家也乐此不疲呢？

醉翁之意不在酒

10 年前赴美参加“中美欧论坛”，我曾对美国加征高关税提出过疑问，美国学者回应：加征高关税是为了保护他们的国内就业。美国学者提出的理由读者相信吗？反正我不信。

举大家熟知的例子。奥巴马执政时期，美国曾针对中国轮胎进口专门开征“特保关税”，并声称此举是迫于美国钢铁工业协会的压力。

奇哉怪哉！进口中国轮胎与钢铁工业有何相干？再说，美国本来就需要进口轮胎，不从中国进口也得从别的国家进口。请问：从别国进口而不从中国进口怎么就能保护美国国内的就业呢？

所以在我看来，所谓“保护国内就业”不过是美国的一个借口。醉翁之意不在酒，目的是要打击中国的出口。需要讨论的是，在经济全球化背景下，发展中国家的产业是否需要关税保护？或者对发展中国家来讲，高关税能否保护本国就业？

事实上，“高关税保护就业”是人们的错觉。表面看，高关税短期内确实可限制进口，保护国内企业或就业，但这样做不过是让本国消费者补贴生产者。算大账，是损人不利己，得不偿失。

假如意大利生产的皮鞋出口到中国，每双售价 1000 元，而中国国内生产的皮鞋每双售价为 1500 元。显然，国产皮鞋价格明显高于进口皮鞋的价格，于是国内厂家可能会去游说政府，要求政府多征进口皮鞋的关税 500 元。理由是，进口关税若不提高，国内厂家可能被挤垮，企业一旦倒闭，工人会下岗失业。

这是国内企业的角度，但从消费者角度看，结论却不尽然。

政府不多征500元的关税，消费者花1000元便可买一双皮鞋；政府加征关税后，却需1500元才能买到。如此一来，国内消费者购买力下降，实际生活水平会降低。

由此可见，提高进口关税会损害国内消费者利益，是让消费者拿钱维持皮鞋厂的生存。

稳就业应从机会成本看

再转从机会成本看，消费者花钱支持国内皮鞋厂工人就业，其机会成本是放弃购买其他厂家商品可能创造的就业。假若消费者不多花500元买皮鞋，而用这500元去买衬衣，衬衣厂销售扩大，就业也会增加。就扩大就业而言，两者并无差别，只是人们重视看得见的就业而忽视看不见的就业而已。

的确，在国家层面，增加皮鞋产业就业与增加衬衣产业就业是一回事。两者的区别在于，提高皮鞋的进口关税，在保护皮鞋产业的同时，其他产业的发展会受限制。在一定时期资源是有限的，而那些需要关税保护的企业，恰恰是生产率较低的企业，而低效率的企业被保护，资源会向这类企业流动，这不仅对生产率高的企业不公平，长此以往，还会降低整个社会的生产效率。

补贴企业出口是补贴国外消费者

政府鼓励对外贸易，目的是希望出口自己高生产率的商品，赚取外汇，然后再用外汇进口他国物美价廉的商品，满足国内需求。如果用高关税挡住进口，无疑是对国际分工利益的放弃。

为增强企业竞争力，曾有学者建议对企业出口给予补贴。我曾撰文明确反对此建议，因为不论补贴方式为何，最终都是为了低价出口商品。但要指出的是，政府补贴企业出口，其实是在用国内财政补贴国外消费者，其补贴部分等于白送。

既然如此，我的观点，政府与其补贴企业出口，倒不如补贴企业技术创新。只要企业有足够的竞争力，出口是用不着补贴的。古往今来，靠给人送补贴而致富的国家，一个也不曾出现过。

思考题

提高进口关税并不能保护本国就业，可美国为何会加征进口关税？为何说政府补贴企业出口，是用国内财政的钱补贴国外消费者？

第6节 | “中心－外围论”不可信

在第2节我曾提到过，有人认为发展中国家与发达国家进行贸易是发展中国家吃亏，发达国家占便宜。经济学家普莱维什就是持这种看法。他所提出的“中心－外围论”指出：国际贸易利益大多被位于经济中心地位的发达国家享有，外围的落后国家利益很少，甚至是负数。

普莱维什的证据

1950年，普莱维什根据英国1876—1938年的进出口数据，推算了初级品与工业制成品的比价变动。外围国主要出口初级品，进口制成品，故两者比价实际就是外围国的贸易条件。

普莱维什通过计算发现，到1938年，过去60多年外围国贸易条件下降了36%。这是说，当初一定数量的初级产品可换100个工业品，而现在只能换64个。于是他判定国际贸易对发展中国家不利。

如果普莱维什的上述结论成立，那么发展中国家要避免吃亏，就只能与发展中国家进行贸易，而不应与发达国家进行贸易。而我观察到的事实是，战后迅速致富的国家，几乎都得益于与发达国家的贸易。韩国、新加坡等亚洲国家如此，中国也是如此。

改革开放40多年，中国一跃成为全球第二大经济体，论贡献，出口厥功至伟。而中国的出口市场，大头则在欧美国家。

问题出在哪里呢？为此我查对过相关的资料，普莱维什的数据与计算都没错。可这现象怎么解释？我想还是应回到斯密与李嘉图的分工理论上来，正本清源，也许能从中受到启发。

回到李嘉图分工原理

读者已经知道，斯密是从绝对优势角度研究分工，李嘉图是从比较优势角度研究分工。虽然角度不同，但他们都主张国际分工要扬长避短。研究发展中国家与发达国家之间的贸易，恰好与李嘉图比较优势原理吻合。为方便起见，让我再一次借助李嘉图举的例子。

英国与葡萄牙均生产毛呢与葡萄酒，英国生产 10 尺毛呢，需要 100 小时，酿 1 桶葡萄酒需 120 小时；而葡萄牙生产同样的毛呢与葡萄酒，只需 90 小时与 80 小时。

看上去，两种商品的生产率英国皆不及葡萄牙，两国似乎没有贸易的可能。而李嘉图指出，只要两国按各自的比较优势分工，贸易仍能让双方获益。

上例中，英国的比较优势是生产毛呢，葡萄牙的比较优势是生产葡萄酒。假如 10 尺毛呢可换 1 桶葡萄酒，这样英国用 100 小时生产的毛呢，便可换得自己需要 120 小时才能生产出的葡萄酒，可节约 20 小时成本；葡萄牙用 80 小时生产的葡萄酒，可换到自己需要 90 小时才能生产出的毛呢，也节约了 10 小时成本。

英国生产率低于葡萄牙，但在贸易中英国得到的好处反而更多，这是否意味着国际贸易对低生产率国家更有利？当然不是。如果葡萄牙生产 10 尺毛呢的成本不是 90 小时，而是 100 小时，葡萄牙用 1 桶葡萄酒换 10 尺毛呢不也可节约 20 小时成本吗？

交换比价决定利益分配

事实上，决定贸易利益分配的是商品的交换比价。贸易双方生产成本的相对差距，只决定分工的选择。而分工格局一旦形成，贸易利益怎样分配，则取决于贸易商品之间的比价。

上例中的商品交换比价，如果不是 10 尺毛呢等于 1 桶葡萄酒，而是 15 尺毛呢等于 1 桶葡萄酒，英国肯定吃亏；反之若比价为 10 尺毛呢等于 1.5 桶葡萄酒，则吃亏的就是葡萄牙。

那么商品比价如何确定呢？对此李嘉图本人并未提供答案，而是他的学生约翰·穆勒作了弥补。穆勒的观点，商品的比价由贸易双方对进口商品的需求决定，若一方对另一方商品的需求强度更大，对方的商品比价就会相对高。

穆勒的解释有一定的说服力，不过我认为用商品“稀缺度”解释，说服力更强。因为国际贸易并不只在两个国家进行，如果英国毛呢涨价，葡萄牙可转从别国进口。但要是全球毛呢都稀缺，价格就必涨无疑。

穆勒是从贸易双方的相互需求看，而“稀缺度”则是从全球市场需求看。但无论从哪个角度看，只要认同价格由需求决定，都可得到如下推论：商品比价与生产国的成本无关，也与贸易双方的经济发展水平无关。正因如此，所以不能简单地认定：发展中国家与发达国家进行贸易就一定会吃亏或者占便宜。

仅举一例。沙特阿拉伯并非工业发达国家，出口的原油属初级产品，但由于原油稀缺，1973 年每桶不到 3 美元，到 2008 年涨到每桶 100 美元。35 年上涨 30 多倍，超过了同期大多数制成品的价格涨幅。而近几年欧美经济不济，原油需求减少，价格大跌，这也正好证明了价格是由“稀缺度”决定。

写到这里，最后再作三点澄清：

第一，20 世纪 30 年代前初级产品与制成品的比价之所以下降，是由于当时初级品供应相对充足，制成品相对稀缺。

第二，由于农机工具的应用与种植技术的改进，农产品产出率提高，单位商品价格下降。

第三，欠发达国家为了出口创汇，自己控制了出口产品的价格。

思考题

请你对普莱维什的贸易理论发表评论。你认为国际分工利益的分配是由什么决定的?

第十二章

用事实验证理论

证实与证伪

◎ 发现规律与验证规律

◎ 理论要用事实检验

◎ 事实要用理论解释

◎ 定律皆受时空约束

◎ 历史现象未必是规律

◎ 经济学有立场

第十二章
用事实验证理论
证实与证伪

经济学发展已有 200 多年历史。1995 年卢卡斯获得诺贝尔经济学奖后，诺奖委员会主席韦林评论说：卢卡斯已使 20 世纪 70 年代前的大部分经济理论站不住脚。经济学家艾克纳也承认：经济学的某些重要命题还不能用事实证实。这就提醒我们，借鉴西方经济学理论需要去粗取精、去伪存真，不可盲从。

第 1 节 ｜ 发现规律与验证规律

经济学是经世致用的科学，经济理论（规律）要经过实践检验而不被推翻才能成立。问题是经济学家怎样从纷繁复杂的实践中发现规律？运用理论解决现实问题时，又如何用事实验证理论呢？

归纳法是寻找共性

经济学家观察与解释世界，其实用的是哲学方法。比如马克思写《资本论》，用的就是“从具体到抽象，再从抽象到具体”的哲学方法。古往今来，大多杰出的经济学家，同时也是哲学家。

经济理论是对经济规律的表述，需求定律、供求原理等皆为理论。这是说，掌握了经济理论，也就掌握了经济规律。

经济学寻找规律的方法有两种：一种是归纳法，另一种是演绎法。所谓归纳法，是从经济活动中寻找人类行为的共性，共性即规律。

德国学者恩格尔通过观察分析大量统计数据，发现了一个带有规律性的事实：收入低的家庭，食品支出在收入中的占比相对高；收入高的家庭，食品支出的占比却相对低。这个发现后来通过事实验证至今未被推翻，故定名为“恩格尔定律”。

归纳法具有三个特点：

第一，归纳的依据必须是可观察的事实，而且观察到的样本（事实）越多，所提炼的规律被推翻的可能性越小。

第二，归纳得出的规律，是对事实共性的描述，如“高收入决定高消费”“中等收入陷阱”等，此类判断一般是全称判断。

第三，归纳提炼的理论，是定律而非定理，定律是阶段性规律，在特定时空才成立。边际消费倾向递减规律、流动偏好等皆属定律。

演绎推理是假言判断

演绎法不同于归纳法。从推理过程看，演绎法是先提出假设，然后根据假设作推断；从推出的判断看，演绎推出的不是全称判断，而是假言判断（有逻辑前提的判断），也称为定理。

换句话说，演绎推理不是归纳事实，而是解释事实。如前面提到的“恩格尔定律”，是归纳事实，而科斯定理则是解释事实。科斯定理说：若交易成本为零，产权界定清晰，产权无论界定给谁经济皆达到高效率。

显然，上面的“交易成本为零”与“产权界定清晰”是假设，而“达到高效率”是判断。

用演绎推理解释事实，说白了就是寻找并指出事实存在的约束条件。黑格尔曾经讲“存在即合理”，意思是任何存在都有存在的原因。你认为某现象不合理，是因为你不了解背后的约束条件。

比如有人认为房价高不合理。按黑格尔的观点推理，房价高必有房价高的理由。假若你不喜欢高房价，就应该找到导致高房价的条件并去改变它。若不能改变约束条件，高房价就一定存在。

验证理论的方法

以上说的是提炼理论的方法，下面再说怎样验证理论。由于归纳法不同于演绎法，所以对两种推断作验证也有不同的方法。

归纳法是根据事实提炼理论，要证明理论成立，当然得举证大量事实。而验证理论相反，验证理论也用事实，但作验证不是证实，而是证伪，证伪只需举出一个反例，理论便被推翻；若举不出任何反例，理论才算暂时成立。

凯恩斯在《通论》中，为了解释消费需求为何不足，提出了边际消费倾向递减规律，即随着人们收入增长，消费也会增长，但消费增长赶不上收入增长，于是导致消费率递减，储蓄率不断上升。

在凯恩斯所处的时代，此现象是事实，可我们今天所观察到的事实是，美国的居民储蓄率自 20 世纪 70 年代以来不升反降。仅此一例，足以证明消费倾向递减并非规律，至少不是永恒规律。

验证演绎推理的结论要复杂些。演绎推理是假言判断，对假言判断作验证有三个重点：首先，看假设是不是事实，若不是可观察的事实，其推断无法验证。其次，看推理的结论是不是事实，若结论不是可观察的事实，其推断也无法验证。

只要假设与推断有一方不是事实，该理论就不可能被推翻。一个不能用事实证明“错”的理论，同样也不能用事实证明它“对”。

若假设是事实，推断的结论也是事实，那么验证理论的第三个重点，则是看假设与推断之间，是否存在真实的因果关系。

你家门前的树长高是事实，你家的孩子长高也是事实，可两者间并无内在的因果关系。胡适先生说“大胆假设，小心求证”。“大胆假设”是指从具体到抽象的研究，通过分析事实存在的各种原因，大胆地提出一种理论解释；“小心求证”则是从抽象到具体的验证，即反复用事实验证，看该理论是否会被推翻。

世上没有绝对真理。理论通过事实检验而未被推翻，理论就算暂时成立。但理论不是僵化的教条，实践在发展，理论也要不断接受实践检验，与时俱进。

思考题

谈谈归纳法与演绎法在科学发现中的作用，并指出经济学中的定理与定律有何区别。

第 2 节 ｜ 理论要用事实检验

怎样用事实检验理论？下面让我结合“吉芬悖论”给读者解释。在经济学里，需求定律是推测人们行为的基本规律。可自从马歇尔在《经济学原理》中提出“吉芬悖论”后，便发生了旷日持久的争论。争论的焦点是，“吉芬悖论”是否推翻了需求定律？

“吉芬悖论”不是事实

现实生活中，有些商品需求量对价格变化很敏感（如服装），而有些商品需求量对价格变化不太敏感（如食盐），对此现象，经济学家通常是用商品的需求价格弹性不同作解释。

所谓商品的需求价格弹性，是指价格变动与需求量变动的比值，用公式表示：

需求的价格弹性＝需求量变动率/价格变动率

若比值大于1，则弹性高，小于1则弹性小。弹性小于1的商品是否是需求定律的例外呢？当然不是。弹性小于1，仅表明需求对价格变化敏感度低，而不会改变两者呈反向变化的关系。

“吉芬悖论”是怎么回事？英国经济学家吉芬发现，1845年爱尔兰发生大饥荒后，马铃薯价格大涨，可由于普通家庭买不起肉类食品，只能转向消费马铃薯这类低档品，结果马铃薯涨价后消费不仅没减少，反而增加了。马歇尔称此现象为“吉芬悖论”，而“吉芬物品”（低档品）也就成了需求定律的例外。

到了20世纪70年代，又有学者称奢侈品也是例外。并以钻石为例，说钻石价格越高，购买者越多，价格低廉的钻石，却很少有人问津。

随着争论的持续，到今天学界提出的例外品越来越多。比如有学者说，下雨天雨伞涨价，购买雨伞的人越多；股票上涨，追涨者越多。他们认为，雨伞与股票等也都是需求定律的例外。

当然，也有学者认为需求定律没有例外。美国经济学家斯蒂格勒 1947 年发表文章指出，在马歇尔时代，英国并无支持吉芬现象的证据。他还说，如果“吉芬悖论”是事实，则反过来无疑是说马铃薯价格越低，马铃薯的需求会越少，这种现象在真实市场怎可能出现呢？所以他断定“吉芬悖论”只是一个假想。

弗里德曼的高见

我找不到英国 19 世纪末的相关资料，“吉芬悖论”是否真的存在过无从考证。从证伪的角度讲，定律不允许有例外，哪怕有一个例外，定律就被推翻。问题是面对上述种种现象，怎么证明它们不是需求定律的例外呢？

1949 年，美国经济学家弗里德曼发表了《马歇尔的需求曲线》一文，论证了需求定律没有例外。

此文有三个要点：

第一，需求定律描述的是供给一定时价格与需求的关系，若假定供给不变，收入也不会变。

第二，研究价格对需求的影响，即使收入改变也不应纳入需求定律考虑。

第三，收入改变后产品需求有可能改变，但此时应画另一条需求曲线，而不应看作需求定律的例外。

以上三个要点环环相扣，其中心意思是：影响需求变化的因素并不只是价格，其他因素变化也会引起需求变化。要研究价格变动与需求变动的关系，必须明确哪些因素可以变而哪些因素不能变。

弗里德曼认为，影响价格变动的因素皆可变，而可能导致需求变动的非价格因素都不能变。

影响需求的非价格因素主要有以下三种：

一是产品。产品价格不变，但如果产品有变化需求也会变。现实中不乏这样的例子，比如苹果手机，现在已升级到iPone15。过去每升级一次价格就涨一次，而且需求也跟着增加。读者不要以为需求增加是由价格带动的，虽然iPone5与iPone15是同一个品牌，却不是同一个产品。

二是偏好。产品价格不变，若人们偏好改变也会影响需求。以普洱茶为例，过去人们对普洱茶不了解，市场需求也不大。10多年前马帮进京，兴师动众，并宣称此茶可以降“三高”，结果一饼茶竟拍出了160万元的天价。普洱茶从此声名远播，需求大增，是因为宣传推介改变了人们的饮茶偏好。

三是收入。“恩格尔定律”说，穷人收入中用于低档品（如粮食等必需品）消费的占比相对高，富人收入中用于高档品消费的占比相对高。可推出的是：若人们收入水平提高，对高档品需求会增加；若收入水平下降，对低档品需求会增加。由此可见，高档品与低档品的需求不单受价格影响，同时也决定于收入。

研究价格变化对需求的影响，必须设定上述因素不变。如果这些因素同时变，就无法确定需求变化到底是由何因素引起。换句话说，只要设定产品、偏好、收入等不变，价格变动与需求变动的关系就可用需求定律来表达，需求定律也不可能有例外。

对“吉芬物品”的解释

当年马歇尔认为“吉芬物品”是短期的例外，我不认同他这种说法。

先说马铃薯。当时英国发生大饥荒后马铃薯价格上涨，穷人对马铃薯需求增加，并不是需求定律失灵，而是人们收入下降所致。正如弗里德曼所说，验证需求定律要假定收入不变，如果收入变了，就应另画一条需求曲线。

再看奢侈品。以钻石为例，昂贵的钻石购买者多，廉价的钻石购买者少，这现象推翻不了需求定律。需求定律要求产品不变，而这里对比的却是两种品质不同的产品。如果我们问：同一品质的钻石价格越高你会买得越多吗？你若不会，钻石就不是需求定律的例外。

再说雨伞。事实上，下雨天雨伞涨价购买者越多，原因并非雨伞涨价，而是因为下雨改变了人们对雨伞的偏好，要是不下雨，雨伞的需求不会增加。

最后再说股票。股票上涨之所以追涨者多，是因为可以套利，此时炒股者是投资者而非消费者，而解释投资行为，要用供给曲线而不能用需求定律。

学界列举的例外品还有一些，这里不再一一澄清。但请读者记住：只要坚守产品不变、偏好不变、收入不变，需求定律没有例外。

思考题

理论是否正确为何不能用理论检验而要用事实验证？你认为“吉芬物品”是需求定律的短期例外吗？为什么？

第3节 | 事实要用理论解释

事实怎样用理论解释？让我们来讨论目前人们关注的负利率现象。有学者预言，全球“负利率时代”即将到来。作此判断，是2019年8月瑞典央行率先推出了负利率，跟着丹麦、欧元区、瑞士、日本等央行也先后实施负利率。日本、德国、法国、瑞典、瑞士、丹麦、荷兰、奥地利、比利时等还发行了收益率为负的长期国债。难道“负利率时代”真的会到来吗？

名义利率与实际利率

社会上早有负利率之说。不过以往人们所说的负利率，是指银行名义利率低于通胀率，储户从银行取得的利息抵补不了通胀的损失，结果使储户实际利率为负。实际利率为负的情况，20世纪90年代初中国曾出现过，国际上更是屡见不鲜。但名义利率为负的例子，人类历史上却不容易找见。

马克思在《资本论》中曾对利率作过分析。他指出：利率是货币资本家对产业资本家利润的分割。由此决定，利率不能高于平均利润率，同时又不能低于零。

利率在平均利润率与零之间具体如何确定？马克思说，取决于借贷双方分配利润的比例，而此比例又取决于货币供求状况。原则上：货币供过于求，利率会下降；货币供不应求，则利率会上升。

20 世纪 30 年代，凯恩斯在《就业、利息和货币通论》中也提出了相同的观点。并分析说，假若名义利率为零，社会上将不会有人到银行存款，这样会形成流动性陷阱。

负利率事出有因

理论归理论，我们看到的现实是，今天不仅有的国家央行采用负利率，甚至也有商业银行推出负利率。此现象确实令人费解，不过往深处想也不难理解。

欧洲经济近年来一直不景气，2019 年欧央行将金融机构超额准备金利率调至 -0.5%，不过是刺激经济的权宜之计而已。此举旨在一箭双雕，即在央行不增发货币的前提下，迫使商业银行放贷，增加市场流动性。

同样的道理，日本中央银行将商业银行的贷款贴现率降至 -0.1%，其目的也是鼓励商业银行低息贷款，降低企业的融资成本。

难以理解的是，商业银行为何推出负利率？我看到的资料，丹麦日德兰银行已将大额储户的存款利率降为 -0.6%，10

年期房贷利率降为 −0.5%。

学界有一种观点，认为是银行为了刺激消费。我不认同此看法。银行不是政府，它所追求的是贷款安全与盈利，怎可能用负利率刺激消费呢？刺激消费是政府的事，银行作为商业机构必须在商言商，否则银行迟早得关门。

上面例子中，日德兰银行之所以将 10 年期房贷利率降到 −0.5%，是因为将大额储户存款利率降到了 −0.6%，中间仍有 0.1% 的利差。而且据我所知，日德兰银行推出负利率房贷还有一个原因，那就是事先向房产开发商发行了负利率债券，让房产开发商贴补了利息，银行可以稳赚不赔。

既然存款利率为负，那么储户为何还会去银行存款？或者问，银行发行债券的利率为负，开发商为何会购买银行债券？经济学的推断，一定是投资房产的预期收益为负，致使房产大量积压。

用资产定价原理分析

要明白其中的道理，读者需要懂得资产定价原理。为方便理解，让我对资产定价原理作简要介绍。

资产定价原理说，某资产的价格等于该资产预期收益的贴现。用公式表示则是：

资产价格＝该资产的预期年平均收益 / 银行年利率

毫无疑问，此公式是来自马克思的土地定价原理。当年马克思在研究土地价格时指出：土地价格＝土地年租金 / 银行利率。若将土地当资产看，土地定价与资产定价其实是一回事。

用资产定价原理如何解释负利率现象？顾名思义，所谓资产定价，是在已知银行利率与资产预期收益时决定资产的价格。而讨论市场为何出现负利率，则是在已知资产价格的前提下，分析负利率存在的约束条件。

按照资产定价原理，资产价格 × 银行年利率＝资产预期年收益。由此推断，假若资产价格为正，银行利率为负，则资产的预期收益一定为负。

据此分析，负利率出现的约束条件，是资产预期收益为负。若资产预期收益大于零，负利率不可能出现。读者不妨扪心自问：若你对未来房产的预期收益为负，而银行利率为正，你是不是会将房产变现存入银行？倘如此，银行每天得为储户支付利息而却没人贷款购房。在此情况下你认为银行应该怎么做？银行当然要推出负利率。

“负利率时代”是危言耸听

学界所说的“负利率时代”，是指全球利率为负。前面分析过，负利率存在的前提，是资产预期收益为负。而全球利率为负，意味着地球上所有资产预期收益皆为负。怎么可能呢？别的不论，只要土地能长庄稼，至少土地预期收益就绝不会为负。

资产预期收益为负，只有一种可能。比如某行业生产过剩造成了设备闲置，而保养设备要花钱，此时资产预期收益无疑是负的，但这种情况绝非普遍。

萨伊曾论证过：供给可创造需求，供求总量能自动均衡。

若需求总量不变，有供给过剩产业，就必有供给短缺产业。过剩产业预期收益为负，短缺产业预期收益为正，从全社会看，资产预期收益不可能同时为负。

只要资产预期收益不同时为负，那么人类也就不可能进入所谓“负利率时代”。何况我们中国一直坚持实施稳健的货币政策，绝无可能出现负利率。在我看来，“负利率时代”危言耸听，不过是少数学者杞人忧天的想象，我们切不可听风是雨，更不必草木皆兵。

思考题

为何事实（现象）不能用事实（现象）解释而要用理论解释？请举例说明。

第 4 节 | 定律皆受时空约束

对这个问题，让我以“配第 – 克拉克定理”为例作解释。该定理说：一个国家随着经济发展，第一产业比重会下降，第二产业比重会上升，跟着第三产业比重也随之上升。该定理自1942 年提出后，得到了库兹涅茨、埃索维等经济学家的支持。时至今日，第三产业比重已成为衡量一个国家（地区）产业结构是否合理的重要指标。

阶段性规律是定律

严格地讲，“配第－克拉克定理”并不是定理，而是定律。前面说过，科学上的定理，是用逻辑演绎证明的命题，通常表述为“若条件，则结论”（如科斯定理）。而定律则是对经验事实的描述，即通过对特定时空下大量事实归纳所得的结论。简言之，定理不受时空约束，定律要受时空约束。

“配第－克拉克定理”显然属于后者，一旦时空改变，则可能失灵。正是从这个角度看，一个国家或地区调结构大可不必迎合该定律。否则东施效颦，反而会弄巧成拙。事实上，近些年国内实体经济逐步转虚，与各地盲目发展“三产”不无关系。

我这样讲，并不是说“配第－克拉克定理”不可以借鉴，能借鉴当然要借鉴。但该定律能否借鉴，首先要弄清它的时空条件，否则我们将无法作出科学判断。

令人遗憾的是，该定律的时空条件，不仅配第和克拉克未作说明，学界也似乎没有人研究过。曾担心自己孤陋寡闻，最近又翻阅了大量文献，反复查找还是找不见。也好，别人没说我来说，不肯定对，但应该不会错，就当抛砖引玉吧。

发展阶段与分工范围约束

“配第－克拉克定理”的约束条件有两个：一是发展阶段（时间）约束，二是分工范围（空间）约束。所谓发展阶段约束，是指该定律只存在于某个特定的发展阶段，其他阶段不能成立。

我想到的极端例证是农耕社会，那时虽有手工业，但并未出现机器大工业与服务业，显然，“配第－克拉克定理”在农耕社会不成立。既然在农耕社会不成立，当然就是阶段性规律。而且我认为，此定律只存在于工业化初期到中期阶段，工业化后期该定律也不成立。

为何作此判断？我的分析是这样：

“配第－克拉克定理”是对经验事实的归纳。不过配第的这一思想，并非直接来自经验事实，那时尚处在工业革命前夜，工业化要等一百年（1776年瓦特发明蒸汽机）后才起步。真正根据事实归纳此定律的是克拉克，而克拉克所依据的事实，则是工业化初期到中期的事实。

换句话说，克拉克只是验证了工业化初期至中期的结构演进，而工业化后期会怎样他并未验证。而我们今天所看到的事实是，欧美制造业正在回归，从证伪角度看，此定律恐怕也不存在于工业化后期。

再看分工约束。此约束有两层含义：一是结构演进要以分工为前提，即没有分工就没有结构演进；二是分工范围决定结构演进的主体范围。

具体讲，在工业化初期到中期，分工范围若只局限于某地区，“配第－克拉克定理”会适用于该地区。但若分工范围扩大，当一个国家形成了地区间的分工，则“配第－克拉克定理”就只适用于这个国家而不再适用于某个地区。同理，当分工范围扩大到全球，那么“配第－克拉克定理”反映的是全球趋势，也就不再适用于某个国家。

不必生搬硬套

假定一个国家有甲、乙、丙三个地区，甲地比较优势是农业，乙地比较优势是工业，丙地比较优势是“三产”。设若这个国家已经形成了地区间分工，这样甲、乙、丙三地则大可不必拘泥于“配第－克拉克定理”。

从单个地区看，虽然每个地区都不符合此定律，但从整个国家角度看，结构演进趋势仍与定律是一致的。

分析至此，我想强调三点：第一，“配第－克拉克定理”是阶段性规律，绝非永恒不变；第二，此定律适用范围由分工范围决定，并非放之四海而皆准；第三，基于以上两点，一个国家的产业定位应立足自身比较优势，断不可削足适履、生搬硬套。

思考题

为何说“配第－克拉克定理”不是定理而是定律？请你再列举1—2个受时空约束的经济学定律。

第 5 节 | 历史现象未必是规律

经济学界有不少流行说法，这些说法既不是定理，也不是定律，却在社会上口口相传，广为传播，所谓“中等收入陷阱”便是其中之一。历史上确实有国家达到“中等收入水平”后陷入了经济停滞，但不能认定此现象就一定是经济规律。

来自世界银行的推测

“中等收入陷阱”的发明者，是世界银行。2006 年世行发表《东亚经济发展报告（2006）》，首次提出此概念，意思是，进入中等收入的国家通常会面临一个两难境地：在工资成本方面，无法与低收入国家竞争，而在高新技术方面，又无法与高收入国家竞争，上下被挤压，中等收入国家很容易陷入增长停滞的陷阱。

骤然听似乎不无道理，而深入想却疑点很多。

首先，中等收入国家的工资成本比低收入国家高是事实，在高新技术方面，与高收入国家比存在差距也是事实。然而这些事实，却推导不出中等收入国家必然会陷入经济停滞的结论。

其次，中等收入国家的工资成本虽然比低收入国家高，但技术水平也比低收入国家高。同理，中等收入国家技术水平不及高收入国家，可工资成本也相对低。由此看，中等收入国家与低收入国家比在技术上有优势，而在工资成本方面与高收入国家比有优势。

证伪只需一个反例

“中等收入陷阱”是否是规律？赞成者大多举东南亚与拉美国家为证。

马来西亚 1980 年人均 GDP 为 1812 美元，而到 2008 年达 8209 美元后就徘徊不前了。

阿根廷 1964 年人均 GDP 约 1000 美元，20 世纪末上升到了 8000 多美元，2002 年又下降到 2000 多美元，2008 年又回升到 8236 美元。

东南亚与拉美类似的例子有很多，经数十年努力人均 GDP 都一直未过 1 万美元。

以上举证皆是历史事实，但历史并不会简单重复。而且，科学验证的重点是证伪，不是证实。比如“天下乌鸦一般黑”，大家皆认定乌鸦是黑的，但若有人举证有一只乌鸦是白的，“乌鸦是黑的”就被推翻了。

验证“中等收入陷阱”也是如此，只要能举证一个国家作为反例，则“陷阱论”就立不住，而这方面的例子却举不胜举。

日本 1972 年人均 GDP 约 3000 美元，到 1984 年突破 1 万美元，由低收入到高收入国家只用了 12 年。韩国的时间更短，只用了 8 年，1987 年人均 GDP 约 3000 美元，1995 年就达到了 11469 美元。可见日、韩两国均并未落入“中等收入陷阱”。

事实上，不论低收入国家还是高收入国家，经济都可能出现停滞。老牌的工业化国家英国，一战后便风光不再，今天在经济上已成为二流国家。

美国堪称世界头号经济大国，20 世纪 70 年代也曾出现停滞，2007—2008 年还爆发了金融危机。令人不解的是，既然增长停滞在任何国家都可能出现，并非中等收入国家所独有，又何必要提出“中等收入陷阱”呢？

怎样看待经济下行

近年来中国经济下行压力大，原因有多方面：一是贸易保护主义重新抬头，中国对外出口受阻，外需有所减弱；二是国内产能过剩，调整结构需要时间；三是中国已成全球第二大经济体，GDP 超过 110 万亿元，基数增大，增速放缓不足为奇。

需要指出的是，以上这些因素皆与所谓“陷阱”无关，是特定时期的特殊问题。若硬将这些问题与“中等收入陷阱”挂钩，无疑是自寻烦恼，除了误导决策，我看不出有半点用处。

对中国经济前景我一贯看好，今天仍不变。经过 40 多年改革开放，工业化基础雄厚，技术水平虽赶不上发达国家，但比低收入国家要先进得多；工资成本虽比低收入国家高一些，但比高收入国家要低得多。这正是我们的比较优势所在，只要我们扬长避短，长远看，我们没有理由不乐观。

目前最要紧的有两点：一是调结构，产能过剩必须调结构，阵痛在所难免，增速也会低一点，这是必须付的代价，决策层要有自信与承受力；二是扩内需，外需不足内需补，舍此别无选择。中国有 14 亿多人口，若能将国内需求带动起来，10 年内保持 5% 左右增长不成问题。

思考题

证实与证伪的区别何在？对某个理论证伪，为何只要举出一个反例该理论便不成立？

第 6 节 | 经济学有立场

用经济理论解决现实问题，必须注意经济学家的立场。有学者说：经济学研究经济规律，规律不应有国界之分，也不应该有立场。另一种更直白的说法是：经济学应像物理学、化学等自然科学一样，只揭示客观经济规律，不能加进学者的价值判断。

经济学研究生产关系

价值判断是人们价值观的表达，研究自然规律当然无须作价值判断。水往低处流是自然规律，人们可根据此规律建电站造福社会，但水往低处流也可能冲垮堤坝，给人类造成灾难。

水往低处流是一种客观存在，无所谓好与坏，所以对自然规律不必加进科学家的价值判断。可经济学并不是自然科学，研究的是人类经济活动中的生产关系，研究生产关系怎能没有立场呢？

读者想想，经济学发展数百年为何对“公平”至今未有一致的定义？究其原因，是由于经济学家的立场不同，对“公平”的定义才五花八门。

1672年，英国经济学家威廉·配第出版了《政治算术》。算术者，统计计算也。其实就是经济学，或是经济学的代名词。配第为何要在“算术”之前加上“政治”二字呢？配第无非是想表明，他的经济学有立场。正因为此，马克思称配第为“政治经济学之父”。

配第之后的100多年，英国古典政治经济学发展风生水起，其间产生了两位伟大的经济学家：一位是亚当·斯密，另一位是大卫·李嘉图。斯密1776年出版了《国富论》，李嘉图1817年出版了《政治经济学及赋税原理》。

读者若是读过这两本书，就不难发现其中鲜明的政治立场。两位大师皆站在产业资本家的立场抨击地主阶级，为工业革命与自由贸易鸣锣开道。

马克思的劳动价值论来自斯密和李嘉图，可马克思的立场却不同于斯密和李嘉图。马克思的政治经济学站在劳动者大众一边，运用劳动价值论分析剩余价值的来源和劳动者受压迫、受剥削的根源，并揭示了剥夺者必被剥夺的历史规律。

列宁曾经说过，只有马克思的经济理论，才阐明了无产阶级在整个资本主义制度中的真正地位。

新古典经济学也有立场

19世纪下半叶，经济学进入了新古典时代。早期的代表性著作主要有两本：一本是法国学者瓦尔拉斯 1874 年出版的《纯粹政治经济学要义》，一本是英国学者马歇尔 1890 年出版的《经济学原理》。

请读者注意：瓦尔拉斯在“政治经济学”前加上“纯粹”二字，马歇尔将“政治经济学”的“政治”二字省去，他们这样做，显然是有用意的。是何用意？瓦尔拉斯自己说，目的是要抽象掉立场，建立起“一门如同力学和水力学一样的科学”。

新古典经济学真的没有立场吗？非也。无论瓦尔拉斯还是马歇尔，他们的著作都有立场，而且都是要掩盖阶级对立，为资本主义制度辩护。

20 世纪 30 年代经济大危机后，西方经济学走向分化，出现了众多流派。有人问：西方经济学家若代表资本家阶级利益怎会有流派之争？其实，流派之争只是主张之争：凯恩斯主张国家干预，货币学派主张经济自由。两派主张不同，但立场却相同，皆是为了资本主义长治久安。

另一个现象更具迷惑性。今天西方经济学大量使用数学，给人感觉，经济学似乎已经变成了数学，可以没有立场。读者若是这样看就大错特错了。经济分析可以借助数学，但数学不过是工具，经济学家构建数学模型仍然有立场。若有经济学家说自己的著述没有立场，那是自欺欺人，你可千万别信他。

事实上，经济学家也并非都否认经济学有立场。经济学研究需采用实证分析与规范分析两种方法。实证分析回答是什么，规范分析则以一定的价值判断为标准，对经济行为或政策的好坏作评判。立场决定价值观，经济学家若没有立场，就等于没有价值标准。没有价值标准，何以评判一项政策好坏呢？

坚持以人民为中心的立场

习近平总书记强调，发展中国特色社会主义政治经济学。我们如何构建中国特色社会主义政治经济学？最关键的是要坚持以人民为中心的立场。这个立场，也是马克思主义经济学的立场。

习近平总书记提出的五大新发展理念，是对以人民为中心发展思想的逻辑展开。创新发展是动力，协调发展、绿色发展、开放发展是方式，共享发展是目的。从这个角度看，新发展理念已为我们构建中国特色社会主义政治经济学提供了理论框架。

最后说怎样对待西方经济学。无论是构建中国特色社会主义政治经济学，还是用理论解决现实难题，都不必排斥西方经济学。西方经济学理论也是人类共同的文明成果，对反映市场运行一般规律的原理，我们可以借鉴。但对西方涉及价值判断的经济学理论，必须对其立场进行甄别，如果不符合人民大众的利益，不管那位经济学家名头有多大，也不能照搬。

思考题

你认为经济学是否有立场？应该怎样对待西方经济学理论？

附录一

构建中国特色社会主义政治经济学

逻辑主线、理论框架、基本范式、中国方案*

◎ 坚持以人民为中心是逻辑主线

◎ 新发展理念是理论框架

◎ 处理政府与市场关系是基本范式

◎ 供给侧结构性改革是中国方案

* 此文发表于《管理世界》2017 年第 11 期。

附录一

构建中国特色社会主义政治经济学

逻辑主线、理论框架、基本范式、中国方案

习近平新时代中国特色社会主义思想，是马克思主义中国化的最新成果，而且集中体现了习近平经济思想。本文将重点就如何用习近平经济思想指导中国特色社会主义政治经济学构建谈几点认识。

坚持以人民为中心是逻辑主线

“立足我国国情和我国发展实践，发展当代中国马克思主义政治经济学”，是习近平总书记对广大经济理论工作者提出的期望。构建中国特色社会主义政治经济学，首先要解决的问题就是怎样确定这门学科的主线。主线不明确，学科的框架体系也就无法建立。中国特色社会主义政治经济学的主线是什么呢？我认为习近平总书记提出的“坚持以人民为中心”的思想，就是构建中国特色社会主义政治经济学的主线。

对构建社会主义政治经济学的探索，最早是从苏联开始的。1951 年，苏联召开评定《政治经济学教科书》未定稿的

讨论会，作为这次讨论的总结，斯大林于1952年撰写出版了《苏联社会主义经济问题》。应该说，国内学界对社会主义政治经济学的认识，最初就是来自苏联的《政治经济学教科书》与斯大林的这本小册子。改革开放后，国内经济学界也编写过不同版本的《政治经济学（社会主义部分）》教材。总体说，无论是苏联的教科书还是国内编写的教科书，对构建社会主义政治经济学的主线是什么并未形成一致的认识。

确立社会主义政治经济学的主线，要从政治经济学的学科性质入手。政治经济学不同于今天的西方经济学。马克思在《资本论》序言中说，“我要在本书研究的，是资本主义生产方式以及和它相适应的生产关系和交换关系”，并指出“政治经济学不是工艺学”。列宁也说：“政治经济学决不是研究‘生产’，而是研究人们在生产上的社会关系，生产的社会结构。”资本主义的生产关系是阶级关系，所以政治经济学要有阶级性或政治立场。

19世纪末，一批西方学者抽象掉阶级性而研究纯经济现象，如瓦尔拉斯的《纯粹政治经济学要义》、马歇尔的《经济学原理》等在名称上就试图把经济学与政治经济学分开。他们这样做，目的是要证明经济学可以没有阶级性或政治立场，可以像自然科学一样成为纯科学。当然这只是自欺欺人，西方经济学其实也是有自己的阶级立场的。

古典政治经济学研究的是生产关系，而且也有阶级立场。17世纪中叶以后，资本主义工场手工业逐渐发展成为工业生产的主要形式，资产阶级为了同封建势力作斗争，必然要求从理论上说明资本主义生产、分配的规律，论证资本主义生产的优越性，于是古典政治经济学应运而生。

由于当时的社会矛盾主要体现为资产阶级与地主阶级的矛盾，古典政治经济学的立场明显站在资产阶级一边。马克思主义政治经济学批判地继承了古典政治经济学，然而马克思的立场与古典政治经济学不同，马克思坚定地站在工人阶级立场上，他关心的是资本主义条件下人类的生存状况，研究的是物掩盖下资本家与工人之间的关系，目的是揭示“两个必然”，实现人类的自由解放。

前面说，苏联较早地开始了对社会主义政治经济学的探索，苏联的《政治经济学教科书》虽也强调研究社会主义生产关系，而且斯大林也批评了雅罗申柯“为生产而生产”的观点，却未提出社会主义政治经济学的主线。该教科书确立的社会主义经济范式，是“公有制 + 计划经济 + 按劳分配”。

斯大林在《苏联社会主义经济问题》中虽然也提出在全民所有制和集体所有制并存的条件下仍有必要保留商品生产，但他只承认消费品是商品，不承认生产资料是商品，只承认价值规律在一定范围内对商品流通有“调节”作用。他认为资本主义制度下竞争和生产都是无政府状态，而社会主义制度下国民经济可以有计划按比例发展。1959—1960 年毛泽东同志研读苏联《政治经济学教科书》后，批评该书脱离实际，有严重错误，有的观点背离了马克思主义。

由此可见，构建中国特色社会主义政治经济学不能复制苏联的教科书。党的十一届三中全会以来，我们党坚持把马克思主义政治经济学基本原理同改革开放的实践相结合，形成了中国特色社会主义经济理论。1984 年 10 月《中共中央关于经济体制改革的决定》通过后，邓小平同志评价说："我的印象是写出了一个政治经济学的初稿，是马克思主义基本原理和中国社会主义实践相结合的政治经济学。"

党的十八大后，习近平总书记在主持中央政治局第二十八次集体学习时指出，既要坚持马克思主义政治经济学的基本原理和方法论，更要同我国经济发展实际相结合，不断形成新的理论成果。在 2016 年 7 月 8 日召开的经济形势专家座谈会上他又强调："坚持和发展中国特色社会主义政治经济学，要推进充分体现中国特色、中国风格、中国气派的经济学科建设。"

习近平总书记的这一系列重要讲话，为我们寻找中国特色社会主义政治经济学的主线提供了指引，这就是：当代中国的政治经济学不仅要研究社会主义生产关系，而且要体现中国特色。概括起来讲，中国特色社会主义就是"中国共产党领导 + 公有制为主体 + 市场经济 + 共同富裕"的社会主义，而中国特色社会主义政治经济学，则是"中国版"的马克思主义政治经济学。既如此，我们建设中国特色社会主义政治经济学就必须坚持马克思主义的立场。

什么是马克思主义的立场？马克思主义立场当然是人民立场。1848 年马克思、恩格斯在《共产党宣言》中宣告："过去的一切运动都是少数人的或者为少数人谋利益的运动。无产阶级的运动是绝大多数人的、为绝大多数人谋利益的独立的运动。"马克思主义政治经济学代表作《资本论》，从商品的二因素和劳动二重性出发，运用劳动价值理论，分析资本主义生产、交换、分配、消费过程，揭示剩余价值的秘密，阐明了无产阶级受剥削、受压迫的经济根源。正如列宁所说：“只有马克思的经济理论，才阐明了无产阶级在整个资本主义制度中的真正地位。”

习近平总书记曾明确讲：“坚持以人民为中心的发展思想，发展为了人民，这是马克思主义政治经济学的根本立场。”立场决定主线，这样“坚持以人民为中心”就理所当然要成为中国特色社会主义政治经济学的主线。新中国成立后，经过社会主义改造，无产阶级与资产阶级作为两个阶级已不存在。特别是党的十一届三中全会以后，党的工作重点转移到经济建设上来，今天中国共产党所要代表的是全国最广大人民的根本利益，所寻求的是全国人民利益的最大公约数。对此马克思曾有明确论述，马克思说，未来理想的社会是一个自由人联合体，“在那里，每个人的自由发展是一切人的自由发展的条件”。

这里有个问题要澄清，有人说西方福利经济学也主张照顾穷人，并提出过“收入均等化”原理，福利经济学是否也体现了以人民为中心的发展思想？我要指出的是，福利经济学的“收入均等化”与习近平总书记提出的“坚持以人民为中心”是根本不同的两回事。20世纪初，资本主义社会由于贫富差距越来越大，阶级矛盾日益尖锐，英国经济学家庇古站在维护资产阶级统治的立场才创立了福利经济学，其出发点并不是为人民争取利益，而是为了缓解阶级对立，维护资产阶级的统治。

习近平总书记提出“坚持以人民为中心”的发展思想，

是由我们党的性质和社会主义的本质决定的。1921 年我们党第一次代表大会通过的第一个纲领就提出“以无产阶级革命军队推翻资产阶级，由劳动阶级重建国家”，1945 年党的七大正式把“全心全意为人民服务”写进党章并作为党的根本宗旨。2015 年 11 月习近平总书记在主持中央政治局第二十八次集体学习时明确指出：“要坚持把增进人民福祉、促进人的全面发展、朝着共同富裕方向稳步前进作为经济发展的出发点和落脚点。”

从党的十八大到党的十九大，习近平总书记不断丰富和发展以人民为中心的发展思想。他指出：“中国梦，归根到底是人民的梦，必须紧紧依靠人民来实现，必须不断为人民造福。”“我们要随时随刻倾听人民呼声、回应人民期待，保证人民平等参与、平等发展权利，维护社会公平正义，在学有所教、劳有所得、病有所医、老有所养、住有所居上持续取得新进展，不断实现好、维护好、发展好最广大人民根本利益，使发展成果更多更公平惠及全体人民，在经济社会不断发展的基础上，朝着共同富裕方向稳步前进。”

在党的十九大报告中，习近平总书记指出：“必须坚持人民主体地位，坚持立党为公、执政为民，践行全心全意为人民服务的根本宗旨，把党的群众路线贯彻到治国理政全部活动之中，把人民对美好生活的向往作为奋斗目标，依靠人民创造历史伟业。”他强调“必须始终把人民利益摆在至高无上的地位，让改革发展成果更多更公平惠及全体人民，朝着实现全体人民共同富裕不断迈进”。这一科学论述延续了我们党一脉相承的政治主张，为中国特色社会主义理论赋予了新的内涵，同时也为构建中国特色社会主义政治经济学确立了主线。

新发展理念是理论框架

坚持以人民为中心的发展思想，具体体现就是五大新发展理念。习近平总书记在党的十九大报告中指出："发展必须是科学发展，必须坚定不移贯彻创新、协调、绿色、开放、共享的发展理念。"并强调要"贯彻新发展理念，建设现代化经济体系"。我体会，新发展理念不仅是建设现代化经济体系的总引领，同时也可作为我们构建中国特色社会主义政治经济学的理论框架。

迄今为止，国内编写的《政治经济学（社会主义部分）》教材，大多是以马克思经济学手稿提出的生产、交换、分配、消费等四个环节为框架展开，而有的则是借鉴西方经济学的框架。用马克思分析资本主义经济的框架分析社会主义经济，难免生搬硬套。如《资本论》中反映资本主义生产关系的基本范畴"资本""剩余价值"等，在社会主义政治经济学中就变成了"资金"与"剩余劳动"，这样处理在理论界曾引起不少争议。有学者质疑：社会主义初级阶段难道不存在资本？剩余劳动的价值形态不就是剩余价值吗？当然，用西方经济学的框架写社会主义政治经济学教材更是牵强附会、牛头不对马嘴。

我主张用新发展理念作为构建中国特色社会主义政治经济学的理论框架，理由是：第一，新发展理念是习近平总书记根据我国经济发展实践总结提炼出的规律性成果，是将实践经验上升为系统化的经济学说；第二，五大新发展理念是一个完整的逻辑体系，其中创新发展是动力、协调发展是原则、绿色发展是方式、开放发展是路径、共享发展是目的。我们如果把发展经济比作做蛋糕，也可以这样理解：创新发展是解决怎样将蛋糕做大，协调发展、绿色发展、开放发展是怎样不断提升蛋糕的质量，把蛋糕做好，而共享发展则是解决怎样分蛋糕的问题。

中国特色社会主义政治经济学阐释新发展理念，我认为应紧紧扣住以下重点：

关于创新发展。改革开放以来，我国经济发展取得了举世瞩目的成就，经济总量已跃居世界第二，但同时必须清醒地看到，我国经济规模大而不强，经济增速快而不优，主要依靠投资驱动，这种传统的驱动方式已不可持续，必须转向创新发展。如何实施创新发展？习近平总书记提出了科技创新与体制创新"两个轮子一起转"的思想，即既要通过体制创新推动科技创新，又要通过科技创新带动体制创新。为此我们的政治经济学必须研究体制背后的生产关系，为体制创新提供有力的理论支撑。比如我们应建立什么样的科技投入体制与科技成果转化体制，就是政治经济学要回答的重大课题。

关于协调发展。过去很长一段时期，我们认为社会主义代替资本主义后，经济就能克服生产的盲目状态，可实行有计划按比例发展，既不会出现生产过剩，也不会出现供给短缺。可是实践证明，我们社会主义经济仍存在发展不协调的问题。改革开放前，经济不协调主要表现为供给短缺，匈牙利经济学家科尔内就曾用“短缺经济”概括计划经济的特征。同时我们也存在结构性问题，1956 年毛泽东同志在《论十大关系》中提出要处理好农业、轻工业与重工业、沿海工业与内地工业、经济建设与国防建设等关系，说明那时候结构问题已经显现，而所谓“三大差别”（城乡差别、工农差别、地区差别）就是当时结构不协调的反映。

改革开放以后，我国经济又出现新的不协调，主要表现是供给过剩与需求不足，而更突出的是结构性问题。2015 年底中央提出去产能、去库存、去杠杆、降成本、补短板，就是要解决当前存在的结构问题。既然社会主义市场经济也存在经济不协调，那么研究协调发展就是中国特色社会主义政治经济学的题中之义。习近平总书记强调，必须“着力提高发展的协调性和平衡性”，“要城乡协调、地区协调”，要“实现经济发展和人口、资源、环境相协调”，要“实现工业化和资源、环境、生态的协调发展”。

怎样研究协调发展？关于经济均衡凯恩斯曾提出过一个著名的等式：“储蓄等于投资”。此等式今天已成为西方宏观经济学的基石。然而深入分析，此等式其实有诸多疑点。限于篇幅我仅指出一点，“储蓄等于投资”虽可实现总量平衡，却不能保证结构平衡。结构不平衡，仅总量平衡有何意义？由此看，我们研究协调发展必须坚持马克思的协调原理。马克思在《资本论》中指出：社会资本再生产运动“不仅是价值补偿，而且是物质补偿，因而既要受社会产品的价值组成部分相互之间的比例的制约，又要受它们的使用价值、它们的物质形式的制约”。显然，马克思这里讲的“两个补偿”，是要求将总量与结构统筹平衡。习近平总书记关于协调发展的思想，与马克思的协调原理一脉相承。他不仅提出要以结构调整促进总量平衡，而且提出要着力形成平衡发展结构，增强供给结构对需求结构变化的适应性与灵活性。

关于绿色发展。绿色发展也涉及生产关系与利益关系的调整，当然是中国特色社会主义政治经济学的重要组成部分。众所周知，欧美国家曾走过一条“先污染后治理”的路，中国作为一个发展中大国，面临资源约束趋紧、环境污染严重、生态系统退化的严峻形势，走欧美国家的老路肯定行不通。有鉴于此，习近平总书记在党的十九大报告中指出：“建设生态文明是中华民族永续发展的千年大计。”并强调“必须树立和践行绿水青山就是金山银山的理念，坚持节约资源和保护环境的基本国策，像对待生命一样对待生态环境”。

早在150多年前马克思就曾发出警告，要解决全球性的生态危机，人类要“一天天地学会更正确地理解自然规律，学会认识我们对自然界的习常过程所做的干预所引起的较近或较远的后果”。习近平总书记在浙江工作时就指出：“绿水青山就是金山银山。”后来他又多次讲：“我们既要绿水青山，也要金山银山。宁要绿水青山，不要金山银山，而且绿水青山就是金山银山。”那么中国特色社会主义政治经济学就要研究，生产方式需要怎样调整才能将绿水青山变为金山银山。

关于开放发展。传统观点认为，发达资本主义国家对外输出资本与商品，是向发展中国家转移生产过剩，而社会主义国家对外开放，实质是受发达国家的剥削。此看法曾一度成为国内政治经济学教材的主导观点。习近平总书记指出，要“坚持对外开放基本国策，坚定不移奉行互利共赢的开放战略”。这一论断，是基于对我国历史经验教训的深刻反思。汉朝的“丝绸之路”，唐朝的“开元盛世”，宋朝的“海上神舟”，显示了当时对外贸易的繁荣。而到了明末清初，中国开始实行“闭关锁国”，经济也就渐渐落后了。新中国成立后，特别是 1978 年开始改革开放，经济迅速发展，到 2010 年我国就已成为全球第二大经济体。实践证明，以开放促发展是我们取得成功的基本经验。

中国特色社会主义政治经济学研究开放发展，既要揭示经济全球化的一般规律，又要重点回答我们作为社会主义国家怎样参与经济全球化？怎样发挥我们的制度优势开展与世界上不同国家的经济合作与竞争？习近平总书记在党的十九大报告中提出：“坚持引进来和走出去并重，遵循共商共建共享原则，加强创新能力开放合作，形成陆海内外联动、东西双向互济的开放格局。……加快培育国际经济合作和竞争新优势。”如何实现这一目标，我们的政治经济学要在理论上作出阐释与论证。

关于共享发展。古典政治经济学鼻祖亚当·斯密说过：“如果一个社会的经济发展成果不能真正分流到大众手中，那么它在道义上将是不得人心的，而且是有风险的，因为它注定要威胁社会稳定。”我们是社会主义国家，共享发展既是社会主义的本质要求，也是坚持以人民为中心的发展思想的最终体现。

改革开放之初，邓小平同志曾经讲："鼓励一部分地区、一部分人先富裕起来，也正是为了带动越来越多的人富裕起来，达到共同富裕的目的。"习近平总书记提出共享发展就是要坚持发展为了人民、发展依靠人民、发展成果由人民共享，让人民群众有更多获得感。

落实共享发展理念，我们的政治经济学就是要研究社会主义条件下如何处理公平与效率的关系。平均主义不是社会主义，收入差距过大导致两极分化也不是社会主义。在党的十九大报告中习近平总书记强调，要坚持按劳分配原则，完善按要素分配的体制机制，促进收入分配更合理、更有序，政府要履行好"再分配调节职能，加快推进基本公共服务均等化，缩小收入分配差距"。事实上，在这方面我们已经有了许多积极的探索，也取得了不少成功的经验，广大经济理论工作者要在这些成功实践的基础上进行理论总结，创造出中国特色社会主义分配理论。

处理政府与市场关系是基本范式

中国特色社会主义政治经济学要研究资源配置，但政治经济学的研究视角却与西方经济学明显不同。西方经济学中的马歇尔局部均衡原理、瓦尔拉斯一般均衡原理、帕累托最优状态等皆侧重于技术层面研究，而政治经济学则是从生产关系与生产方式角度研究。换句话说，政治经济学所研究的是资源配置方式，具体讲就是研究政府与市场的关系。习近平总书记曾明确表达过这样的思想。他指出："准确定位和把握使市场在资源配置中起决定性作用和更好发挥政府作用，必须正确认识市场作用和政府作用的关系。”

要特别提示的是，党的十九大报告强调“使市场在资源配置中起决定性作用，更好发挥政府作用”是在阐述“坚持新发展理念”时讲的。习近平总书记为何要在这部分讲？根据我的理解，贯彻落实新发展理念涉及资源配置的方式改革与调整，而核心问题就是要正确处理政府与市场的关系。这是说，能否处理好政府与市场的关系，是贯彻落实新发展理念的关键所在。从这个角度看，习近平总书记上述关于政府与市场关系的思想，其实是为中国特色社会主义政治经济学研究资源配置确定了基本范式。

关于政府与市场的关系，古典政治经济学的创始人亚当·斯密曾形象地将其比喻为“两只手”。他认为增加国民财富的关键是发挥市场机制这只“看不见的手”的作用，而政府这只“看得见的手”只能履行“守夜人”的职责，主要是维护市场自由竞争。马歇尔在 1890 年出版的《经济学原理》中虽然指出市场有可能在某一时间偏离均衡状态，但同时又说价格机制会让经济恢复均衡，无须政府干预。

到了 20 世纪 30 年代，国际上围绕计划与市场的关系展开了一场大论战。1908 年意大利经济学家巴罗内论证了全部经济资源归公共所有、整个经济由国家生产部集中管理的合理性。俄国“十月革命”后，奥地利经济学家米塞斯于 1920 年发表了《社会主义制度下的经济计算》一文，指出中央计划无法确定某种产品最终是否符合需求，也无法计算某种产品在生产过程中所耗费的劳动和原材料，因此企业的经营活动不可能合乎经济原则。米塞斯的观点，得到了哈耶克和罗宾斯等学者的极力推崇。

1936 年前后，波兰经济学家兰格连续撰文，论证说通过“模拟市场”可以实现资源的合理配置。同一时期，凯恩斯针对 1929—1933 年西方经济大萧条，出版了《就业、利息和货币通论》，指出单靠市场无法解决失业问题，主张国家干预经济。1949 年，萨缪尔森对新古典和凯恩斯理论进行了综合，得出的结论是：若一国经济未实现充分就业，就适用凯恩斯理论；若已实现充分就业，国家不应对经济进行干预。20 世纪 70 年代西方国家陷入“滞胀”后，又产生了新凯恩斯主义，认为靠价格机制不能实现市场出清，政府应通过经济政策修复市场机制。

从中国的实践看，新中国成立之初我们学习苏联模式，长期实行的是计划经济体制。改革开放后，我们党开始对政府和市场的关系进行探索。党的十二大报告提出“计划经济为主，市场调节为辅”，这个提法是对传统计划经济体制的一次重大突破。伴随农村改革的初步成功，党的十三大报告指出“社会主义有计划的商品经济体制应该是计划与市场内在统一的体制”。

1992 年党的十四大报告又提出“我国经济体制改革的目标是建立社会主义市场经济体制”。这说明关于市场的地位与作用，我们的认识也在不断深化。党的十五大报告提出“使市场在国家宏观调控下对资源配置起基础性作用”。党的十六大报告提出“在更大程度上发挥市场在资源配置中的基础性作用”。党的十七大报告提出“从制度上更好发挥市场在资源配置中的基础性作用”。

一直到党的十八届三中全会，习近平总书记明确提出“使市场在资源配置中起决定性作用”。从“基础性作用”到“决定性作用”，习近平总书记解释说，这一改动“虽然只有两字之差，但对市场作用是一个全新的定位”。并指出：“使市场在资源配置中起决定性作用和更好发挥政府作用，二者是有机统一的，不是相互否定的，不能把二者割裂开来、对立起来，既不能用市场在资源配置中的决定性作用取代甚至否定政府作用，也不能用更好发挥政府作用取代甚至否定使市场在资源配置中起决定性作用。”

习近平总书记关于市场与政府关系的重要思想，对建构中国特色社会主义政治经济学至少有三点重要启示：

第一，计划与市场都是资源配置的机制，与社会制度无关。邓小平同志曾经说过，计划与市场都是手段，计划经济不等于社会主义，资本主义有计划；市场经济不等于社会主义，社会主义有市场。习近平总书记也强调：“市场决定资源配置是市场经济的一般规律，市场经济本质上就是市场决定资源配置的经济。”因此，中国特色社会主义政治经济学需要加强对市场经济一般规律的研究。一方面要运用好马克思政治经济学关于市场规律的研究成果；另一方面，也要有批判地吸收西方经济研究市场规律的有用成果。

第二，市场并非万能，在有些领域市场可能失灵。正由于市场会失灵，中国特色社会主义政治经济学不仅要研究市场的一般规律，也要研究市场失灵，特别是要从生产关系的角度研究市场失灵。我们知道，西方经济学也承认市场失灵，但他们认为市场只在三种情况下才会失灵：一是信息不充分或不对称，二是经济活动有外部性，三是在公共品与公共服务领域。

由此可见，西方经济学是从经济运行层面研究市场失灵。事实上，信息不充分不单是市场失灵的原因，也是政府失灵的原因，我们计划经济时期的决策失误，大多就是信息不充分所致。而且经济学家已经证明，只要产权明晰，经济有外部性，市场就不会失灵。因此我们的政治经济学研究市场失灵，要善于透过现象看本质，而且从生产关系的角度去研究。比如收入差距拉大是市场分配机制的必然结果，一旦出现了两极分化则是严重的市场失灵，诸如此类的市场失灵我们就应重点研究。

第三，政府也并非万能，政府管理经济也可能失误。习近平总书记指出："更好发挥政府作用，不是要更多发挥政府作用，而是要在保证市场发挥决定性作用的前提下，管好那些市场管不了或管不好的事情。"并强调"发挥政府作用不是简单下达行政命令，要在尊重市场规律的基础上，用改革激发市场活力，用政策引导市场预期，用规划明确投资方向，用法治规范市场行为"。

习近平总书记的这些思想，实际上明确了政府作用的原则与方法。中国特色社会主义政治经济学就要研究在社会主义市场经济条件下政府职能如何准确定位，政府与市场发挥作用的边界如何确定，政府应重点在哪些领域发挥作用以及怎样发挥作用等。对这些问题的研究既要立足中国特色社会主义的国情，坚持从中国实际出发，又要尊重市场经济的一般规律。

总之，正确处理政府与市场的关系，归根到底是要不断完善社会主义市场经济体制。党的十九大报告指出，必须以完善产权制度和要素市场化配置为重点，打破行政性垄断，防止市场垄断，放宽服务业准入限制，完善市场监管体制。通过完善市场经济体制改革，激发各类市场主体活力，最终构建市场机制有效、微观主体有活力、宏观调控有度的经济体制。

习近平总书记在党的十九大报告中还强调要完善公共服务体系，保障群众基本生活，不断满足人民日益增长的美好生活需要，不断促进社会公平正义，使人民获得感、幸福感、安全感更加充实、更有保障、更可持续。

供给侧结构性改革是中国方案

中国特色社会主义进入新时代，中国经济也同时进入发展新常态。经过 30 多年经济高增长之后，我们要将速度从高速转为中高速，结构从中低端转为中高端，动力要从投资、出口拉动转为创新驱动。怎样成功地完成这种转型？党的十九大报告提出要“深化供给侧结构性改革”，“把发展经济的着力点放在实体经济上，把提高供给体系质量作为主攻方向，显著增强我国经济质量优势”。

习近平总书记关于供给侧结构性改革的思想，是对马克思主义政治经济学的丰富和发展，也是为中国特色社会主义政治经济学研究经济持续健康发展提供的中国方案。此方案的要义是，未来中国经济要实现持续健康发展，政府管理经济的着力点应从需求侧转向供给侧，要通过改革推动结构调整。近期任务是去产能、去库存、去杠杆、降成本、补短板，而最终目标，则是建立供给结构不断适应需求结构变化的体制机制。

毋庸讳言，过去30年政府管理经济的着力点主要在需求侧。1998年应对亚洲金融危机，2008年应对国际金融危机，主要措施都是扩大内需。可是今天情况变了，当前我国经济发展面临的问题不仅是需求不足，更主要的是生产体系与需求结构不匹配。一方面，生产成本上升，人口红利逐渐消失，劳动力、土地、能源等要素价格上涨，生态资源和环境承载能力已经达到或接近上限；另一方面产业升级缓慢，过剩产能累积，需求外溢较为严重，企业效益下降。面对这些问题，仅扩大内需虽能实现总量平衡，但却解决不了结构性问题。问题变了，解决问题的思路当然要变。

从经济学说史追溯，早期的古典政治经济学是重视供给管理的。萨伊在1803年出版的《政治经济学概论》中就提出“供给可以自动创造需求”的观点，这一观点被后人称为“萨伊定律”。可是1929—1933年西方国家发生了经济大萧条后，“萨伊定律”不攻自破。1936年，凯恩斯在《通论》中用所谓“边际消费倾向递减、资本边际收益递减和流动性偏好”等三大心理规律，论证了经济大萧条的原因是社会有效需求不足，于是他提出政府要干预经济，主张通过刺激投资和消费扩大需求。从此，政府管理经济的重心就从供给侧转向了需求侧。

客观地讲，站在凯恩斯写作《通论》的那个时代看，凯恩斯的分析并无大错，可是当时没有错并不等于现在没有错。从今天的现实情况看，凯恩斯的立论基础大多都不存在了。比如边际消费倾向递减规律，凯恩斯说当人们收入增加时消费也会增加，但消费增加却赶不上收入增加，这样就会使新增消费在新增收入中的比例不断下降。若果真如此，消费需求当然会不足。

这里的关键，边际消费倾向递减到底是不是规律？我的看法，在凯恩斯时代也许是，但今天却不是。战后随着消费信贷的兴起，欧美国家居民储蓄率急剧下降。有数据说，20 世纪 40—80 年代美国居民储蓄率保持在 7%—11% 之间，到 1990—2000 年则降至 5.12%，2001 年首次出现 −0.2%，2005 年再次降至 −2.7%。储蓄负增长说明了什么？说明消费增长已快于收入增长，边际消费倾向递减规律已不成立。

由此再想深一层，凯恩斯的投资乘数原理其实也不成立。凯恩斯主张刺激投资，理由是投资有乘数效应。凯恩斯将投资乘数定义为 1− 边际消费倾向的倒数。举个例子，若边际消费倾向为 80%，则投资乘数（1−80% 的倒数）为 5，意思是投资 1 元钱可带动 5 元钱需求。可要指出的是，凯恩斯对投资乘数有个约定，即边际消费倾向不能等于 1，否则投资乘数会无穷大。而我前面已用事实举证，今天的边际消费倾向不仅有可能等于 1，甚至会大于 1（即储蓄率为负），这说明投资乘数原理也已过时。

关于投资需求不足，凯恩斯指出有两个原因：一是投资边际收益递减，二是流动偏好（保持现金的偏好）。若其他要素投入不变，增加投资其边际收益无疑会递减。投资边际收益递减，企业家自然会减少投资而导致投资需求不足。可流动偏好与投资需求是何关系呢？

凯恩斯说，由于投资边际收益递减，要刺激投资就得降低利率，可由于人们有保持现金的偏好，利率又不能过低，不然就会陷入流动性陷阱。如果人们真有流动偏好，凯恩斯的分析是对的。可凯恩斯绝对想不到战后信用卡消费会悄然兴起，而且很快风靡全球。不要说西方发达国家，现在就连我们国内的年轻人也很少用现金，购物、打车一律刷卡或刷手机。可见流动偏好在今天也已不是规律。

边际消费倾向递减与流动偏好如果都不是规律，凯恩斯理论当然也就不能成立了。事实上，20 世纪 70 年代西方国家普遍陷入“滞胀”后，凯恩斯理论就受到质疑。为摆脱“滞胀”，美国曾一度采用过供给学派的理论，政府管理经济的重心从需求侧又回到了供给侧。

从政策取向看，供给学派与凯恩斯并无大异。供给学派也主张刺激投资，不过办法是从供给侧减税。里根主政时期曾按照供给学派的主张大量削减政府开支，降低个人所得税和企业利润税。实际效果怎样呢？减税虽然降低了企业成本，在短期内也确实拉动了经济，但并没有解决美国经济的结构性问题，相反却加剧了生产过剩和结构性矛盾。

习近平总书记提出的供给侧结构性改革思想，显然不同于凯恩斯理论，也不同于西方的供给学派，更不是对“萨伊定律”的回归，而是基于我国的经济发展实践，综合研判全球经济大势和我国经济发展新常态作出的重大战略抉择，是符合中国国情的可以保证经济持续健康发展的“中国方案”。

从这个意义上看，习近平总书记提出的供给侧结构性改革思想，无疑是中国特色社会主义政治经济学的重大成果和重要组成部分，对世界上其他国家解决结构性问题也具有借鉴价值。

应该指出的是，对习近平总书记的供给侧结构性改革思想，目前理论界和实际工作部门不少人存在误解，认为供给侧结构性改革就是过去的“政府调结构”，是指政府用行政手段对产能过剩企业予以关停并转。

这种理解在理论上肯定是错误的。近年来有些地方按过去计划经济的老办法调结构，结果弄巧成拙，却反过来将失误归结于供给侧结构性改革，这更是错上加错。看来，全面准确地阐释供给侧结构性改革的科学内涵，是中国特色社会主义政治经济学的一项紧迫任务。

习近平总书记提出的供给侧结构性改革，有三个关键词：第一个关键词是“改革”。结构失衡是我们长期存在的问题，20 世纪 60 年代起政府就一直在调结构，可由于主要是用行政手段调结构，效果并不理想。基于此，党的十八大后在中央全面深化改革领导小组第二十四次会议上习近平总书记明确讲：“供给侧结构性改革本质是一场改革，要用改革的办法推进结构调整。”

习近平总书记这里讲的改革，强调的是改革资源配置的体制机制。具体讲：就是要通过改革要素市场体制化解产能过剩，改革要素价格形成机制引导资源优化配置，改革行政审批体制与财税体制降低企业制度性成本，改革金融体制防范和化解金融风险，改革投融资体制扩大有效投资补短板。

供给侧结构性改革的第二个关键词，是“供给侧”。习近平总书记指出：“中国特色社会主义进入新时代，我国社会主要矛盾已经转化为人民日益增长的美好生活需要和不平衡不充分的发展之间的矛盾。”

很显然，我国主要矛盾的主要方面是在供给侧，所以我们的改革必须坚持从供给侧发力。首先一点，要从生产端优化生产要素的配置，提高全要素生产率，不断扩大有效和中高端供给，减少无效和低端供给，从体制机制上解决供需错位问题。同时，还要优化现有产品和服务功能，提升供给质量，并通过培育发展新产业、新业态，提供新的产品和服务，创造新的供给，以此创造和引导新的需求。

供给侧结构性改革的第三个关键词，是“结构”。解决结构失衡既是供给侧改革的指向，也是改革所要达到的目的。在这个问题上我认为有两点要特别注意：

第一，结构调整要系统推进。结构性改革的近期任务是“三去一降一补”：去产能、去库存是为了调整供求关系、缓解工业品价格下行压力，同时也是为了去杠杆、防范金融风险。而降成本、补短板，则是为了提高企业竞争力、改善企业发展外部条件、增强经济增长能力。这五大任务相互关联，应注意统筹协调，不可顾此失彼。

第二，要保持近期任务与长期目标的衔接。结构性改革的长期目标，是建立供给结构适应需求结构变化的体制机制。习近平总书记指出，“供给侧结构性改革是稳定经济增长的治本良药”，因此“现阶段推出的短期调控手段，要注意同改革目标一致起来，推动形成完善的体制机制”。根据习近平总书记提出的要求，我们的政治经济学就要研究如何推动这种体制机制的形成，为中国经济的持续健康发展贡献智慧。

附录二

我国进入新发展阶段

理论逻辑、历史逻辑与现实逻辑*

◎ 理论逻辑：人民对美好生活的向往是我们奋斗的目标

◎ 历史逻辑：实现从站起来、富起来到强起来的伟大飞跃

◎ 现实逻辑：通过动力变革推动经济质量变革与效率变革

* 此文 2021 年 2 月 2 日发表于《光明日报》理论版。

附录二

我国进入新发展阶段

理论逻辑、历史逻辑与现实逻辑

○ 坚持以人民为中心的发展思想，满足人民群众需求，是我国发展经济的出发点与最终落脚点。人民对美好生活的向往是我们奋斗的目标，也是进入新发展阶段的理论逻辑。

○ 2010年我国已成为全球第二大经济体，实现由站起来、富起来到强起来的历史跨越，是进入新发展阶段的历史逻辑。

○ 实现第一个百年奋斗目标之后，乘势向第二个百年奋斗目标进军，通过动力变革推动经济质量变革和效率变革，是进入新发展阶段的现实逻辑。

习近平总书记在省部级主要领导干部学习贯彻党的十九届五中全会精神专题研讨班开班式上指出：新发展阶段是社会主义初级阶段中的一个阶段，同时是其中经过几十年积累、站到了新的起点上的一个阶段。新发展阶段是我们党带领人民迎来从站起来、富起来到强起来历史性跨越的新阶段。深入领会这一重要论断，需要我们从我国进入新发展阶段的理论逻辑、历史逻辑、现实逻辑等三个层面来把握。

理论逻辑：人民对美好生活的向往是我们奋斗的目标

习近平总书记多次强调，现阶段，我国经济发展的基本特征就是由高速增长阶段转向高质量发展阶段。理解新发展阶段的理论逻辑，首先需要把握发展阶段转变的一般规律。按照马克思主义政治经济学基本原理，生产力决定生产关系，生产关系反作用于生产力。毛泽东同志在《矛盾论》一文中曾经说过："生产力和生产关系的矛盾，生产力是主要的……谁不承认这一点，谁就不是唯物论者。"而他同时指出："生产关系……在一定条件之下，又转过来表现其为主要的决定的作用，这也是必须承认的。"其意思是说，当生产关系阻碍生产力发展时，生产力与生产关系的矛盾会推动社会制度变革；而当新的社会制度确立后，生产关系会反过来决定生产力发展阶段的转变。

自新中国成立到1956年完成社会主义改造，我国便进入了社会主义初级阶段。由于生产力发展水平不同，初级阶段又可分为不同的发展阶段。那么，经济发展为何会依次由低级阶段向高级阶段转变，或者说，在社会制度稳定的条件下，为什么会实现生产力发展水平的不断提升？总体来说，是由生产关系的反作用决定的。

在社会制度稳定的条件下，生产关系集中体现为社会主要矛盾即人民群众的需求与社会供给之间的矛盾。当社会供给无法满足人民群众的需求时，二者之间的矛盾运动会推动生产力向更高水平迈进，具体表现就是供给能力的提升即经济进入更高质量的发展阶段。

经济学家罗斯托曾按生产力发展水平将经济发展划分为六个阶段：传统社会阶段、为起飞创造前提阶段、起飞阶段、向成熟推进阶段、高额消费阶段、对生活质量追求阶段。并指出，上述六个阶段中，“起飞”与“对生活质量追求”是两个重要的“突变”，而“对生活质量追求”是所有国家都希望达到的目标。

经济发展为何会出现不同的阶段？罗斯托用“布登勃洛克式动力”作解释。“布登勃洛克式动力”一词，来自德国现实主义作家托马斯·曼的小说《布登勃洛克家族》。19 世纪中期，布登勃洛克一家迁移到卢卑克城，第一代人艰苦创业，终于从社会底层变成了地方富户；而到第二代，便不再对金钱感兴趣，转向追求社会地位，后来也当上了议员；可到了第三代，既不追求金钱也不追求地位，而转向追求精神生活。

上面这个故事中，由于布登勃洛克家族前后三代人的生活环境不同，需求不断更迭，因此满足需求的方式也不一样。罗斯托由此推断，既然一个家族的变化是受需求变化所牵引，那么同理，一个国家经济发展阶段的转变，也应由不同阶段“中心人物”的需求所决定。准确地讲，是“中心人物”的需求升级，引起主导产业部门更替，带动发展阶段不断演进。

对经济发展阶段究竟如何划分，目前学界尚有不同看法，大家还可以继续讨论。不过罗斯托关于发展阶段转变动力的研究，却为我们提供了一个分析框架。有两个要点：一是“中心人物”的需求升级，二是需求升级要求主导产业转型升级。这个分析框架告诉我们，理解发展阶段转变的理论逻辑，应从“中心人物”需求与主导产业转型升级两个维度入手。

联系我国实际，若将“为起飞创造前提阶段、起飞阶段、向成熟推进阶段、高额消费阶段”统称为高速增长阶段，而将“对生活质量追求阶段”称为高质量发展阶段，那么我国目前无疑已进入高质量发展阶段。我国之所以从高速增长阶段转向高质量发展阶段，理由有二：第一，中国作为社会主义国家，“中心人物”是人民群众，人民对美好生活的向往，就是我们奋斗的目标。也就是说，满足人民群众需求，是我们发展经济的出发点和最终落脚点。第二，全面建成小康社会后，人民群众的需求将会不断升级，国内主导产业部门当然也需随之转型升级。

历史逻辑：实现从站起来、富起来到强起来的伟大飞跃

理解了我国进入新发展阶段的理论逻辑，再来分析发展阶段转变的历史逻辑。新中国成立以来，我们用 70 年时间走完了发达国家几百年走过的历程，2010 年已成为全球第二大经济体，取得的成就举世瞩目。

2021 年是我国实施“十四五”规划的开局之年。站在新的历史起点上，回望前 13 个五年规划（计划）的实施历程，不仅能够清晰地看到一条我国从“站起来”到“富起来”的发展轨迹；而且研究这条发展轨迹，还能帮助我们更深刻地领会我国进入高质量发展阶段的历史逻辑。

新中国成立以来，我国已成功实施了 13 个五年规划（计

划）。比较一致的看法是，从“一五”到“十三五”可大体分为三个阶段：

第一个阶段是从“一五”到“五五”，此阶段可看作是“为起飞创造前提”的阶段。新中国成立之初国家经济基础薄弱，百废待兴，同时又处在西方国家的重重封锁之中，面对当时那种严峻的现实，我们的主要任务，是要尽快恢复生产，迅速发展经济，提升我国的国际地位。为此，我们采用了高度集中的计划经济体制，集中力量建立自己的工业体系和国民经济体系。“一五”时期，以苏联援建的156个建设项目为重点开始大规模工业建设；“二五”至“五五”时期，又先后取得了“两弹一星”、高产量杂交水稻等重大科技成果，建成了武汉钢铁公司、包头钢铁公司、成昆铁路、大庆油田等一大批基础工业项目。

从“六五”到“九五”为第二个阶段，是我国经济起飞的阶段，这个阶段的重点是解决“富起来”的问题。1978年党的十一届三中全会召开，以农村实行家庭联产承包责任制为突破口，拉开了改革开放的序幕。随着改革开放的深入推进，农民收入大幅提高，乡镇企业、民营经济异军突起，科技、教育、文化事业走向繁荣，到“八五”时期，GDP年均增长12%，“九五”时期经济仍保持较快增长。到2000年底，国内生产总值超过1万亿美元，人均GDP超过800美元，人民生活总体达到小康水平。

第三个发展阶段，是“十五”到“十三五”，这20年是我国的“向成熟推进”和“高额消费”阶段。从“十五”时期起，我国城镇化进程明显加快，私人汽车逐步进入家庭，住房消费持续升温。截至 2019 年底，我国城镇化率已超过 60%，人均可支配收入达到 3.07 万元，私人汽车拥有量达到 2.26 亿辆，城镇人均住房面积达到 39.8 平方米，中等收入群体超过 4 亿人，社会消费品零售总额达到 41.2 万亿元，已成为全球最大消费市场。

习近平总书记在 2020 年 8 月召开的经济社会领域专家座谈会上指出，“十四五”时期是我国全面建成小康社会、实现第一个百年奋斗目标之后，乘势而上开启全面建设社会主义现代化国家新征程、向第二个百年奋斗目标进军的第一个五年，我国将进入新发展阶段。在省部级主要领导干部学习贯彻党的十九届五中全会精神专题研讨班开班式上习近平总书记再次强调，新发展阶段是我们党带领人民迎来从站起来、富起来到强起来历史性跨越的新阶段。

进入“强起来”的新发展阶段，我国面临的一项十分紧迫的任务是转变经济发展方式，从高速增长转向高质量发展。为此，必须坚持创新在我国现代化建设大局中的核心地位。具体到“十四五”时期，就是要加快发展现代产业体系，坚定不移建设制造强国、质量强国、网络强国、数字中国，推进产业基础高级化、产业链现代化，提高经济质量效益和核心竞争力。

现实逻辑：通过动力变革推动经济质量变革与效率变革

习近平总书记指出，推动高质量发展是当前和今后一个时期确定发展思路、制定经济政策、实施宏观调控的根本要求。

如果说在过去高速增长阶段，我国经济增长主要是靠投资、出口拉动，那么进入高质量发展阶段后，则应主要依靠创新驱动，通过动力变革推动质量变革与效率变革，这是实现高质量发展的必然选择，也是我国进入新发展阶段的现实逻辑。

我国进入新发展阶段为何需要转换发展动力？对此可以从两个方面来看：一是国内资源环境约束和人民群众需求变化，以前“盼温饱”，现在“盼环保”，以往高投入、高能耗、高污染的传统生产方式已难以为继；二是国际环境日趋复杂，单边主义、保护主义、逆全球化思潮抬头，不稳定性不确定性明显增加，使得以往主要靠出口拉动经济的发展方式存在较多风险。

纵观世界经济史，可以看到一个不争的事实：谁占据了科技创新的制高点，谁就能成为经济强国。众所周知，英国是工业革命的发源地，第一次世界大战前一直被称为“世界工厂”，可到 20 世纪初却被美国赶超；第二次世界大战后日本迅速崛起，经济总量超过了德国。美国和日本取得成功的原因虽多，但归根到底是美国引领了第二次和第三次新技术革命，日本高度重视科技创新。

诺贝尔经济学奖得主舒尔茨曾经说过：“科学知识，以及将它转化为新的更先进的产品和生产方式，的确是推动经济增长的最重要的力量。如果世界主要工业国家在过去两个世纪只是积累资本，而仍然使用 18 世纪的科学技术，那么今天的产出、收入和生活水平，恐怕只能是现在实际情况的一个零头。”这表明，科技创新对推动经济发展具有关键性作用。

的确，一个国家要成为经济强国，就必须重视创新。创新不仅决定产业升级的路径，也决定一个国家的国际竞争力。第三次工业革命以前，产业升级路径通常是从劳动密集型升级到资本密集型，然后再升级到技术密集型。可是第三次工业革命后，产业升级的路径却发生了改变，不少企业直接从劳动密集型跃升为技术密集型，也有企业一经设立便是技术密集型，美国的微软、英特尔、苹果等企业就是典型的例子。

微软、英特尔、苹果等企业为何不走传统产业升级的老路？经济学的解释，是由于“受价者”与“觅价者”存在差别。所谓“受价者”，是指只能被动接受市场价格的企业；“觅价者”则是指拥有自主定价权的企业。企业一旦能够“觅价”，就可以在市场“呼风唤雨”。企业如何有“觅价权”呢？关键是拥有独特的核心技术，别人无法与之竞争。美国之所以成为世界主要经济强国，一个重要原因就是拥有一大批具有“觅价权”的高科技企业。

由此可以有以下三点推论：第一，未来15—30年我国经济能否“强起来”，关键在于国内产业能否完成跨越升级；第二，国内产业能否实现跨越升级，取决于国内企业能否在国际市场掌握“觅价权”；第三，国内企业能否掌握国际市场“觅价权”，最终取决于是否拥有独特的核心技术。结论是：我国要实现由站起来、富起来到强起来的历史性跨越，必须坚持创新发展，把科技自立自强作为国家发展的战略支撑。

附录三

中国经济稳增长关键议题及其应对*

◎ 破解困局既要见物也要见人

◎ 容错应区分风险与不确定性

◎ 稳定企业家预期

◎ 稳中求进应优先“稳就业”

◎ 研判经济形势应关注发展质量

* 此文发表于《中国经济报告》2023 年第 1 期，原标题为《中国经济稳增长的关键》。

附录三

中国经济稳增长
关键议题及其应对

当前我国经济下行压力大，人们容易想到的原因，是新冠肺炎疫情的冲击；再有就是美国等西方国家限制高科技产品出口中国，卡我们的脖子。这些当然是事实。但除了以上两方面因素，我认为还有一个重要原因，那就是人们干事创业的活力不足。

马克思主义政治经济学告诉我们：在所有生产要素中，人（劳动力和管理者）是最能动的要素。中国经济要稳增长，关键是要通过体制创新进一步激发人们干事创业的活力。本文将就这个问题从理论与操作层面作分析，并提出相应的改革建议。

破解困局既要见物也要见人

2021年底中央经济工作会议指出，当前我国经济面临“需求收缩、供给冲击、预期转弱”等三重压力。而在以上三大压力中，“预期转弱”是决定性的因素。由于人们“预期转弱”，需求才逐步收缩，供给冲击效应也才会放大。为了稳预期，按照中央部署，2022 年初国务院推出了一系列的宏观政策安排。

应该说，近些年我国财政政策与货币政策确实可圈可点。财政政策不断加力提效：适度发行国债，同时重点推行结构性减税，2022 年退税减税总额约 2.5 万亿元。货币政策则稳健灵活：在扩大新增贷款规模的同时，进一步疏通了货币政策传导机制，降低了综合融资成本，有力支持了实体经济发展。

不单是我这样看，最近读其他学者的文章，大多也认为 2022 年的宏观政策适时适度，一致予以肯定性评价。然而令人不解的是，当前经济形势似乎仍不太乐观。官方数据显示：2022 年 GDP 增长率为 3%，与年初提出的预期目标（GDP 增长 5.5%）存在一定的距离。

宏观政策对头，可为何经济活力仍显不足？再换个角度看，我国有 14 亿多人口，人均 GDP 达 1 万美元，中等收入群体超过 4 亿人，是全球最大消费市场；而且我国已具有最完整、规模最大的工业供应体系，拥有 39 个工业大类、191 个中类，525 个小类，是唯一拥有联合国产业分类中全部工业门类的国家。照理讲，面对需求收缩和供给冲击我们有足够的回旋空间。问题到底出在哪里呢？

有学者分析说，是与 2022 年二季度后疫情多点散发有关。我不否认疫情对经济有影响，但影响有多大，则取决于如何防控。2020 年 2 月，习近平总书记就强调要统筹疫情防控与经济社会发展，推动尽快复工复产达产。国务院联防联控机制 2022 年先后出台疫情防控“九不准”“优化疫情防控 20 条”“新

10 条”，明令不准层层加码或一刀切，“一封了之”的现象便很快刹住。

由此看，疫情对经济的影响是短期的，而且会越来越小。那么导致我国经济下行压力大的另一原因究竟为何？我认为，关键在做事的人。试想一下，要是参与经济活动的人都有干事创业的动力，敢担当作为，经济怎会没有活力呢？

研究经济问题不能就事论事，不仅要见物，同时也要见人。2022 年 7 月，中央政治局会议明确提出“让国企敢干、民企敢闯、外企敢投”。这绝不是无的放矢，其言下之意，是目前有些国企的干劲还不足，有些民企的闯劲还不够，有些外企对是否来中国投资还在举棋不定，需要尽快扭转这个局面。

中央的研判无疑是对的。现在需要研究的是，为何会出现“三不敢”现象？只有先找到原因，才能对症下药。这几年，我对这个问题做过一些调研，曾与不少企业家交流过，据我了解，三类企业的性质虽不同，也各有各的难处，不过归结起来，症结皆在体制机制上。

有些国企为何不敢干？原因当然有多方面，但主要是对“三个区分开来”的理解不一致。比如对改革中的先行先试与明知故犯、探索性试验与我行我素、推动发展的无意过失与违纪违法等，它们之间的边界在操作层面究竟如何区分，至今有关部门尚未出台具体的实施细则。没有实施细则，国企（高管）心里没底，自然不敢放开手干。

有些民企为何不敢闯？我知道的原因，是民营企业家缺乏足够的安全感和公平感。毋庸讳言，现在社会上确实有人对民企抱有偏见，不仅错误解读中央精神，甚至利用个别民企出现的违法事件，整体否定民营经济，说民营经济已经完成使命，应退出历史舞台。对这些错误言论，习近平总书记曾严肃批评过，可到今天仍有不小的市场，民企总担心政策会变，顾虑重重。

最后再看外企。外企不敢投，原因不外有二：一是美国现在四处鼓动西方国家“与中国经济脱钩”，不确定因素增多，一些原本想来中国投资的外企，目前尚在等待观望；二是某些地区的投资环境还有待进一步改善，特别是在落实外企国民待遇和外企投资范围等方面，确实还有需要改进和提升的空间。

找到了原因，那么应该怎么办？我这里先提出政策建议，后面再分别作分析。

第一，鼓励国企（高管）敢干，当务之急是要抓紧研究制定落实“三个区分开来”的实施细则，并尽早颁布实施。有了实施细则，国企高管有章可循，自然不会再缩手缩脚。

第二，为支持民企敢闯，应继续加大依法纠正冤假错案的力度，为受到不公平对待的企业家撑腰。并在主流媒体公开发布典型案例，释放毫不动摇鼓励、支持、引导非公经济发展的强烈信号。

第三，为吸引外企投资，应不断改善投资环境。一方面要坚定实施外资准入负面清单，落实好外企的国民待遇。同时，进一步扩大外企投资范围，支持外企加大在中高端制造、研发、现代服务等领域的投资，优化服务流程，向世界展示我国坚持扩大开放的决心与诚意。

容错应区分风险与不确定性

前面我说鼓励国企敢干，需尽快出台落实“三个区分开来”的实施细则，而制定具有操作性的实施细则，则必须在理论上讨论清楚容错的边界何在？或者说哪些失误可以容错而哪些失误不能容错？这当然不是一个简单的问题，我先从三个真实案例说起：

案例一：5 年前，某国企的供暖锅炉房需要改造，工程预算为 300 万元。按有关规定，该工程由谁承建，需在央企中经过招标决定。可由于工程量小、利润少，央企无意参与投标。后经多方动员，有三家央企答应投标，可递交的投标文件皆不规范，结果导致了流标。

这样问题就来了。当时已近 11 月中旬，若再次招标，至少需等两个月才出结果；如果不招标，由领导指定承建人，冬天取暖问题虽可解决，却违反了政策规定，将来有可能被问责。此事如何处理？是否应为那位敢拍板的领导容错？

案例二：某央企办公楼门锁年久失修，需要更换。按照规定，购买门锁应走集中采购程序，即从政府确定的“供应商目录库”中采购。而公司财务人员询价发现，市场上同类门锁，价格为 500 元 / 把，而通过“集采平台”购买，价格却为 1000 元 / 把。于是财务人员将此情况报告给了领导，让领导定夺。

假若你是该公司的领导，你会怎么做？事情明摆着：若直接从市场上采买，成本会低一半；可若不走集中采购程序，就得担风险，日后要是有人举报你无视政策规定，极有可能挨处分。面对这样的选择，你是否会心存顾虑？而我想问的是，倘若该公司领导真的选择了从市场上采购，是否应该为他容错？

案例三：某地方国企生产的产品亟待升级换代，不然会失去市场竞争力。可产品升级在技术上遇到了瓶颈，需要投入1000万元进行技术研发，而且最后不一定能成功。此时，企业内部出现了两派完全相反的意见：一派不主张冒险，继续维持原来产品生产；另一派则主张冒险，拿出资金做技术研发攻关。

事实上，无论企业作何种选择，都有一定的代价。不投资技术研发，产品会滞销，并且会慢慢出现亏损；而投资技术研发，要是不成功，将直接损失1000万元。从长远看，企业要想立于不败之地，当然应该投资技术研发，可问题是一旦研发失败，别人指责决策失误怎么办？是否应为支持研发的决策者容错？

对上面三个案例，不知读者怎么看。其实早在2016年初，习近平总书记就曾提出，要为干事创业者容错，为敢于担当者担当。并强调要把改革中的先行先试，同明知故犯区分开来；把探索性试验，同我行我素区分开来；把推动发展的无意过失，同违纪违法区分开来。

显然，“三个区分开来”划定了容错的底线。可是据我所知，在现实操作层面，人们对“三个区分开来”却往往难以达成一致的认识。比如案例一的锅炉改造，最后未招标是否算明知故犯？案例二的门锁采购，不经过集中采购是否算我行我素？案例三的研发投资失败，是否算无意过失？

先不说我的观点。这里想问一个问题：时下某些官员为何“为官不为”？你可能会答：干事有出错的风险，为了不出事，宁肯不干事。是的，中央提出为干事创业者容错，正是为了鼓励官员大胆担当作为。可现在的难题是，具体应为哪些失误容错而哪些失误不能容错呢？

既然“为官不为”与风险有关，我们不妨看看经济学是如何分析风险的。奈特在1921年出版的《风险、不确定性与利润》一书中，将风险分为两类：确定性风险与不确定性（风险）。顾名思义，前者“出险概率”可以量度，后者不可以量度。奈特指出，可以确定的风险不是风险，只有不确定性才是真正的风险。

举个例子解释：在市内驾车存在一定的风险。据统计，城市发生交通事故的概率为万分之三。奈特认为，只要事前知道了出险概率，便可通过购买保险规避损失，事实上也就没有风险；相反，技术创新失败的概率不确定，所以没有任何一家保险公司愿意为创新提供保险，故创新失败的损失至今无法规避。

从这个角度看容错，我的观点，凡是可以预知的风险而未采取措施规避损失的，此类失误不能容错；而对不确定性造成的风险损失，应该容错。比如案例一，不招标虽然是事出有因，但若有人从中拿了“回扣”，就必须追责，因为拿“回扣”是明知故犯；再比如案例二，从市场采购门锁并无不妥，但若购买的是伪劣产品，则属我行我素，不能容错。

真正的困难，是案例三。众所周知，创新能否成功具有不确定性，无法规避失败的损失，对此类决策“失误”应该容错。但要指出的是，应同时防止有人钻容错的空子，比如打着技术创新的旗号套取国家财政资金，中饱私囊。国内芯片研发有前车之鉴，一旦发现这种违纪违法行为，必须严惩不贷!

总结以上分析，我们可得三点结论：第一，国家作出某些程序性规定，是为了避免风险损失。若不按程序办也可确保不出现损失，则不必拘泥于程序，上级部门应为敢于担当者担当。第二，明知存在潜在风险却不按程序办，造成了损失应对决策者问责。第三，对具有不确定性的创新作决策，只要不存在“利益输送”行为，即便失败了也应该为其容错。

我国改革开放的实践表明：任何政策规定都不是一成不变动的。改革的任务之一，就是从实际出发对不合理的规定进行调整或创新。2022 年 9 月国务院办公厅发文，明令取消各地区违规设置的“供应商预选库、资格库、名录库”便是例证。

稳定企业家预期

当前人们的“预期转弱”特别是企业家“预期转弱”，确实是一个十分棘手的问题。从字面上理解，“预期转弱”是指人们对经济前景不如从前看好，普遍缺乏信心。可从两个角度观察：一是从消费者角度看。若消费者预感到自己未来的收入会下降，从现在起就可能缩减消费，导致消费需求不足。另一个是从企业家角度看。若企业家认为未来投资的风险在加大，会收缩投资，导致投资需求不足。

需要追问的是，人们的预期是由什么决定的呢？经济学历来重视研究“预期”，不过 20 世纪 70 年代前，经济学家关注的是“适应性预期”。所谓“适应性预期”，即人们根据以往经验，对未来的变化作试错性推测。比如历史上经济增长率较高的年份，失业率往往较低。根据这一经验，若今年经济增长加快，人们便会预期失业率下降。

到了 20 世纪 70 年代，以卢卡斯为代表的一批经济学家否定“适应性预期”，提出了“理性预期”假说。所谓“理性预期”，是指“逻辑推测”。换句话说，是人们利用已掌握的信息，根据逻辑对未来的变化作推测。举个例子，若政府实施扩张性货币政策，人们便可推测出现通胀；通胀出现后，则可推测央行可能加息；而央行一旦加息，又可推测股市会下挫。诸如此类预期，则为“理性预期”。

在我看来，以上两种预期并非完全对立，现实生活中可以同时采用。而且无论“适应性预期”还是“理性预期”，都告诉我们同一个道理：存在决定预期。“适应性预期”需以经验事实为依据，而“理性预期”对未来变化作“逻辑推测”，其实也不能脱离经验事实。要知道，“逻辑”不过是对客观事物之间因果关系的理论提炼而已。

理解了“预期”的含义，再来讨论企业家预期。我这里所说的企业家，是特指民营企业家。企业家作为理性人，推测未来当然要根据经验和逻辑。问题是他们会依据哪些经验呢？为写这篇文章，我访谈过 20 多位相熟的企业家，他们的回答大同小异，归纳起来：一是看个人财产是否安全，二是看营商环境是否有利于民营企业参与公平竞争，三是看国家方针政策是否稳定。

那么企业家作预期的逻辑为何呢？当然是在特定约束条件下追求最大化利润。企业家在商言商，追求利润无可厚非。这是说，如果企业家相信自己的财产不会受到侵犯、市场竞争环境公平，而且也相信政府支持民营经济的政策不会改变，那么，他们对企业前景则会有乐观预期。否则，预期就会转弱，甚至丧失信心。

的确，企业家对企业前景是这样作预期的。有一个可以佐证的例子。1992 年初，邓小平在南方谈话时讲："农村改革初期，安徽出了个'傻子瓜子'问题。当时许多人不舒服，说他赚了 100 万，主张动他。我说不能动，一动人们就会说政策变了，得不偿失。"读者要仔细体会这段话，里面包含了三层意思，即保护企业家（财产），保护公平竞争，政策不能变。

邓小平讲这番话，目的是给民营企业家吃定心丸，提振企业家的信心，果不其然，1992 年后民营经济发展突飞猛进。数据显示，民营企业对国家税收的贡献现已超过 50%，创造的国民生产总值、固定资产投资、对外直接投资均超过了 60%，民营企业高新技术企业占比超过了 70%，城镇就业超过了 80%，民营企业对新增就业的贡献达到了 90%。

然而令人不解的是，目前民营企业家预期却有转弱的迹象。照道理讲，不应该出现这种情况。党的十八届三中全会已经明确："公有制经济财产权不可侵犯，非公有制经济财产权同样不可侵犯。"并指出："国家保护各种所有制经济产权和合法利益，保证各种所有制经济依法平等使用生产要素、公开公平公正参与市场竞争。”而且，国家支持引导非公经济发展的方针也没动摇过。

问题出在哪里呢？学界有一种解释，是受国际经济环境变化和新冠肺炎疫情影响。不否认这是原因之一，但并非关键原因。关键原因，是民营企业家缺乏安全感和公平感。毋庸讳言，现在确实还有一部分人存在仇富心理，对民营企业有偏见，不仅错误解读或曲解中央精神，甚至用个别企业出现的违法事件整体否定民营经济。危言耸听，企业家心里没底，当然要等待观望。

在 2018 年 11 月底召开的民营企业座谈会上，习近平总书记批评说：“一段时间以来，社会上有的人发表了一些否定、怀疑民营经济的言论。比如，有的人提出所谓‘民营经济离场论’，说民营经济已经完成使命，要退出历史舞台；有人提出所谓‘新公私合营论’，把现在的混合所有制改革曲解为新一轮‘公私合营’；有的人说加强企业党建和工会工作是要对民营企业进行控制；等等。这些说法是完全错误的，不符合党的大政方针。”

习近平总书记讲话掷地有声，可至今否定民营经济的言论仍有不小的市场。当年邓小平力排众议，保护一个年广久，带动了民营企业异军突起。由此看，当前要稳定企业家预期，必须给企业家足够的安全感和公平感。这也是我在前面建议政府要公开为受到不公平对待的企业家撑腰的原因。一方面，要依法纠正冤假错案，另一方面要通过典型案例，在主流媒体释放毫不动摇鼓励、支持、引导非公经济发展的政策信号。

稳中求进应优先“稳就业”

稳中求进是中央确定的工作总基调，所谓“稳”，是指稳住“经济基本盘”。何为“经济基本盘”？从经济学角度讲，其实就是政府宏观调控所希望达到的“四大目标”：充分就业、稳定物价、国际收支平衡、适度增长。若将这“四大目标”进一步分解，则为“六稳”，即“稳就业、稳金融、稳外贸、稳外资、稳投资、稳预期”。

对 “四大目标”与“六稳”的关系，若倒转过来也许更容易理解：稳就业，目的是实现充分就业；稳金融，是为了稳物价；稳外贸、稳外资，旨在维持国际收支平衡；而稳投资、稳预期，则是为了稳增长。据我所知，迄今为止经济学者对政府调控有“四大目标”并无异议。大家的分歧在于，以上“四大目标”应该如何排序？

早在 20 世纪 50 年代，西方学者就对政府调控目标的排序产生过争论。凯恩斯学派主张“增长优先”，货币学派却主张“稳定物价优先”。10 多年前，国内也有学者主张优先“促进经济增长”，2018 年底，中央明确提出“实施就业优先政策”。表面看，以上只是目标排序不同，无碍大局，可问题是调控目标的排序不同，政府宏观调控政策的发力点与着力点也会大为不同。

从操作层面讲，对政府调控目标排序，首先需要确定排序规则。只要规则确定了，排序问题便可迎刃而解。那么应该用什么作为排序规则呢？我的观点，对政府来说，最重要的是“社会稳定”。邓小平同志曾有一句名言“稳定压倒一切”，中央提出“稳中求进工作总基调”，强调的也是以“稳”为前提。由此说，政府调控目标应将“稳定”作为排序的规则。

前面说过，学界关于政府调控目标排序，焦点集中在如何处理两组关系：一是充分就业与稳定物价的关系，二是稳定物价与经济增长的关系。若按稳定规则排序，充分就业理所当然应排在稳定物价之前。通胀发生后，虽然人们的实际收入会下降，但损失最大的却是高收入者；可失业不同，失业者大多是低收入者，一旦出现大面积失业，势必会危及社会稳定。

同样道理，稳定物价应该排在经济增长之前。经验表明，若将经济增长排在稳定物价的前面，政府通常会采取扩张性货币政策，货币大水漫灌，结果必引发通胀，最终会影响社会稳定。一个国家失去稳定，经济也就不可能持续增长。正因如此，所以中央提出“六稳”首先是稳就业，其次是稳金融（物价），再次是稳外贸、外资（国际收支），最后才是稳投资和预期（增长）。

有一种看法需要澄清：人们主张增长优先，据说理由是“发展是执政兴国第一要务”。显然，这是混淆了增长与发展的区别。在经济学里，增长是指 GDP 总量增加，而发展则是指社会全面进步。经济学家金德尔伯格曾对此作过形象的解释：增长是指人的身体长高，发展是指人的素质提升。习近平总书记提出的“新发展理念”，就是对发展的最好诠释。

由此可见，中央提出“六稳”，是根据稳定规则对政府调控目标的排序，也是经济基本盘。要稳住经济基本盘，必须优先保就业和民生。为此，就得保市场主体、保粮食能源安全、保产业链供应链、保基层运转。公开数据显示：我国中小企业数量已占到市场主体的 90%，创造了 80% 以上的就业。这是说，要保就业和民生，当务之急是保市场主体，而重点则是要保中小企业。

毋庸讳言，目前中小企业确实面临诸多困难。受疫情影响是一方面，另一方面，税费偏重、经营成本偏高以及融资贵、融资难问题仍然突出。为帮助企业降成本，国务院 2023 年推出一系列举措。如延长小规模纳税人增值税优惠政策的执行期限；将小规模纳税人增值税起征点，从月销售额 10 万元提高到 15 万元；对小微企业和个体工商户年应纳税所得额不到 100 万元的部分，在现行优惠政策基础上，再减半征收所得税；等等。

为解决融资难问题，国务院相继出台了小微企业贷款延期还本付息和融资担保降费奖补政策，持续增加首贷户，推广随借随还贷款。要求大型商业银行今年的普惠小微企业贷款要增长 30% 以上，并适当降低小微企业支付手续费。与此同时，还强调优化利率监管，进一步降低实际贷款利率，引导金融系统继续向实体经济让利，确保企业综合融资成本要稳中有降。

以上举措，对广大中小微企业无疑是雪中送炭，我举双手赞成。不过，对解决企业融资难问题，我却想作一点补充。时下学界有一种看法，认为中小微企业贷款难，责任在银行，是银行嫌贫爱富。而银行却说，不给中小微企业贷款，主要是企业没有资产抵押。是的，银行信贷资金来自储户，当然要对储户负责。试想，若企业无资产抵押，日后银行贷款收不回怎么办？

困难就在这里，银行希望贷款安全，而中小企业却缺少对应的资产抵押。这个困局怎样破解？政府现行的办法，是鼓励银行发放信用贷、无还本续贷。可这些措施只是缓解了中小企业融资难，而未保证银行的信贷安全。可取的办法，是鼓励发展市场化融资担保公司，在为中小微企业提供融资担保的同时，也为银行免去后顾之忧。

研判经济形势应关注发展质量

目前经济专家在分析经济形势时，所用方法皆大同小异：首先根据 GDP 增长率对经济形势作总体判断，然后再分别用消费、投资、出口的数据与上年对比，要是今年增长速度高于去年同期，就认定经济形势向好，反之则认为形势不乐观。

回想起来，当年我读大学时老师就是这样教的，学生也是这样听，而且也不见学界对此有何异议。想来也是，那时候刚改革开放不久，中国经济正处于“起飞阶段”，而 1987 年召开的党的十三大明确提出：到 2000 年，国内生产总值要比 1980 年翻两番。在那样的背景下，根据增长速度研判经济形势，当然无可厚非。

然而今非昔比。2010 年，中国 GDP 总量超过了日本，成为全球第二大经济体。2013 年，中国经济进入发展新常态，同时中央提出要“稳增长”。读者应该记得，在此之前中央强调的则是“保增长”（保增长率 8%）。从“保增长”到“稳增长”，这一变化所释放出的信号，是不再追求高速度，而要更加重视经济发展质量。

特别是最近几年，这方面的信号已越来越强烈。2017 年，党的十九大报告指出：现阶段，我国经济的基本特征是从高速增长阶段转向高质量发展阶段。2020 年召开党的十九届五中全会，习近平总书记又指出，我国已进入新发展阶段，并强调进入新发展阶段，是我们党带领人民实现从站起来、富起来，到强起来历史性跨越的新阶段。

于是就引出了一个问题：在高速增长阶段，我们根据增长速度研判经济形势，那么进入高质量发展阶段后，应该怎样分析经济形势呢？不知读者有何高见，有一点我可以肯定，那就是不能再用过去的老办法。因为无论 GDP 增速还是投资、消费、出口的增速，皆是数量指标，并不反映一个国家（地区）的经济发展质量。

可对比下面两组数据，第一组数据：2010 年，我国 GDP 增长率为 10.3%，总产值为 39.7 万亿元，新增产值约 4 万亿元；第二组数据：2019 年，我国 GDP 增长率为 6.1%，总产值为 99.1 万亿元，新增产值近 6 万亿元。2019 年 GDP 增长率虽比 2010 年低 4.2%，可新增产值却多出 2 万亿元。

由此可见，GDP 增长率与经济形势不可以画等号，不能说增长率高，形势就好；也不能说增长率低一些，形势就不好。事实上，进入工业化中后期，增长率放缓在所难免。如西方工业七国，他们在经济起飞、向成熟推进以及高额消费阶段，皆保持了较高增长率；而进入追求生活质量阶段后，增长率却明显放慢，且无一例外。

再往深处想，用投资、消费、出口的增长率判断经济形势其实也不可取。从经济学角度看，投资、消费、出口皆属于一定时期的支出。支出增加，并不保证收益就一定增加；有些时候，支出增加反而可能令收益下降。个中原因，是因为支出增加后收益能否增加，要受诸多条件的约束。此点重要，让我分别解释：

关于投资与收益。经济学有一个基本规律："投资边际收益递减"。意思是，如果其他条件不变而增加投资，新增投资与新增收益的比率会不断下降。举个例子：某企业大规模增加了投资，产出也会随之增加，可若市场需求未增加或者产品适销不对路，结果形成大量库存。倘如此，投资增加后利润不会增加，甚至可能亏损。

关于消费与收入。一般地讲，消费支出要由收入决定。这是说，一定时期消费支出增加，表明同期居民收入在增加。但这并非铁律。比如发生通胀后，消费支出增加也许是消费品涨价所致，而非收入增加；而有了消费信贷后，人们贷款买车买房，消费增加也不代表当期收入增加。

关于出口与进口。本国将商品出口到国外可以换回外汇，但换汇本身并不是目的，出口是为了进口。说得更直白些，外汇的实质是外国对本国的欠债（或借条），若不用于进口，外汇就不过是一串数字或者一堆纸。也正因如此，在大多数经济学家看来，外贸顺差和外汇储备并非越多越好，最佳状态是进出口平衡。

读者要是同意以上分析，那么我国进入新发展阶段后，研判经济形势就不应再看支出，而应重点看发展质量。发展质量怎样看？近段时间我一直在思考，思来想去，我认为应从收益角度看，可具体分三个层面：

第一层面，看总收入。总收入包括居民收入、企业利润、政府收入。这三大主体的收入，加总起来就是国民收入。国民收入不同于国内生产总值（GDP），是一个反映经济质量的指标，一定时期国民收入增加，说明经济发展质量在提升；国民收入减少，说明经济发展质量下降。

第二层面，看经济基本盘。所谓经济基本盘，是指失业率、通胀率、宏观债务率以及国际收支状况等。若失业率和通胀率适度，而宏观债务率可控，国际收支保持平衡，表明经济运行质量稳定。反之，如果失业率和通胀率大幅上升，宏观债务率超出警戒线，国际收支出现逆差，表明经济运行存在隐患，发展质量不佳。

第三层面，看收入结构。生产的目的是满足消费，既如此，分析经济形势还应从收入结构看。若居民收入、企业利润、政府税收保持同步增长，说明投资与消费的比例协调；反之，若居民收入增长低于企业利润增长，意味着国内消费需求不足；而企业利润增长低于政府税收增长，说明税负偏重，经济发展缺乏后劲。

后记

我在前言中说过，写这本书是希望能为领导干部学习经济学思维助一臂之力。领导干部为何要学习经济学思维？当时考虑到前言不宜过长，没有展开说。现在我写这个后记，来说说这个问题吧。

阿基米德曾说："给我一个支点，就可以撬动地球。"若将经济活动比作地球，经济政策比作杠杆，经济学思维（理论）就是撬动地球的支点。对主管经济工作的领导干部来讲，面对各种复杂的经济现象，若不懂得经济学思维，难免打乱仗，事倍功半不说，很多时候还会弄巧成拙。

读者已经知道，经济学中有个边际收益递减规律。其实，政府出台的经济政策，边际效益也是递减的。经济活动不像物理与化学实验，它的变数太多，几乎无法控制。1998年以前，国内物价高企，治理通胀是主要任务。哪承想"着陆"未稳，就爆发了亚洲金融危机，接着是一场大洪水。原来的经济过热，一下子变成了需求不足。问题变了，政策当然得掉头，不然政府调控会南辕北辙。

20世纪80年代初，家庭联产承包责任制刚出台，一时间可谓呼风唤雨，威力无穷。只要交够国家的，留足集体的，剩下就是自己的。这对农民来说，是天大的好事，于是生产热情空前高涨，粮食产量连上台阶。可到了1984年，这项政策就走到了它的拐点。现如今，我们要搞规模经营，如果不配上土地流转政策，原来的家庭承包，反而成了负面因素。

政府制定政策，通常是算大账，考虑的是整体利益。但到了基层，企业或个人往往是算自己的小账。两笔账能算到一起固然好，但很多时候，根本就算不拢，这样就难免上有政策、下有对策。面对这种情况，政府要实现自己的意图，就得出新招、出奇招。若像程咬金那样老是那“三板斧”，肯定是不行的。经济政策要随机应变，决策者就得学会运用经济学思维。

政策需适时调整，怎样评价一项政策的效果？一项政策好不好、有没有效，必须让实践说话。但单纯由实践来判断，难免成“马后炮”。好比一个人置身在沙漠中，沿哪个方向可以找到绿洲、哪个方向是死路一条，必须事先就做出定夺。绝不能不管三七二十一，随便走下去，走对了是万幸，可一旦搞错了，等到将死的那一刻才实践出结果，自己也要埋尸黄沙了。这样代价岂不是太大了？由此可见，一项政策在效果尚未显现之前，或者在不同的决策之间需要做出选择时，怎样才能多一些理性、少一些盲目，也需要决策者用经济学思维分析研判。

经济工作需要理论指导，也许有人会说，经济学如此复杂，各种学派多如牛毛，对同一个问题，三个经济学家，可能拿出四种答案，你让我听谁的？的确，今天的经济学千头万绪，着实令人生畏。一不小心，你就可能迷失在这片丛林里，不知道自己从哪儿来、要到哪里去，别说用它来分析问题，就是弄清原委都可能茫然失措，大有老虎吃天——无处下口的感觉。

但这绝不是说，经济学是屠龙术。如果去粗取精、去伪存真，把经济学最本原的东西梳理出来，管用的理论并不多。我所说的管用的理论，是基于两个原则：第一，道理简单，容易理解和掌握；第二，经得住实践验证，能得到普遍接受。现在教科书越编越厚，但只要用上面两个原则过滤一番，剩下真正管用的，曼昆认为只有十大原理，而我则归纳为十二条准则。

不信读者可随意打开一本西方权威的教科书，其中很多理论，不仅不能用实证的办法检验，而且不少理论之间也相互踩脚。就连美国经济学家艾克纳也承认：经济学的某些重要命题还不能用事实证实。而 1995 年卢卡斯获诺贝尔经济学奖时，诺奖委员会主席韦林说：卢卡斯已经使得直到 20 世纪 70 年代为止所发表的大部分经济理论站不住脚。未经实践检验的理论，当然不能说它一定正确；而站不住脚的理论，更不能说它管用。

经济学思维，是自亚当·斯密以来历代经济学家共同智慧的结晶，也是人类社会有用的文明成果，可以大胆借鉴。但要特别提醒读者的是，经济学有立场，在运用经济学思维解决现实问题时，必须以马克思主义的立场、观点与方法为指导，以中国的国情为基础，这一点尤为重要，所以我要再强调一遍。

王东京

2023 年 7 月

图书在版编目（CIP）数据

与领导干部谈经济学思维 / 王东京著. --长沙：湖南人民出版社，2023.10（2025.5）
ISBN 978-7-5561-3314-7

Ⅰ.①与… Ⅱ.①王… Ⅲ.①经济学—干部教育—学习参考资料 Ⅳ.①F0

中国国家版本馆CIP数据核字（2023）第161773号

与领导干部谈经济学思维
YU LINDAO GANBU TAN JINGJIXUE SIWEI

著　　者：王东京
出版统筹：黎晓慧　陈　实
监　　制：傅钦伟
产品经理：潘　凯　李小朵
责任编辑：潘　凯
责任校对：杨萍萍
封面设计：陶迎紫

出版发行：湖南人民出版社［http://www.hnppp.com］
地　　址：长沙市营盘东路3号　　邮　　编：410005　　电　　话：0731-82683346

印　　刷：长沙鸿发印务实业有限公司
版　　次：2023年10月第1版　　印　　次：2025年5月第4次印刷
开　　本：880 mm × 1230 mm　1/32　　印　　张：13.125
字　　数：280千字
书　　号：ISBN 978-7-5561-3314-7
定　　价：88.00元

营销电话：0731-82683348（如发现印装质量问题请与出版社调换）